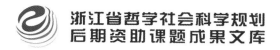浙江省哲学社会科学规划
后期资助课题成果文库

外资准入法律制度研究

Waizi Zhunru Falü Zhidu Yanjiu

项安安 著

中国社会科学出版社

图书在版编目（CIP）数据

外资准入法律制度研究／项安安著. —北京：中国社会科学出版社，
2019.6

（浙江省哲学社会科学规划后期资助课题成果文库）

ISBN 978-7-5203-4799-0

Ⅰ.①外…　Ⅱ.①项…　Ⅲ.①外商投资–涉外经济法–研究–中国
Ⅳ.①D922.295.4

中国版本图书馆 CIP 数据核字（2019）第 156734 号

出 版 人	赵剑英
责任编辑	宫京蕾
责任校对	秦　婵
责任印制	李寡寡

出　　版	中国社会科学出版社
社　　址	北京鼓楼西大街甲 158 号
邮　　编	100720
网　　址	http：//www.csspw.cn
发 行 部	010-84083685
门 市 部	010-84029450
经　　销	新华书店及其他书店

印刷装订	北京君升印刷有限公司
版　　次	2019 年 6 月第 1 版
印　　次	2019 年 6 月第 1 次印刷

开　　本	710×1000　1/16
印　　张	12.5
插　　页	2
字　　数	211 千字
定　　价	59.00 元

目　　录

第一章

导　言

一　问题的提出

根据《2017 年世界投资报告》的统计，自 2015 以来，各国虽然仍然热衷于吸引和促进外国直接投资，但在所有新采用的投资政策措施中，放宽和促进外国投资的措施一直在下降，而监管或限制方面的措施则有所加强。[①] 投资自由化措施的比例下降到了 79%，远低于 20 世纪 90 年代的 90% 以上的比例。而且采用投资放宽和促进政策的国家大部分是亚洲的发展中国家。事实上，自 20 世纪 90 年代以来，国际投资规则加快了自由化的发展趋势。发达国家通过将投资自由化纳入多边、双边投资协定向发展中国家推销：WTO 框架下的《与贸易有关的投资措施协议》（TRIMs）规制了东道国对外国投资者所提的业绩要求，旨在减少或消除要求外国投资者在生产过程中使用本地产品的法律；1994 年《北美自由贸易协定》（NAFTA）虽然只有三个成员国，但其关于投资的第 11 章更像是一项大胆的创新，涵盖了综合的、高度自由化的投资规则；2015 年《泛太平洋战略伙伴关系协定》（TPP）获得签署，后来由于美国的退出，剩余的 11 个国家仍保留了绝大部分条款打算继续实施，并改协定名称为《全面与进步跨太平洋伙伴关系协定》（CPTPP），被认为是目前最高标准的贸易投资自由化协定。

在经济全球化以及投资自由化的趋势下，如何使我国的外资法律体系在制度构建上对外国资本流入显得更具有吸引力？这需要我们在外资准入制度、外资管理制度、外资激励制度等方面更加系统化、透明化。其中，外资准入自由化是发达国家推进投资自由化的重点，也是东道国外资监管

[①] World Investment Report 2017: Investment and the Digital Economy, United Nations Publication, Sales No. E. 17. II. D. 3, p. 99.

的第一道门槛。因此，从准入的范围、条件和审批三个方面对外资准入制度进行系统性的阐述，完善我国外资准入制度对保证在经济全球化过程中我国利益的实现具有深远的意义。同时，中美 BIT 谈判也已经进入最实质性谈判阶段，但在负面清单、安全审查等方面仍存在明显分歧。为达成双方投资协定，我国不得不加快外资法政策的调整。

二　研究目标和意义

（一）研究的目标

本书的研究目标是在梳理现阶段国际投资协定和具有代表性的部分国家在外资准入领域的发展动态的基础上，尝试界定外资准入制度的相关概念，分析评价负面清单管理模式、履行要求和外资审批制度的立法现状和存在的问题，探讨我国外资准入制度的现状与局限，最后针对国际外资准入实践对中国的具体影响，从国际法和国内法两个层面归纳出完善我国外资准入制度立法的对策思考，得出我国应当作出的应对方式。

（二）研究的意义

长期以来，我国一直坚持积极有效利用外资的政策。党的十八大三中全会《中共中央关于全面深化改革若干重大问题的决定》在第 12 项《构建开放型经济新体制》中提出，放宽投资准入，统一内外资法律法规，保持外资政策稳定、透明、可预期。习近平总书记在 2017 年 7 月 17 日的中央财经领导小组会议上，提出凡是同国家对外开放大方向和原则不符的法律法规或条款，要限期废止或修订。8 月发布的《国务院关于促进外资增长若干措施的通知》中通知各省、自治区、直辖市人民政府，国务院各部委、各直属机构将全面实施准入前国民待遇加负面清单管理制度，尽快在全国推行自由贸易试验区试行过的外商投资负面清单，并进一步扩大市场准入对外开放范围。截至 2017 年，共建立了 11 个自贸试验区，出台了2017 年版自由贸易试验区外商投资准入特别管理措施和外商投资产业指导目录。中国政府正在积极推进以我国为主导的区域经济一体化需求：加快跟本地区一些国家的"区域全面伙伴关系"（RCEP）进程，并推出和实施"一带一路"倡议，还尝试建立亚太自由贸易区（FTAAP）。因此，开展完善我国外资准入制度的相关研究，对保证在经济全球化过程中我国利益的可持续发展具有以下几方面的深远意义：

1. 我国参与区域经济一体化的需要

中国政府正在积极推进以我国为主导的区域经济一体化需求：加快跟

本地区一些国家的"区域全面伙伴关系"（RCEP）进程，并推出和实施"一带一路"倡议，还尝试建立亚太自由贸易区（FTAAP）。因此，开展完善我国外资准入制度的相关研究，有利于推进和加快中国自贸区战略的步伐，有利于为中国国际投资的发展创造一个更好的国际环境和更为有利的制度性保障，从而助推中国经济的健康和可持续发展。

2. 我国深化实施"引进来"战略的需要

长期以来，我国一直坚持积极有效利用外资的政策。党的十八大三中全会《中共中央关于全面深化改革若干重大问题的决定》在第12项《构建开放型经济新体制》中提出，放宽投资准入，统一内外资法律法规，保持外资政策稳定、透明、可预期。为了更好地实施"引进来"的国际投资战略，2014年12月28日，中国全国人民代表大会常务委员会授权中国国务院在中国（广东）自由贸易试验区、中国（天津）自由贸易试验区、中国（福建）自由贸易试验区以及中国（上海）自由贸易试验区扩展区域暂时调整有关法律规定。其中，2013年9月率先建立的上海自贸区首次在投资准入阶段探索采用负面清单管理模式，负面清单之外的投资项目和外商企业的设立都改审批制为备案制。2015年3月22日，商务部部长高虎城在中国发展高层论坛"新常态下的对外开放"分会场作出表示："修订外商投资相关的法律，重点制定外国投资法，实现三法合一，实行准入前国民待遇加负面清单的管理方式。"2015年初，商务部发布《中华人民共和国外国投资法（草案征求意见稿）》，公开征求修改意见。习近平总书记在2017年7月17日的中央财经领导小组会议上特别强调，要加快统一内外资法律法规，制定新的外资基础性法律。

3. 维护国家安全的需要

2015年1月，联合国贸发会议发布《全球投资趋势监测报告》称我国的外资流入量首次成为全球第一。在看到这个喜人的结果同时，也意味着我国对外资监管的责任更加巨大，各种投资纠纷也在不断增加。在减少对外国投资的限制、加强对外资的保护的同时，如何维护国家安全和公共利益，保护国内企业和国民的利益，成为我国政府不得不面对的问题。即便是美国之类的西方发达国家，也未完全开放本国经济。投资准入的开放需要循序渐进，准入放开、加强监管。因此，如何平衡投资自由化趋势和国家利益，构建一套符合通行国际投资规则的外资准入法律体系至关重要。

4. 承担国际投资协定义务的需要

发展中国家历来在投资准入以及国民待遇问题上保持谨慎的态度，我国已是缔结双边投资协定最多的发展中国家，其中与 103 个国家的双边投资保护协定已经生效。从已生效的双边条约看，我国对外签订的协议中也只承诺准入后的国民待遇。但始于 2008 年的中美 BIT 谈判是以准入前国民待遇加负面清单为前提，如何把握双边投资协定中的权利义务，建立适合中国发展的外资准入制度尤为重要。

三　本书主要内容

联合国贸发会曾专门系统性阐述了国际投资中的准入和设立制度。文件根据准入的限制程度不同，指出外资准入措施的内容主要体现在三个方面：一是准入的范围，即禁止或限制外资进入的领域即涉及负面清单；二是准入的条件，包含履行要求如当地成分、技术转让的规定等；三是东道国根据自己特定的经济和社会标准对外资准入设置审查与批准制度等。因此，成果就主要围绕负面清单、履行要求和审批制度三方面展开。以参考和分析外资准入相关概念为起点，在比较研究多边投资协定、双边投资协定中涉及外资准入的条款和具有代表性的部分国家在外资准入领域的发展动态的基础上，分别对负面清单、履行要求、外资审批制度进行系统性阐述。最后，基于以上研究成果，针对国际外资准入实践对中国的具体影响，从国际法和国内法两个层面归纳出完善我国外资准入制度立法的对策思考，以期对我国外资准入制度的完善有所帮助。

专著主要内容共分为五个部分，具体内容如下：

第二章，外资准入制度的理论结构。本章首先从外资的界定、外资准入的基本含义展开，本书所指的外资是狭义的概念，即外国私人的直接投资，与国际投资的区别主要在于视角不同，即国际投资是基于国际视角，而外资则基于一个国家国内的视角。从而又延伸出两个核心要素："外国投资者"和"投资"，同时，还有一个区分直接投资和间接投资的关键——"控制"。在外资准入概念部分，分析外资准入与市场准入、外资进入之间的区别。其次，本章介绍了外资准入的主要内容：准入的范围、准入的条件、准入的审批的基本含义，即下面三章的构成体系。最后，本章在分析了投资自由化对外资准入立法趋势影响的基础上，从博弈论的视角，指出在保护投资者利益的同时，也要保障东道国的监管权。为此，本章分别从国际法和国内法两个角度，就有关外资准入的相关条款和立法模式进行了进一步的阐述，并指出联合国贸发会在近几年积极倡导建立的新一代投资政策体系。

第三章，负面清单管理模式研究。本章开始论述外资准入制度的实质性内容，即外资准入的范围。外资准入领域的自由化趋势是国际投资自由化中体现得最为明显的，首先面临的问题是准入的范围即哪些领域允许外资准入。本章首先比较分析了各种国民待遇标准和管理清单模式，通过与正面清单的对比说明负面清单的概念和特点。由于采用准入前国民待遇加负面清单模式的多边协定较少，主要就是 NAFTA 和 CPTPP，因此在多边投资协定领域重点介绍这两个协定中的负面清单内容。《东盟全面投资协定》也仿照美国 2012 年 BIT 范本采用了准入前国民待遇加负面清单模式，但规定较为简单，只规定了现有不符措施，对未来的不符措施，缔约国保留了制定的权力。其次，根据《世界投资报告》的排名，介绍了签署准入前投资协定前几位的国家在其国内法实践中的相关规定，对负面清单在国内法层面的发展所反映出的发达国家与发展中国家的差异进行评价分析。

第四章，限制履行要求措施的趋势。东道国除了对外国投资范围做出明确规定外，还可能规定在境内开展投资活动或接受特殊优惠的先决条件，这就是"履行要求"（Performance Requirement），也翻译成"业绩要求"。但学者关于履行要求的含义并不统一，本书采用联合国贸发会的定义，即东道国对外资准入的限制性措施。随着投资自由化趋势的进一步加强，西方发达国家倡导在国际投资立法中出现"履行要求禁止条款"。本章首先探讨了履行要求的概念、种类、实施履行要求的意义和履行减少的原因。其次探讨国际投资规则条款中关于禁止和限制履行要求的相关规定，认为虽然有不少多边条约都有禁止履行要求的相关规定，但基本没有超出 TRIMs 协议禁止的范围，除了美国主导的 NAFTA 和 CPTPP。这两个多边协定都是以美国 BIT 范本为模板，具有高度类似性，体现了高标准自由化的特征。最后，本章在联合国贸发会早期研究报告的基础上，更新相关政策的最新发展，对四个发展中国家和四个发达国家的国内履行要求措施进行了介绍。本书认为发达国家除了当地股权要求外，限制性履行要求已经几乎没有，更多采用激励性履行要求，而发展中国家也在逐渐减少对限制性履行要求的使用。

　　第五章，外资准入审批制度。外资准入包含实体和程序两个方面，审批制度规定了外资进入的程序，涉及由何种行政机关、依据何种程序对申请进入东道国的外资进行审批。同时也涉及实体内容，如采用何种审批标准区分是否允许投资进入。本章首先阐述了审批制度的概念和性质，外资审批的作用，审批的机构、范围和内容。审批制度是东道国调整外国投资的基本手段之一，可以起到规范、控制和管理外资，消除外资不良影响，保护国内经济的积极作用，但如果审批制度设置不合理，也会存在消极的作用。越来越多的国家包括中国正在逐渐减少普遍审批制度，只保留对部分特殊行业的审批。除了从保护民族产业的角度出发外，更多是从国家安全、公共利益的角度，有必要对这些特殊行业实施特殊的监管。国家安全审查制度作为一种特殊的外资审批制度而兴起，并获得越来越多国家的认可。美国以其最发达的外资并购国家安全审查制度为各国外资并购监管作了示范，加拿大、澳大利亚、俄罗斯等国家的国家安全审查制度也在最近几年进行了修改调整使之更符合国家利益。国际层面上，由于国家安全审查属于国内监管事项，受国际组织的影响并不大，经合组织在这方面关注较多，分别于2009年和2016年发布了两份关于国家安全相关投资政策的报告，提出非歧视、透明度、适度监管和建立责任追究作为东道国与国家安全相关的政策指导原则。最后，本章选取了两个发达国家加拿大、美国，两个发展中国家印度、墨西哥来进行重点分析，并在OECD 2016年《国家安全相关投资政策国别调查报告》的基础上，总结出各国外资审批制度的一些特征。

　　第六章，我国外资准入相关问题研究。该部分是全书的重点所在，探讨了我国外资准入制度存在的问题及其应对。首先提出在逆全球化投资趋势的影响下，中国在国内投资法和国际多边投资协定的努力方向，随后介绍了我国外资准入立法历程。后面三节，以维护国家安全和公共利益为外资监管标准，立足于本国国情，对我国在负面清单管理模式、履行要求和外资审批制度上的相关法律法规逐一展开论述，系统化研究外资准入制度，探讨可能存在的问题和风险，为我国完善具有自身特点的外资准入制度提供方案和建议。

第二章

外资准入制度的理论结构

第一节　外资准入的相关概念辨析

一　外资的界定

（一）国际投资与外资的关系

外资包括外国投资（Foreign Investment）和对外投资（Overseas Investment）。外国投资又分为外国直接投资（Foreign Direct Investment）和外国间接投资（Foreign Indirect Investment）。当前国内外学术界并没有严格区分外资和国际投资，并且在很大程度上经常将二者混用。笔者以为，外资和国际投资的区别主要在于视角不同：国际投资是基于国际视角，而外资则基于一个国家国内的视角。在法学上，政府投资，不论是直接投资还是间接投资，都属于国际公法调整的范围；私人的间接投资属于国际金融法下的国际证券法的调整范围；只有国际私人直接投资属于国际投资法的调整范围。"私人"总是有特定国籍属性的，因此私人投资只可能是外国投资或者对外投资。姚天冲教授在界定国际投资时就认为："国际投资，又称对外投资或海外投资。"[①] 因此，国内外理论界所称的外资通常是指"外国直接投资"。本书所指的外资也指其狭义的概念，即外国直接投资。

（二）外国投资者的界定

外资这个概念其实包含了"外国投资者"和"投资"这两个核心要素。任何国家的外资制度的重要内容之一是对外国投资者的待遇问题。要明确对外国投资者的待遇，就需要对"外国投资者"这一概念进行界定。外国投资者被定义为根据东道国的国籍法，在投资时以及整个投资期间，

都没有取得东道国国籍的人。① 当投资者是法人时，成立地标准和住所地标准是两个常用的判断法人国际的标准，实际控制标准也被一些国家所采用。② 实际控制标准是指法人的国籍要由法人资本的实际控制者的国籍来确定，即法人的多数资本被何国自然人或者法人所控制，则法人的国籍就按照自然人或者法人的国籍来确定。③ 这一标准曾在两次世界大战期间被用来决定一公司是否为敌国公司。④ 英国和美国都曾经将德国控制的公司看作敌国公司，即使这些公司都是依据英国或者美国的国内法而设立的。实践中，多数国家同时采用复合标准，即同时采用上述两种甚至三种标准。2015 年公布的《中华人民共和国外国投资法（草案）》（以下简称《外国投资法（草案）》）第 11 条对外国投资者进行了明确界定。⑤ 我国的外国投资法对自然人投资者采用不具有东道国国籍标准，对法人投资者兼采成立地标准和实际控制标准。

（三）投资的界定

如上所述，本书采用狭义概念，因此投资仅指直接投资。关于直接投资的界定，从传统国际投资角度看，可依投资者是否对企业享有控制权而区分为直接投资与间接投资。但在国际投资法律中，其概念纷繁复杂，并未有多边国际公约或有效国际习惯法作出明确统一的认定。从国内外学者理论定义看，余劲松教授认为："所谓直接投资，是指伴有企业经营管理权和控制权的投资，投资者在海外直接经营企业，并对企业的经营管理有较大的控制权。"⑥ 新加坡的 Sornarajah 教授认为："当外国投资者将有形或无形资产输出到东道国，并在其控制之下在东道国创造财富。"⑦

从法律文本定义看，在国际法层面，现今全球有关投资的多边条约主

---

① 余劲松主编：《国际投资法》，法律出版社 2014 年版，第 17 页。

② 宁建文：《国际投资中的国民待遇问题新探》，《政法论丛》2001 年第 6 期。

③ 王立君主编：《国际投资法》，格致出版社、上海人民出版社 2010 年版，第 20 页。

④ 姚天冲主编：《国际投资法教程》，对外经济贸易大学出版社 2010 年版，第 48 页。

⑤ 《中华人民共和国外国投资法（草案）》第 11 条规定："本法所称的外国投资者，是指在中国境内投资的以下主体：（一）不具有中国国籍的自然人；（二）依据其他国家或者地区法律设立的企业；（三）其他国家或者地区政府及其所属部门或机构；（四）国际组织。受前款规定的主体控制的境内企业，视同外国投资者。"

⑥ 余劲松主编：《国际投资法》，法律出版社 2014 年版，第 1 页。

⑦ Sornarajah, M., *The International Law on Foreign Investment*, Cambrige University Press, 2004, p. 4.

要有《多边投资担保机构公约》《1965 年华盛顿公约》与 TRIMs 等。《多边投资担保机构公约》第 12 条仅在该公约项下的投资担保层面对投资作出定义："（a）合格的投资应包括股权投资，其中包括股权持有者为有关企业发放或担保的中长期贷款，和董事会确定的其他形式的直接投资。（b）董事会经特别多数票通过，可将合格的投资扩大到其他任何中长期形式的投资。但是，除上述（a）款中提及的贷款外，其他贷款只有当它们同机构担保或将要担保的具体投资有关时，才算合格。……"《1965 华盛顿公约》与 TRIMs 虽涉及投资，但未对这一概念作出明晰且得到国际一致认可的定义。

区域性公约如《北美自由贸易协定》（NAFTA）在其第十一章的第 1139 条对投资列举了 8 种形式："投资指（a）企业；（b）企业发行的普通股票；（c）企业发行的债权：（i）企业是投资者的隶属机构，或（ii）债权原始偿还期限至少为三年，但不包括国有企业发行的债权，不论其原始偿还期限的长短；（d）对企业的贷款：（i）企业是投资者的隶属机构，或（ii）债权原始偿还期限至少为三年，但不包括国有企业发行的债权，不论其原始偿还期限的长短；（e）在企业中的利益，所有者可居之分享企业的收入或利润；（f）在企业中的利益，所有者可居之分享企业解散后的资产，但不包括（c）项、（d）项之外的债券或贷款；（g）不动产或其他有形或无形的财产，且系预期所得或用于经济利益目的或其他商业目的所得；（h）源于向缔约一方境内的经济活动投入资本或其他资源的利益。"且投资排除了不在上述种类中的货币请求权。接着后面一款又提到所谓"缔约方投资者的投资是指为缔约方投资者直接或间接拥有或控制的投资"。

经济合作与发展组织在其《OECD 外国直接投资的标准定义 2008》第三章中对直接投资定义为："外国直接投资反映了这样一个目标即为了获得持久的利益，一个经济实体的居民企业（直接投资者）在另一个经济体设立企业（直接投资企业）。持久利益是指直接投资者和直接投资企业存在长期关系，并且投资者对投资企业的经营管理有重大影响。"[①]

2019 年公布的《中华人民共和国外商投资法》（以下简称《外商投资

---

①　OECD, "Main Concepts and Definitions of Foreign Direct Investment", in *OECD Benchmark Definition of Foreign Direct Investment 2008*, Fourth Edition, OECD Publishing, 2009, p. 48.

法》）第 2 条规定：外商投资是指外国的自然人、企业和其他组织（以下称外国投资者）直接或者间接在中国境内进行的投资活动，包括外国投资者单独或者与其他投资者共同在中国境内投资新建项目、设立外商投资企业，外国投资者取得中国境内企业的股份、股权、财产份额或者其他类似权益，以及外国投资者通过法律、行政法规或者国务院规定的其他方式在中国境内投资。

而从投资仲裁实践看，虽然《华盛顿公约》的制定者为确保公约可适用于随着经济发展而不断变化的投资而未在其第 25 条给予其明确定义，但 ICSID 的一系列裁决确定了判断适格投资的特征标准：是否构成投资取决于争议项目是否具有持续的时间段、稳定的收益和汇报、承担风险以及对东道国发展具有重要意义的实质贡献四项要素。① 1997 年的 Fedax NV v. Republic of Venezuela 案中，仲裁庭结合《公约》第 25 条第 1 款与 Schreuer 教授的观点，确定了上述标准。这一标准被其后许多仲裁庭援引，如 Salini v. Morocco 案。② 从 Fedax 案至 2014 年，ICSID 仲裁庭已在数十个案件中运用前述方法判断投资。③

考察上述关于投资的定义，可以发现尽管学者理论、国际、国内立法和仲裁实践关于投资的定义不完全一样，也不管投资的方式有哪些，但都涉及下列特征：（1）投资时间比较长，投资者谋求的是长期利益；（2）投资者通过某种方式能控制被投资的企业，或对企业的经营管理乃至东道国经济发展有重大影响。因此，有学者认为虽然国际投资协定中"投资"的定义日益扩大，几乎囊括了国际投资实践的所有财产类型，但即使包含了若干所谓间接投资的资产，并不表明国际投资法的调整范围也扩大到了间接投资，大多数的国际投资协定明确排除对投机和短期资本的保护。④

关于什么是"控制"？一些国际组织和国内法也做出了非常具体的界

① Christoph H. Shreuer, *The ICSID Convention: A Commentary*, Cambridge University Press, 2001, p. 140.

② Salini Costruttori SPA and Italstrade SPA v. Kingdom of Morocco, ICSID Case No. ARB/00/4, Decision on Jurisdiction, 23 July 2001, para 52.

③ 赵骏：《国际投资仲裁中"投资"定义的张力和影响》，《现代法学》2014 年第 3 期。

④ 张庆麟：《论国际投资协定中"投资"的性质与扩大化意义》，《法学家》2011 年第 6 期。

定。这种界定，在理论上不仅是外资定义中的关键，也是区分直接投资和间接投资的关键。经济合作与发展组织在直接投资定义后接着提到"一个经济体的居民投资者在另一个经济体的企业中直接或者间接地拥有10%或以上的股权就可以证明这种投资关系的存在"。① 虽然有学者认为，在某些情况下，拥有10%的股权不一定能对企业产生重大影响，而有些投资者即使股份不到10%也可能对企业管理产生有效发言权。但经合组织认为为了确保国家间的数据一致性，建议严格应用10%标准。② 根据这个标准，如果投资者所持有的被投资企业的股权在10%以下的就属于间接投资，如果在10%或以上，则为直接投资。这一标准被一些国家采用，比如美国联邦法典第15章"商业与外贸"第801条中对直接投资的定义："一个人直接或间接拥有或控制10%以上的公司股份或者在非公司企业中具有相当的利益。"③ 而联合国跨国公司中心则采取了更加审慎的态度：只有持股50%以上的跨国并购才作为直接投资来统计。④

我国《外国投资法（草案）》在第18条对"控制"进行了进一步的界定，采取的是50%以上股权标准，但股权比例标准并不是唯一的判断标准，第18条的第2款和第3款强调虽然持股不足50%，但对企业股东会、董事会等决策机构有重大影响的或者对企业的经营、财务、人事或技术等施加决定性影响的，仍然构成"控制"。"控制"同时也是国家安全审查中的一个考量因素，在本书探讨国家安全审查制度时会再次涉及。

二　外资准入的概念

外资准入，"从东道国角度看，就是指一国允许外国投资进入的自由程度。包括允许接受何种投资、投资的领域、投资准入的条件以及对外国投资的审批等内容；从投资者角度讲，就是指国际直接投资进入东道国管辖领域的权利和机会"。⑤ 外资准入又有狭义和广义之分。狭义上的外资

① OECD, "Main Concepts and Definitions of Foreign Direct Investment", in *OECD Benchmark Definition of Foreign Direct Investment 2008*, Fourth Edition, OECD Publishing, 2009, p. 48.

② Ibid., p. 49.

③ 15 CFR Section 801. 2.

④ 孙南申等：《进入 WTO 的中国涉外经济法律制度》，人民大学出版社 2003 年版，第 436 页。

⑤ 徐泉：《国际贸易投资自由化法律规制研究》，中国检察出版社 2004 年版，第 273 页。

准入是指外资进入东道国的权利即"准入权"（Right of Admission/Entry）。广义上的外资准入还包括外国投资者在东道国是否拥有从事商业活动并确定永久性商业存在的权利，即"设业权"（Right of Establishment）。① 本书所探讨的外资准入是广义的概念，即东道国对外国投资者在外资进入阶段进行管理的法律制度的总称。

这里需要厘清外资准入与几个相类似的概念的关系问题。

首先，与"外资进入"的关系。两者的区别主要在于角度不同："外资进入"是从投资者的角度而言，而"外资准入"是从政府管理的角度。国际投资自由化正在成为国际投资领域的趋势，各国为了吸引更多的外资，不得不采取开放的外资政策，准入程序也越来越简化。但另一方面，没有任何国家对外资采取完全自由开放的政策，只是在具体管制程度上有所不同。因此，投资者并不享有进入外国进行投资的自然权利，反而一个国家有权基于国家经济主权对外国投资进行管制。因此，从某种程度上说，准入是进入的前提，没有东道国政府的批准，外资就无法进入。

其次，与"市场准入"的关系。市场准入（Market Access），产生于第二次世界大战后关税与贸易的国际谈判中。在我国，自准备加入 WTO 谈判以后才开始使用，最早见于 1992 年的《中美市场准入谅解备忘录》。② 市场准入一词虽被广泛使用，但国内外没有统一的定义，大体可以分为三类③：从国际经济关系的角度出发，市场准入可以理解为一国对外国货物、服务以及资本开放，准予其进入国内市场。市场准入作为《服务贸易总协定》（GATS）的五大基本原则之一，具体反映在该协定第 16 条的规定："对于通过第 1 条确认的服务提供方式实现的市场准入，每一成员对任何其他成员的服务和服务提供者给予的待遇，不得低于其在具体承诺减让表中同意和列明的条款、限制和条件。"更多学者则是从制度安排角度出发，认为市场准入是政府对市场主体和交易对象进入市场的管理，包括工商登记以及特许经营制度等。④ 另外，也有学者从市场主体的

① 刘笋：《国际投资保护的国际法制——若干重要法律问题研究》，法律出版社 2002 年版，第 84 页。

② 杨紫烜主编：《经济法》，北京大学出版社 2014 年版，第 127 页。

③ 同上。也有学者认为可以分为四类，具体表述参见李基元《中韩外资准入制度比较研究》，博士学位论文，西南政法大学，2007 年。

④ 杨紫烜主编：《经济法》，北京大学出版社 2014 年版，第 128 页。

角度出发，强调市场准入是市场主体根据自身需要，通过法定程序，进入其未涉足的区域或领域的行为或过程。① 我国商务部部长助理童道驰曾表示，外商投资负面清单和市场准入负面清单既有联系又有区别。市场准入负面清单既对内，也对外，对所有企业实施。外商投资负面清单是对外资实施的。② 可见，这里商务部将外资准入和市场准入进行了区分：对于市场准入负面清单是按照上述第二种表述来理解的，而对于外资准入负面清单是按照上述第一种表述来理解的。

由此可见，"外资准入"实际上是"外国投资的市场准入"，或者称为投资的"国际市场准入"③，是从上述市场准入的第一类概念中衍生出来的。而且在实践中，虽然在投资自由化的倾向下，国家市场开放的领域越来越多，东道国国内法对外资准入的监管却越来越严格，甚至在那些自喻为开放的国家。而在国际立法层面，虽然市场准入在国际投资条约中常常出现，内容却并不统一也没有赋予外国投资者完全的或者无歧视的准入和设业权。

第二节　外资准入的主要内容

依据国家主权原则，外资准入是国内法管辖的领域，因此东道国对是否允许外资以及以何种条件进入本国投资拥有非常大的自由裁量权。各国外资准入制度虽然各不相同，但其基本内容和基本结构有一定的规律性。联合国贸发会曾专门系统性阐述了国际投资中的准入和设立制度。文件根据准入的限制程度不同，对各国外资准入措施进行了列举，从限制最严格的措施——禁止外资进入某个领域到相对宽松的——限制外资股权比例或要求和本地合作，从而控制外资在本国相关领域内的参与程度，而东道国的审批和个别项目审查程序能确保在国家经济和社会安全的前提下，取得国际投资。④ 因此外资准入措施的内容主要体现在三个方面：一是准入的

---

① 吴宏、胡伟：《市场监管法论——市场监管法的基本理论与基本制度》，北京大学出版社2006年版，第95—97页。

② 《官方：市场准入负面清单和外商投资负面清单理念一致》，中国新闻网，http://finance.chinanews.com/cj/2015/10-30/7597828.shtml（访问日期：2016年5月10日）。

③ 具体观点参见戴霞《市场准入法律制度研究》，博士学位论文，西南政法大学，2006年。

④ UNCTAD, Admission and Establishment, UNCTAD/ITE/IIT/10（Vol. II），2002, p. 8.

范围，即禁止或限制外资进入的领域；二是准入的条件，包含履行要求如当地成分、技术转让的规定等；三是东道国根据自己特定的经济和社会标准对外资准入设置审查与批准制度等。

一　准入的范围

外资准入的范围是指允许外国投资的行业或领域。联合国贸发会在《准入与设立》一文中列举了各国可能采取的准入控制措施（Controls Over Access to the Host Country Economy）：完全禁止所有形式的外国直接投资、某些行业禁止外国直接投资、为了战略或其他公共政策等原因限制特定行业的外国公司数量、投资必须采取特定的组织形式、必须与东道国政府或与当地私人投资者成立合资企业、对某些形式的限制（例如，合并和收购可能不允许，或必须满足某些额外的要求）。我国《外国投资法》第 20 条到第 26 条规定了外资准入的一般规定，指出我国"对禁止或限制外国投资的领域依据特别管理措施目录实施管理"。[①] "特别管理措施目录分为禁止实施目录和限制实施目录。"[②] "外国投资者不得投资禁止实施目录列明的领域。"[③] "限制实施目录应详细列明对外国投资的限制条件。"[④]由此可见，我国对于准入范围主要采用特别管理措施目录实施管理。《外商投资法（草案）》第 27 条也有类似规定。

二　准入的条件

准入的条件也称为准入阶段的"履行要求"或"业绩要求"（Performance Requirement），是指东道国把外国投资者允诺承担某项特定的义务作为批准该外国投资进入的前提条件，外资获准进入东道国，或在东道国经营，或取得特定优惠的前提条件，是对投资者采取的具体管制措施的总称。[⑤]业绩要求所包括的范围较为广泛，往往涉及当地股权要求、许可证要求、汇款限制、外汇限制、制造限制、技术转让要求、国内销售要

---

① 《中华人民共和国外国投资法（草案征求意见稿）》第 20 条。
② 《中华人民共和国外国投资法（草案征求意见稿）》第 24 条。
③ 《中华人民共和国外国投资法（草案征求意见稿）》第 25 条。
④ 《中华人民共和国外国投资法（草案征求意见稿）》第 24 条。
⑤ 陈辉萍：《〈多边投资协定〉与国际投资自由化》，《国际经济法丛》，法律出版社 2000 年版，第 258 页。

求、制造方面要求、产品指令要求、贸易平衡要求、当地成分要求、出口要求、进口替代要求等。联合国贸发会在《准入与设立》一文中也列举了各国可能采取的准入条件措施（Conditional Entry into the Host Country Economy）。[1] 又具体分为三大类：一般条件，投资符合一定的发展或其他标准（如环境责任、有利于国民经济）、要求符合有关国家安全、政策、风俗、公共道德的相关规定；基于资本要求的条件：最低资本要求、后续追加投资或再投资的要求、设立投资所需的资本货物进口的限制（如机械、软件）可能需与本地采购相结合要求、要求投资者提供一定的保证金（如金融机构）；其他条件：对于投资非股权形式的特殊要求（如 BOT 协议）、外国技术许可证、获得特定行业所需的许可证、缴纳审批费（税）和注册费（税）以及其他性能要求（如当地成分要求、当地雇佣要求、出口要求）。

三　准入的审批

外资准入审批，一般认为是指资本输入国政府或授权机关依据一定的标准、程序，对进入本国的外国投资进行鉴定、甄别、评价，并决定是否给予许可的一种制度。[2] 外资准入审批制度是资本输入国管制外国投资的重要手段，是外资准入制度的核心内容。审批制度一般包含审批机构、审批范围、审批标准和审批程序。[3] 与上述准入范围和准入条件相比，准入的审批更偏向程序性问题，是对上述两项实体性制度的具体实施和落实。其目的是使国家能有计划、有选择、有重点地利用外资，充分发挥外资的经济效益，并使其与国家的经济法的总体目标保持一致，促进本国经济健康发展。

即使是自喻自由经济的国家也希望对投资或投资者保留一定的控制权，因此产生了各种各样的审批和审查。如联合国贸发会在《准入与设立》一文中提及的审查与评价包括：所有投资项目的普遍审批；特定的行业或活动的审批；基于对本土公司的外国所有权和控制权限制的审批

---

[1]　UNCTAD, Admission and Establishment, UNCTAD/ITE/IIT/10（Vol. II），2002, p. 9.

[2]　余劲松主编：《国际投资法》，法律出版社 2014 年版，第 145 页。

[3]　同上书，第 146—151 页。

等。① 我国《外国投资法》第26条规定："外国投资涉及限制实施目录所列情形的，应符合限制实施目录规定的条件，并依照本法向外国投资主管部门申请外国投资准入许可。未在限制实施目录中列明的，无需申请准入许可。"《外商投资法》第29条规定："外国投资者投资依法需要取得许可的行业、领域的，应当依法办理相关许可手续。除法律、行政法规另有规定外，有关主管部门应当按照与内资一致的条件和程序，审核外国投资者的许可申请。"

第三节 外资准入制度的法律体系

一 国际投资自由化对外资准入立法的影响

（一）外资准入的自由化趋势

根据贸发会的统计，② 2016 年有 58 个国家和经济体采取了至少 124 项影响外国投资的政策措施，达到了自 2006 年以来的最大值。在这些措施中，有 84 项涉及促进投资的自由化和便利化，有 22 项实行对投资新的限制或监管。促进自由化措施的比例降到了 79%，低于 2015 年的 85%。

投资自由化，是指在世界范围内逐步消除歧视性的外资政策，抑制与取消市场扭曲行为，为国际投资跨国界的自由流动扫除各种障碍的趋势和现象。③ 它构成了经济全球化的基本内容之一，也是西方发达国家倡导的世界经济秩序的核心之一。各国的外资准入立法主要呈现出如下自由化趋势：

1. 将国民待遇扩大适用于外资准入阶段。产生于国际贸易协定的国民待遇被引入国际投资领域，从适用准入后的运营阶段，逐渐推广至投资的准入阶段，包括投资的设立、并购、扩大、运营、管理、退出等所有阶段。

2. 扩大投资领域，推行负面清单管理模式。在投资自由化的趋势下，各国纷纷放宽外资准入的领域，禁止、限制外资的行业范围不断缩小。有些国家采用"原则自由、例外限制"的原则，将限制的例外作为负面清

---

① UNCTAD, Admission and Establishment, UNCTAD/ITE/IIT/10（Vol. II），2002, p. 8.

② World Investment Report 2017, United Natons Publication, Sales No. E. 17. II. D. 3, p. 99.

③ 徐泉：《国际贸易投资自由化法律规制研究》，中国检察出版社 2004 年版，第 257 页。

单列出，且不断减少负面清单的内容。如果加入了采用负面清单管理模式的国际条约，更是将这种义务上升到了国际义务的范畴。

3. 履行要求的限制或减少。《与贸易有关的投资措施协定》禁止WTO成员国使用部分履行要求。发达国家已经很少采用履行要求，代替以鼓励类投资激励措施，而许多发展中国家为了吸引更多外资，也不得不放弃履行要求的使用。

4. 简化审批程序。设立专门的审批机构或精简原有的审批机构，提高审批的效率。缩小审批的范围，从所有投资都要审批的严格审批制改为部分特殊项目的审批、其余项目采用通知备案制，提高审批标准的透明度。

（二）投资自由化与东道国管辖权的平衡

从法律上讲，东道国对于外国投资的限制是符合国家属地主权原则的合法行为。从国际法角度看，一个主权国家根据国家的属地管辖权拥有管制或禁止外国投资进入该国领土或设立永久性"商业存在"（Business Presence）的绝对权利。1974年的12月12日，联合国大会第29届会议通过的《各国经济权利和义务宪章》明确记载了包括关于确认和维护各国经济主权的主张。其第1条即明确：国家都享有选择本国的政治、社会和文化制度的权利，不受任何形式的外来干涉、压制和威胁。第2条又明确了经济主权的主要内容：不仅对本国境内的一切财富、一切自然资源享有完全的永久主权，而且对境内的一切经济活动享有完整的永久主权。

各国都普遍承认，东道国可以自主地决定是否允许外资以及以何种条件进入本国投资，这属于国内法的管辖范围。几乎所有的东道国都在积极引进外资的同时，制定法律对外国投资者的投资活动予以规制。[①]近几年，随着可持续发展理念的兴起，人们也日益认识到国际投资法的本质和贸易是有区别的，国际投资法更关注责任和利益的平衡。传统上深受自由主义影响的片面强调投资保护和投资自由的国际投资法体系正在逐渐向类似WTO法律的嵌入式自由主义转变，即自由主义借以嵌入使公共监管能够符合国内稳定利益的更广泛的框架中，从而达到自由与监管的平衡。[②]

---

① 徐泉：《略论外资准入和投资自由化》，《现代法学》2003年第2期。

② 漆彤、余茜：《从新自由主义到嵌入式自由主义——论晚近国际投资法的范式转移》，《国际关系与国际法学刊》2014年第4卷，第207页。

嵌入式自由主义是由约翰·鲁杰提出，指具有国家干预性质的自由主义。[1] 现代投资条约的主要目的是确保东道国为外国投资者及其投资提供一个稳定透明的法律框架，为外国投资者及其投资提供充分有效的国际法保护，试图在促进贸易自由化和保障公共利益的监管措施间实现平衡。贸发会提出的新一代投资政策框架就明确体现了这一趋势，强调资本对社会的义务和责任，强调国家安全、金融审慎、环境保护、劳工保障等，以此来保障东道国对重要领域的国内监管权。

二　国际法体系

传统上，外资准入被认为是纯属东道国国内立法上的管理事项，仅仅是一般性的比较抽象的条款强调外资准入应遵循东道国法律，同时，缔约东道国也应鼓励或促成其他缔约方国民和公司投资。[2]

（一）全球性多边投资协议

《多边投资担保机构公约》《1965 年华盛顿公约》由于只是涉及投资担保及争端解决，并没有涉及投资准入问题，因此本论文中不多涉及。

1.《与贸易有关的投资措施协定》（TRIMs）

TRIMs 协议是世界上第一个专门规范贸易与投资关系的国际性协议，它将关贸总协定中的国民待遇等原则适用于某些与贸易有关的投资措施，因此具有重要的地位。首先，TRIMs 协议第 2 条规定，各成员国不应适用与 1994 关贸总协定第 3 条规定和第 11 条第 1 款规定不相符的任何与贸易有关的投资措施。这条对投资措施的概括性立法，要求成员国遵守国民待遇和取消一般数量限制，约束了各缔约国随意将投资措施用作外资准入的条件或障碍。因此，该条款也可以看作是一种外资准入自由化规则。其次，TRIMs 协议附录的解释性清单中，明确列举了为 TRIMs 协议所禁止的 5 种投资措施即当地成分要求、贸易平衡要求、通过贸易平衡手段限制进

---

[1]　Judith Goldstein, Robert O. Keohane, "Ideas and Foreign Policy: An Analytical Framework," in *Ideas and Foreign Policy: Beliefs, Institutions, and Political Change*, Cornell University Press, 1993, p. 17.

[2]　刘笋：《投资准入自由化与投资措施的国际管制》，《暨南学报》（哲学社会科学版）2003 年第 2 期。

口、通过限制获得外汇手段来限制进口，以及出口限制等。[1] 事实上，早在 TRIMs 协议谈判过程中，不少西方国家就主张广泛地禁止各种履行要求，进一步开放市场准入，但遭到了发展中国家的极力反对而以失败告终。

2. 服务贸易总协定

《服务贸易总协定》（GATS）是 WTO 协议中与投资有直接关系的另一个协定，它涉及服务业中的投资措施。GATS 列举了从事服务贸易的四中方式，其中"商业存在"的实质就是一种投资活动，通过外国直接投资而设立、收购或维持的各种商业机构，公司、合伙、分支机构及代表处等。[2]

GATS 中与外资准入关系最为密切的是关于市场准入与国民待遇的规定。GATS 第 16 条规定：成员方若已就某一特定服务部门作出了市场准入承诺，则除其在承诺表中另有规定外，不得采取列举的 6 种限制性的市场准入措施。这 6 种措施中，前 4 项是关于数量限制措施的，而后两种则与投资密切相关，即"（e）限制或要求服务提供者通过特定类型法律实体或合营企业提供服务的措施；以及（f）以限制外国股权最高百分比或限制单个或总体外国投资总额的方式限制外国资本的参与"。从上述规定可以看出，成员方依具体承诺表来承担特定的市场准入义务，即列入承诺表中的服务部门向外资开放，没有列入的不承担市场准入义务，因此该承诺表又称为"正面清单"。但在承诺市场准入的部门里，除非承诺表另有规定，否则不得采取列举的 6 种限制性规定，包括对外国投资法律形式与外资股权比例予以限制。GATS 第 17 条规定的国民待遇，同市场准入一样，成员方只依其承诺表中所列的部门、条件和资格给予外国投资者以国民待遇。

3. OECD 的多边投资协议

1995 年，29 个经济合作与发展组织（OECD）成员国与欧盟成员国参加的部长级会议开始了《多边投资协议》（MAI）的谈判，拟制定一部

---

[1]　WTO Analytical Index：Investment，Agreement on Trade - Related Investment Measures，at https：//www. wto. org/english/res_ e/booksp_ e/analytic_ index_ e/trims_ 01_ e. htm#article2A，June 12，2016.

[2]　余劲松主编：《国际投资法》，法律出版社 2014 年版，第 289 页。

全面调整投资关系的具有高度自由化性质的综合性国际投资公约。但由于成员国之间对 MAI 草案分歧较大,谈判十分艰难,1998 年 12 月开始,MAI 谈判进入停顿状态。

尽管 MAI 最终未能取得成功,但它对未来关于投资的国际立法也具有重要影响。MAI 反映了以美国为首的发达国家关于投资问题上的一贯主张。首先,MAI 重新定义了投资,其适用的投资包括直接投资也包括间接投资。[①] 其次,MAI 草案将国民待遇扩大到了准入阶段和投资的审批权方面,适用于投资的设立、运营、维持、出售和以其他方式处置的所有与投资相关的活动。同时草案规定了例外,即允许各国对不实行国民待遇的部门或措施予以保留。再次,在以履行要求为代表的投资措施方面,MAI 谈判方要求确立超越 TRIMs 协议关于履行要求的禁止范围,包括出口与销售的比率、国内成分、当地购买、内销与出口的比率等要求。最后,除履行要求外,MAI 还涉及投资激励、私有化、劳工标准和环境保护等问题。

4. 能源宪章条约

2015 年 5 月 20—21 日,国际能源宪章组织在荷兰海牙举行部长级会议。会议通过了新的《国际能源宪章(宣言)》(IEC),64 个签署该宣言的国家与区域组织还应邀参加对 1994 年《能源宪章条约》各个条款的修改工作,并制定新的《国际能源宪章条约》。中国政府也应邀出席并签署了该宣言。ECT 的条款已经在超过 45 个案例中用于解决投资者和被投资国之间的争端。[②] ECT 对投资的定义以资产为基础,采取宽泛的、列举式的非穷尽清单,包含有形与无形资产、动产与不动产、股票与股份以及其他形式的股权参与、债券以及其他公司债务、根据与投资相关联的具有经济价值的合同对金钱的申诉以及对履行的申诉、知识产权、回报、法律或合同或许可授予的任何权利。控制指投资者的资产利益以及对公司进行实质影响的能力。关于投资准入,ECT 并没有确立真正意义上的准入前国民待遇,只是通过"尽量努力"的义务建立了投资前的要求,具有法律约束力的非歧视待遇仅仅适用于已经做出的投资,即准入后的国民待遇或

---

① 余劲松主编:《国际投资法》,法律出版社 2014 年版,第 307 页。

② 程春华:《能源宪章转型与全球能源治理:历程、原因及影响》,《社会科学》2015 年第 11 期。

最惠国待遇义务。

5. 跨太平洋伙伴关系协定（《全面与进步跨太平洋伙伴关系协定》）

《跨太平洋伙伴关系协定》（TPP）于 2016 年 2 月 4 日正式在新西兰签署，是一部涵盖货物贸易、服务贸易、投资规则、知识产权、国有企业、劳工与环境、竞争政策等诸多议题的巨型区域贸易协定。TPP 不仅是一个大型自由贸易协定，更是一个大型投资协定。其中 TPP 第 9 章 "投资" 章节因其高标准的国际投资规则而备受关注。[①] 促进投资自由化与市场准入是 TPP 投资条款的主要目标之一。因此，在投资准入方面，TPP 文本中体现了如下几个特点：1）TPP 对于投资和投资者的定义比较宽泛，最大限度地保护投资者及其投资。TPP 的 "投资" 定义为投资者直接或间接拥有或控制的各种资产，只要该资产具有资金或其他资源承诺、利润或收益预期以及风险承担等 "投资特征"。[②] 而对投资者包括 "缔约方、缔约方的自然人或法人在缔约另一方境内寻求投资、进行投资或已设立投资的实体"，即寻求投资阶段的投资者也属于条约保护的范围。2）同时适用准入前和准入后国民待遇和最惠国待遇。3）禁止履行要求。TPP 要求缔约方不得采取传统上发展中国家经常采用的违反国民待遇的歧视性做法，同时新增加了 "国内科技要求" 和 "特许合同" 条款。4）TPP 各成员国的不符措施清单呈现出明显差异。在数量上，TPP 12 个成员国总共列出了 592 项不符措施，其中美国的负面清单最短，总共 22 项，而限制项目最多的是越南和日本，分别达到 72 项和 70 项。[③]

2017 年 1 月 23 日，美国总统特朗普在白宫签署行政命令，美国正式退出 TPP。剩余的 11 个成员国对部分 TPP 条款进行了修订，改名为《全面与进步跨太平洋伙伴关系协定》（Comprehensive Progressive Trans-Pacific Partnership，CPTPP），2018 年 3 月 8 日，11 国代表在智利首都圣地亚哥举行了签字仪式，目前仍处在成员国批准通过阶段。CPTPP 保留了 95%

---

① 尹政平：《TPP 投资规则的特点、影响及启示》，《国际经济合作》2016 年第 5 期。

② Article 9.1 of TPP 以非穷尽列举的方式进行了说明，即包括但不限于：直接投资设立企业；股份、债券、股票及其他类型的公司参股；期权、期货及其他衍生工具；交钥匙工程、建设、管理、生产、特许经营、收益共享和其他类似的合同；知识产权；法律允许的许可、授权等类似权利等。

③ 详见文洋《TPP 投资规则：内容、挑战及中国的因应》，《国际贸易》2016 年第 4 期。

的 TPP 原有条款，"中止"（Suspend）了 22 项规定。① 因此 CPTPP 基本沿袭了 TPP 的相关规定，而且使用"中止"而非直接删除也为这些条款将来的恢复生效留下了后路。

其中涉及投资部分有 7 个条款中的部分内容被中止。涉及第 9 章投资部分的第 1 条"投资协议"和"投资授权"的定义，第 19 条第 1 款、第 2 款、第 3 款，第 22 条第 5 款，第 25 条第 2 款以及附件 9-L。这些中止的条款缩小了投资者—国家投资争端解决机制（ISDS）的使用范围，"投资协议"和"投资授权"不适用投资者—国家投资争端解决机制（ISDS），即私人公司和政府签订的投资协议争议不适用 ISDS 条款，从而保护本国政府在公共卫生、公共教育和其他社会服务领域的完全监管的权力，免予不必要的索赔。中止的条款并不影响 TPP 投资条款中的国民待遇原则等涉及负面清单的内容，因此如果 CPTPP 获得成员国的通过，那么 TPP 高标准的投资自由化条款仍将在 11 个成员国内实施。

（二）区域性投资协议

1. 北美自由贸易协定

1994 年生效的《北美自由贸易协定》（NAFTA）中的第 11 章专门规定了投资准入问题。由于上述 TPP 是 NAFTA 的继承和发展，因此相关投资制度上一脉相承，如宽泛的投资定义、高标准的投资待遇、严格的履行要求限制等，在此不再赘述。需要特别指出的是由于缔约国中的墨西哥作为发展中国家，与美国和加拿大的经济差距较大，因此 NAFTA 还特别为墨西哥设立了一些保护性的例外和保留。② 这些经验都为后来的 TPP 文本奠定了良好的国际化基础。

2. 东盟有关投资的协定

另外一个和我国投资准入有密切联系的区域性投资协议即与东盟的相关协定。1998 年，东盟成员国签订了《东盟投资区框架协议》（AIA）。AIA 的适用范围为直接投资，其目标为促进东盟区域内投资透明化和自由化。该协定第 7 条规定了准入前和准入后的国民待遇问题。AIA 在 2009

---

① CPTPP vs TPP, https：//www. mfat. govt. nz/en/trade/free - trade - agreements/free - trade - a-greements - concluded - but - not - in - force/cptpp/tpp - and - cptpp - the - differences - explained/，Feb. 25, 2018.

② 具体参见 NAFTA 附件三，在第二章关于 NAFTA 负面清单实践中有详细阐述。

年被《东盟全面投资协定》（ACIA）所取代。《东盟全面投资协定》于2012年3月29日开始生效，协定的范围涵盖投资自由化、保护、促进和便利化。① ACIA第4条也采用了广泛的投资定义：所有投资者拥有或者控制的财产，包括但不限于动产、不动产；股票与股份、债券以及其他合法的权利和利益；知识产权；对金钱的申诉权及具有经济价值的合同履行请求权；交钥匙工程、建设、管理、生产、收益共享和其他类似的合同权利等。第5条规定了准入前和准入后的国民待遇问题。第9条规定采用一个单一的负面清单的方法，允许成员国保留与国民待遇和履行禁止不符的清单，并要求逐步减少清单内容。为了增加透明度，成员国还负有定期报告义务，将可能影响投资协定相关承诺的国内法律、法规、政策和行政指导方针以及成员国加入任何国际协议，并享有优惠待遇的情形报告ACIA以进行同行评审。第7条、第8条规定了禁止履行要求，包括对董事高级管理人员和董事会条款，鼓励外国管理和高级管理人员的流入。

（三）双边投资协定

双边投资协定（BIT）一直是国际投资法的主流，截至2018年2月，已有3325个包含国际投资条款的协定，其中双边投资协定2946个。② 学者根据是否要求外资准入"符合东道国法律"，把投资条约中的准入规范分为欧式准入模式和美式准入模式。③ 欧式准入模式在投资过程的准入阶段保留东道国的自由裁量权，其特点是：（1）措辞相对缓和，如对缔约国在外资准入上施加的义务多是"应当鼓励外资进入"（Shall Encourage）、"应当促成外资进入的良好条件"（Shall Create Favorable Conditions）。（2）内容相对抽象，如双边投资协定中的准入条款大多没有具体明确外资进入的范围和领域。④ 欧洲式的双边条约一直把保护跨国投资作为其中心内容，而把外资准入问题，归为东道国国内管辖的事项。⑤ 而

---

① 《东盟全面投资协定》简介，at http：//asean. org/asean-economic-community/asean-investment-area-aia-council/（访问日期：2017年7月13日）。

② UNCTAD's IIA Navigator, at http：//investmentpolicyhub. unctad. org/IIA，March 2，2018.

③ Dolzer，*Christoph Schreuer*：*Principles of International Investment Law*，Oxford University Press，2008，pp. 80-82.

④ 刘笋：《投资准入自由化与投资措施的国际管制》，《暨南学报》（哲学社会科学版）2003年第2期。

⑤ 史晓丽主编：《国际投资法》，中国政法大学出版社2005年版，第59—60页。

美式双边投资条约更强调准入自由化要求，其特点是：将国民待遇、最惠国待遇引入投资准入领域，并扩大适用于投资设业前（Pre-Establishment）阶段而不是仅仅适用于投资设业后（Post-Establishment）阶段。

目前，双边投资协定又出现了一个新发展即新近缔结的双边投资协定中都包含了可持续发展友好条款。① 根据贸发会的研究，近期的双边投资协定范本起草中加入了更多的监管权。② 比如贸发会对 862 个 1962 年到 2011 年的双边投资协定和 40 个 2012 年到 2014 年的 BIT 予以考察发现，只有 10% 的前者在前言中提到公共政策利益（Public Policy Interests）是协定的目的，而 65% 的后者有相关规定；对具体公共政策例外，只有 12% 的前者有相关规定，而后者有 58% 进行了规定。③ 越来越多的国家和区域按照国际投资法最近的发展情况审查它们的国际投资协定版本。根据贸发会对 2015 年缔结的 21 个双边投资协定考察发现，双边投资协定对传统的保护标准予以细化、限制范围、明确含义，从而使相关条款更加符合公共政策目标。具体改革的内容包括：一般性例外，对关键保护标准的澄清，明确承认各方不应为了吸引投资而放松卫生、安全或环境标准的条款，对条约范围的限制以及更详细的投资者与国家间争端解决规定。④

三 国内法体系

（一） 各国外资法立法模式概况

与国际贸易不同，投资的国际一体化程度较低，各国的外资法有很大的差异。然而，尽管存在较大差异，各国的外资法在体系结构上和立法模式上又呈现出一定的规律性。世界各国的外资立法模式可以分为专门立法和非专门立法两种。有的国家在其国内立法中制定一套专门针对外资的法律，以对外资进行不同于内资的管理，发展中国家为了在吸引外资的同时又对其进行必要的控制，多采用专门立法的模式。专门立法又可分为统一立法和分散立法，统一立法的国家是指制定单一的外资法，如土耳其 2003 年的《外国投资法》。而分散立法是制定一个或几个关于外国投资的

---

① World Investment Report 2016, United Natons Publication, Sales No. E. 16. II. D. 4, p. 110.

② UNCTAD, IIA Issue Note：Taking Stock of IIA Reform, at http：//unctad. org/en/Publication-sLibrary/webdiaepcb2016d1_ en. pdf, p. 8, July 16, 2017.

③ Ibid., p. 9, July 16, 2017.

④ World Investment Report 2016, United Natons Publication, Sales No. E. 16. II. D. 4, p. 111.

专门法律或特别法规、法令，由此构成关于外国投资的基本法或法群，①
如我国。而菲律宾也是将早期颁布的若干外资法专门法规融为一体，形成
1991 年的《外国投资法》。非专门立法是指外资原则上适用与国内投资相
同的法律，不对外资进行区别对待，是国民待遇思想在外资立法中的体
现。② 比如，美国除了国家安全审查等少数方面外，就几乎没有制定专门
针对外资的立法，对外资采取不限制不鼓励的态度。在经济全球化的趋势
下，越来越多的国家开始重视关于外资的统一的专门立法，以符合透明度
的要求。

（二）外资准入条款模式类型

按外资的运作过程，外资法在结构上可以划分为准入、经营与退出三
个阶段。联合国贸发会根据对各国外资的开放程度将准入规范模式分为五
大基本类型，即投资控制型（"Investment Control" Model）、有限开放型
（"Selective Liberalization" Model）、区域工业化项目型（"Regional Industri-
alization Programme" Model）、相互国民待遇型（"Mutual National Treat-
ment" Model）、国民待遇和最惠国待遇结合型［"Combined National Treat-
ment/Most-Favoured-Nation Treatment"（NT/MFN）Model］。③ 结合上述五
大基本类型，东道国有以下六种准入政策可以选择：（1）东道国完全控
制投资（State Discretion/Investment Control）即采用第一种准入模式，将投
资准入和设立权牢牢控制在国家手中。这种政策有利于保护国内的幼稚产
业和生产者，当其能力尚不足以和外国投资者进行竞争时，以确保国内民
族产业的进一步发展。（2）有限开放（Selective Liberalization），即谨慎地
开放，采用正面清单的模式列出开放的领域，允许外资在特定行业和部门
中自由进入和设立。这个政策需要通过建立一个积极的允许外国直接投资
的产业列表，在可以和外资平等竞争的领域进行开放，同时可以引导外资
进入东道国需要的领域以提高其未来的发展，这是一种渐进的可控的措
施。（3）区域项目（Regional Programmes），这种政策为区域经济一体化
的国家所偏好，鼓励在一个区域经济体内建立跨国公司企业，从而促进区

---

① 余劲松主编：《国际投资法》，法律出版社 2014 年版，第 121 页。

② 王宏军：《印度外资准入制度研究——兼论外资法的构建》，法律出版社 2014 年版，第
22 页。

③ UNCTAD, Admission and Establishment, UNCTAD/ITE/IIT/10（Vol. II），2002，p. 4.

域内经济发展。但这种政策实施的前提是假设即使没有区域外投资，区域内的资本、技术和管理技能都是充足的，从而忽视了技术和资本是在全球不均匀的传播。但同时这种政策有助于破除国家间的结构性壁垒，使企业能在区域内自由寻求资源。（4）相互国民待遇（Mutual National Treatment），这种做法涉及更大的自由化承诺，因此它需要国家共同加入区域经济一体化组织。这些国家并不想全面开放，只想在一些具有共同利益的国家之间相互承诺国民待遇。（5）国民待遇和最惠国待遇结合即负面清单例外（National Treatment and MFN with Negative List of Exceptions），采用这种政策的国家在外资准入和设立方面采用国民待遇和最惠国待遇，并用负面清单模式保留一些部门和行业例外。是外资准入最开放的国家，多为西方发达国家，如美国、德国和英国等。（6）混合型（Hybrid），这种方式结合了上述五种基本模式中的多种，能够根据当地的特色，发展出更多的选择。比如第 1 种和第 4 种模式的结合，第 1 种模式适用于区域经济一体化组织以外的国家的投资。在阿拉伯地区协议和早期东盟协议国家就适用这种政策。北美自由贸易区采用的是第 5 种和第 2 种的结合。①

（三）发达国家外资准入法律制度概况

1. 美国

美国是全球第一大经济体，作为最大的资本输出和输入国，美国自由化的投资政策直接或间接影响着 WTO、TPP 等涉及投资的多边国际条约的相关条款，从而推动全球投资政策的发展。虽然在大部分投资领域实行国民待遇，但并不意味着外资可以随意进入美国。事实上，美国对外资并购的审查有一套完备的法律和程序设置。

美国的外资准入制度有以下几个特点：其一，对一般外资实行一般性申报义务。1976 年《国际投资调查法》、1977 年《改善国内外投资申报法》均规定了外国投资者有义务主动向政府主管机关申报其经济活动。②另外，美国还有其他法律涉及对外资进行约束，如《反托拉斯法》《证券交易法》《环境保护法》以及《劳工法》等。其二，外国投资者享有国民待遇。外国投资者在可投资的领域、投资的比例、股权或股份的转让、税

---

① UNCTAD, Admission and Establishment, UNCTAD/ITE/IIT/10（Vol. II），2002，pp. 37-44.

② 张国平：《外商直接投资的理论与实践》，法律出版社 2009 年版，第 402 页。

收政策、企业经营管理权等方面都享有较为宽松的投资环境。① 其三，基于国家安全及经济利益需要，对外资准入进行限制和审查。美国对外资审查主要涉及外资兼并、收购和接管已在美国设立的企业，而不是新设投资。2007 年美国国会通过了《外国投资与国家安全法》，进一步加强和完善美国外资并购的国家安全审查制度。接着在 2008 年颁布《关于外国人收购、兼并和接管的条例》。该条例相当于《外国投资与国家安全法》的实施细则，从实体和程序两个层面对审查制度作出了更细致的规定。具体内容将在下一章节中展开。

2. 加拿大

加拿大是最早制定外国投资专门法的国家，早在 1973 年就制定了《外国投资审查法》，设立了"外国投资审查局"，正式建立了对外国投资审批制度。1985 年又制定了《加拿大投资法》及其《实施细则》取代《外国投资审查法》，减少了对外资的限制。该法不进行国家安全审查，只审查经济因素和文化政策目标。② 2005 年 7 月的修订版增加了国家安全审查制度。③ 2007 年 7 月，加拿大成立了竞争政策审查委员会，对加拿大竞争和投资政策进行审查，包括《加拿大投资法》。依据竞争政策审查委员会的报告，2009 年 3 月，又颁布了《加拿大投资法》修正案（C-10 议案），旨在建立一个新的安全审查程序。2013 年 6 月，加拿大投资法又进行了修订（C-38 议案），以提高外国投资审查部门在履职方面的灵活性及对公众的透明度。

《加拿大投资法》中关于外资准入特点是：（1）将外资区别对待，采取申报和审查两种程序。加拿大投资法缩小了需经审查的外国投资范围以及审查的评估标准，以"净收益"取代"显著利益"标准。对于一项新设外国投资而言，通常只需向加拿大工业部或遗产部的外国投资审查机构申报备案即可，只有当新设投资涉及《加拿大投资条例》附录 4 的文化产业时才可能应加拿大总督的要求进行审查。对于外资并购加拿大企业，交易的资产价值、外国投资者的国籍是区分申报备案与申请审查的重要标准。④（2）特殊

---

① 姚镇梅主编：《国际投资法》，武汉大学出版社 2011 年版，第 45 页。

② United States Government Accountability Office, Foreign Investment: Laws and Policies Regulating Foreign Investment in 10 Countries, 2008, p. 10, at www. gao. gov, March 20, 2017.

③ Bill C-59, an Act to Amend the Investment Canada Act, First Reading, June 20, 2005.

④ 施明浩：《外国投资国家安全审查立法研究》，博士学位论文，华东政法大学，2015 年。

领域内的国家安全审查特别规定。对于特殊领域的保护，散见于联邦及各省特别法中，包括金融、能源、交通及文化四大类。对于这些领域的外国投资，均有严格限制，须经有关部门批准，外资股权也限制在一定比例之内。①

3. 日本

日本对外资一直持保守态度，随着经济实力和技术力量的增长，逐步放开限制。第二次世界大战后，由于亟须引进外资发展本国经济，1949年日本制定了《外汇及外贸管理法》、1950年制定了《关于外国资本的法律》并设立外资审查机构，有限地引进外资和技术。② 1980年，日本修订了《外汇与外贸管理法》，改名《外汇及外国贸易法》，进一步放宽了外资准入。其外资准入的主要特点是：（1）有重点、有步骤地逐步放开。按照产业的划分、外资股权比例，先从对国民经济影响较小的产业开始，分期分批逐步推行自由化，到目前"原则自由，例外限制"。（2）与国家安全有关的特殊审查。《外汇及外国贸易法》第23条规定，外国投资者如果打算在敏感行业进行投资，需事先申报，由大藏大臣进行相应的审查，以判断该投资是否可能危害国家安全、破坏公共秩序或对日本经济产生不利影响。③ 2007年9月，日本政府要求涉及双用技术（民用和军用技术）行业领域的外国投资进行事先申报，接受审查。④

4. 德国

探讨发达国家，不得不提到欧洲，选择德国这个以立法严谨著称的国家作为研究对象具有一定的代表性。德国没有专门的《外资法》，外国投资者基本享有国民待遇。德国《对外经济法》第1条明确规定，对外经济交往，原则上是自由的。因此德国对外资实行较为宽松的准入政策。⑤ 作为欧盟的成员国之一，必须遵守欧共体条约关于欧盟成

---

① 余劲松主编：《国际投资法》，法律出版社2014年版，第124页。

② 同上书，第125页。

③ United States Government Accountability Office, Foreign Investment：Laws and Policies Regulating Foreign Investment in 10 Countries, 2008, p. 12, at www. gao. gov, March 20, 2017.

④ Ibid. .

⑤ 驻国经商参处：《德国投资促进政策简介》，http：//www. fdi. gov. cn/CorpSvc/Temp/T3/Product. aspx? idInfo = 10000520&idCorp = 1800000121&iproject = 35&record = 1385（访问日期：2017年3月23日）。

员国之间资本和投资者自由流通的相关规定。① 但根据《欧共体条约》，当涉及公共安全的时候，成员国保留对资本自由流动限制的权利。② 但是，2004 年颁布了《对外贸易与支付法》第七部分，建立了外资自由进入德国的例外，其目的是保护德国的必要安全利益。该法主要审查涉及武器和军事设备的外国投资。随后，联邦经济与技术部又颁布了《实施细则》。2008 年，德国通过《对外贸易与支付法》第 13 次修正案。新修正案扩大了德国基于公共秩序或公共安全对外资并购交易进行安全审查的范围。依照新修正案，联邦经济与科技部在符合法定监管条件的情况下，有权对在德国所有行业领域内进行的外资并购进行审查。

综观上述发达国家关于外资准入的立法，可以看出：首先，大部分发达国家实行外资自由进入，除个别特殊领域外，政府一般不对外资进行限制和审查。对外资并购或新设企业，均依法给予国民待遇。其次，2004 年以后，特别是 2007 年美国颁布了《外国投资与国家安全法》之后，加拿大和德国也效仿建立并购安全审查制度，在保证投资环境开放的同时，最大限度地保障国家安全。

（四）发展中国家外资准入法律制度概况

发展中国家在摆脱殖民统治、取得政治独立后，为了改变其落后的经济面貌，都积极利用外资和技术。虽然经济发展水平各不相同，但在外资准入政策上也存在一些共同特点：（1）大多数发展中国家对外资都有审批规定，引导外资进入其本国亟待发展的重点行业；（2）与发达国家相比，发展中国家对外资鼓励较多，但限制也较多。③ 90 年代以后，随着全球经济一体化的发展和多边条约的签订，发展中国家的外资政策也逐步向自由化趋势发展：扩大开放外资准入的部门、放宽准入条件，同时也紧跟发达国家，建立国家安全审查制度。下面选择同为"金砖四国"且人口众多的亚洲发展中国家印度以及夹在发达国家中间的北美自由贸易区成员墨西哥作简要介绍。

1. 印度

印度的外资准入制度可以分为三个阶段：早期的相对开放阶段、60

---

① Articles 43，48，56，and 57 of the EC Treaty.

② Article 296 of the EC Treaty.

③ 余劲松主编：《国际投资法》，法律出版社 2014 年版，第 126 页。

年代末的严格限制阶段和 80 年代中期开始的开放阶段。[①] 1973 年，印度颁布了《外汇管理法》，要求外国投资者的持股比例不得超过 40%。80 年代中期开始，印度逐步取消外国投资的各种限制。1991 年印度出现了严重的国际收支危机，为了获得世界银行的贷款，被迫进行外资政策改革。主要表现为《1991 年工业政策陈述》，废除了工业许可证，增加开放行业，大多数行业的外资持股比例提高到了 51%。随着世贸组织的谈判和投资自由化的不断发展，印度的外资政策不断进行修正，逐步放松对外资的管制，扩大外资准入的范围，放宽股权控制。1999 年，印度颁布新的《外汇管理法》替代旧法，取消了一些对外资的限制。作为管理外资的主要法律之一，《外汇管理法》具有广泛管理外汇市场、赋予政府限制外资进入的权限。同时，印度外资政策主要是通过各个政府部分发布一系列新闻公告（Press Notes）。[②] 为了促进投资政策透明度、便于投资者理解，印度政府近几年开始编制《直接投资政策汇编》（Consolidated FDI Policy），该政策通知每年更新一次，汇总了各监管部门的法规、政策、新闻公告、新闻发布、澄清等内容。[③]《直接投资政策汇编》规定了投资的条件、投资主管机关、投资的领域等。

相对于发达国家，印度的外资准入限制相对较多：在准入范围方面，禁止烟草业、原子能源业、彩票业、赌博业、不动产以及印度特有的小型企业——小额基金（Chit Funds）、Nidhi 公司等，[④] 限制进入国防、能源、银行、印刷媒体等行业，还针对不同的行业设置了不同的外资比例。[⑤] 在审批制度方面，印度对外资设置了两种审批渠道，自动批准渠道和政府批准渠道，并将投资比例与审批渠道挂钩。[⑥] 在审查制度方面，印度国家安

---

① 印度外国直接投资政策发展 1948—2002，详见 Foreign Direct Investment and Peformance Requirements: New Evidence from Selected Countries，UNCTAD/ITE/IIA/2003/7，2003，pp. 82–85。

② United States Government Accountability Office，Foreign Investment: Laws and Policies Regulating Foreign Investment in 10 Countries，2008，p. 66，at www. gao. gov，July 24，2016.

③ Consolidated FDI Policy 2017，at http://dipp. nic. in/sites/default/files/CFPC_ 2017_ FINAL_ RELEASED_ 28. 8. 17_ 1. pdf，Sep. 24，2017.

④ Sec 5. 1 of Consolidated FDI Policy 2017.

⑤ Sec 5. 2 of Consolidated FDI Policy 2017.

⑥ Sec 3. 4 of Consolidated FDI Policy 2017.

全审查既没有专门的立法也没有专门的审查机构。①

2. 墨西哥

作为北美自由贸易区和 OECD《资本自由流动和国民待遇原则法典》的成员之一，墨西哥虽然是发展中国家，却一直走在投资自由化队伍的前列。1993 年颁布的、2014 年最新修订的《外商投资法》是墨西哥在外资管理方面的主要法律。为了与 NAFTA 保持一致，该法规定了国民待遇原则，取消了在大部分领域的履行要求，大约 95% 的外国投资不需要政府审批，需要政府审批但投资金额低于 1 亿 6500 万美元的项目自动批准，除非该投资属于限制投资领域。② 该法规定了允许外资进入的领域和进入的程度。墨西哥规定有些行业只能给本国公民或特别规定的外国公司经营，有些行业限制外国人投资比例。③ 墨西哥国家控制的产业有：石油石化工业、电力和核能发电、放射性矿产、电报和邮政服务、货币发行、铸币、港口、机场等。在投资限制领域，《外国投资法》第 29 条规定了由全国外商投资委员会（The National Foreign Investment Commission）对外商投资条件进行审批。④

① 2008 年，印度国家安全委员会曾提议制定《国家安全例外法》（National Security Exception Act），仿照美国建立国家安全审查制度，但遭到商务部和财政部抵制，最终废弃。United States Government Accountability Office, Foreign Investment: Laws and Policies Regulating Foreign Investment in 10 Countries, 2008, pp. 71-72, at www. gao. gov, July 24, 2017.

② Investment climate statements for 2016, Mexico, at http://www. state. gov/e/eb/rls/othr/ics/investmentclimatestatements/index. htm? year=2016&dlid=254543#wrapper, July 24, 2017.

③ 墨西哥《外商投资法》第 7 条规定了外资最高可参与 10%、25%、49% 的行业。

④ Investment climate statements for 2016, Mexico, at http://www. state. gov/e/eb/rls/othr/ics/investmentclimatestatements/index. htm? year=2016&dlid=254543#wrapper, July 24, 2017.

第三章

负面清单管理模式研究

第一节　国民待遇标准和清单模式的比较分析

2018 年公布的《外商投资法（草案）》第 4 条规定："国家对外商投资实行准入前国民待遇加负面清单管理制度；中华人民共和国缔结或者参加的国际条约、协定对外国投资者待遇另有规定的，从其规定。前款所称负面清单，是指国家规定在特定领域对外商投资实施的准入特别管理措施。负面清单由国务院发布或者批准发布。"在负面清单领域内，外国投资和投资者不享有国民待遇。在国际投资协定中，这类特别管理措施目录又被称为"不符措施"（Non-Conforming Measures，NCMs）。

一　国际投资协定中的国民待遇标准比较分析

（一）国民待遇概念

国民待遇原则，是指东道国对照国内投资者，在相同情况下给予外国投资者同样的待遇，其目的是保证国内外投资者在相同条件下进行竞争。[1] 在国际条约实践中，国民待遇原则来源于贸易协定。第一个适用该原则的条约可以追溯到十二三世纪的汉萨同盟。[2] 在贸易领域，国民待遇是多边贸易体系 GATT 的基本原则之一，但由于国际投资和国际贸易的不同特性，国际投资协定中的国民待遇与作为 WTO 基本原则之一的国民待遇原则在目的和范围上不尽相同。从经济目的看，投资协定和贸易协定中的国民待遇似乎没有什么不同：为了给予国内外投资者在东道国市场上相同的竞争条件，东道国政府不应该过分偏袒国内投资者。但从适用范围

---

① UNCTAD, National Treatment, UNCTAD/ITE/IIT/11 (Vol. IV), 1999, p. 1.

② Ibid., p. 7.

看，首先外国投资者在东道国的活动可能包括国际产品贸易、零部件贸易、专有技术和技术、地方生产与分配、金融资本筹集和提供服务，以及企业创建和管理中的所有交易行为。① 因此，投资协定中的国民待遇原则适用的"产品"比贸易协议中的交易类别更广泛。其次，国民待遇适用是仅适用在准入后的阶段，还是准入前和准入后都适用。最后，还有一个事实上的国民待遇问题，即通过什么方式以及在什么程度上实现国民待遇。

国民待遇标准是国际投资协定中最重要也是最难实现的待遇标准，它涉及经济上甚至政治上许多敏感问题，可以说没有任何一个国家能在投资领域给予外国人完全的国民待遇。② 国民待遇的例外条款一般包括以下几种：

1. 一般例外：基于公共卫生、公序良俗和国家安全等原因的例外。在大多数的多边、区域和双边投资协定中都规定了这种例外。

2. 特定领域例外：比如知识产权、税收条款、金融审慎措施以及临时宏观经济保障措施等。越来越多的投资协定也增加了这类条款。

3. 国家特定例外：当涉及特殊领域的产业或活动时，缔约国为了本国经济和社会政策，依据其法律和法规保留区别对待国内外投资者的权利。每个缔约国根据自身需要来增减这类例外，一般需要正面清单或负面清单来明确具体产业或活动以增加透明度。

（二）准入前国民待遇

早期的国民待遇条款着重于对投资的保护，东道国一般会承诺给予准入后的外国投资国民待遇，即准入后的外资运营阶段的国民待遇。随着投资自由化的推进，一些国际投资协定将国民待遇义务延伸至准入前阶段，即外资准入阶段的国民待遇，具体而言就是在外资投资领域、设立的条件以及相关审批审查的实体和程序要求等方面实现内外国民平等对待。

"准入前国民待遇"是将国民待遇延伸至投资发生和建立前的阶段，给予外国投资者及其投资不低于本国投资者及其投资的待遇。③ 根据联合国贸发会议对投资自由化程度的划分，准入前国民待遇也分为两类：有限

---

① UNCTAD, National Treatment, UNCTAD/ITE/IIT/11（Vol. IV），1999, p. 9.

② Ibid., p. 1.

③ Ibid., p. 22.

的准入前国民待遇和全面的准入前国民待遇。①

有限的准入前国民待遇以"选择准入"或"正面清单"为主要特征，限制了东道国对外资准入阶段的自由裁量权，但是东道国对于投资自由化的程度及准入条件仍保留着一定程度的控制权，这种模式适合以渐进方式推进投资自由化的国家。其可能包含下列两大主要变化之一：（1）仿照《服务贸易总协定》（GATS）第17条关于国民待遇的规定，使用"选择性进入"（Opt-On）或"正面清单"（Positive List）的形式，非经东道国特别同意，任何产业及活动在准入前不适用国民待遇；（2）使用"尽最大努力"（Best Endeavors）的表述，如《APEC投资非约束原则》（APEC Non-Binding Investment Principles）中如此规定，使发展中国家没有法定义务在外资设立前授予其国民待遇。另外一种变化，"尽最大努力"条款也可以承诺在未来允许（或协商）准入前阶段的国民待遇的法律义务（如早期的《能源宪章协定》），目的在于允许发展中国家在承诺国民待遇前拥有一个过渡期，以调整国内法律和相关政策来适应国际投资协议。

全面的准入前国民待遇则以"选择不准入"或"负面清单"（Negative List）为主要特征，即原则上对所有的外国投资者给予国民待遇，在准入阶段通过"负面清单"方式列明禁止或限制外资进入的行业，以达到保护国内产业和维护国家安全的目的。这种模式对东道国政府的自由裁量权的限制非常多，东道国仅能依据投资协定签订时的负面清单来排除特定的产业和经济活动，因此评估哪些产业需要特殊保护是个难点。遗漏了必需保护的产业可能导致将来在同外资竞争中受到损害，特别是当投资协定中包含有维持现状条款，即禁止东道国将来在负面清单中增加新的内容。这种模式缩小了东道国的自由裁量权，在相当程度上限制了东道国控制外资准入的传统权利，因此采用这类政策的国家往往是那些认为更加开放、更具有竞争性的市场环境，有利于国内产业和活动的发展的国家。该模式的实践主要包括美国根据其范本所签订的双边投资协定、《北美自由贸易协定》（NAFTA）及TPP等。

二　国际投资协定中的清单管理模式比较分析

如前所述，在准入前国民待遇中，利用清单管理可以增加国际投资协

---

① UNCTAD, National Treatment, UNCTAD/ITE/IIT/11（Vol. IV），1999，pp. 67-69.

议结构的灵活性。它包括"正面清单"与"负面清单"两种基本模式，并在此基础上派生出"混合清单"模式。

（一）正面清单模式

正面清单指清单列明了外国投资者可以允许通过哪些方式在哪些领域进行投资，清单以外的产业或部门则不允许投资。[①] 正面清单采取的是"从上至下"的方式，其最典型的代表就是 GATS 及其谈判。在 GATS 中，所有成员国都未被强制要求允许给予市场准入或国民待遇，其第 16 条和第 17 条规定，成员国有权在其减让表中列出其愿意做出市场准入或国民待遇承诺的服务行业或部门。事实上，GATS 的正面清单要求缔约国分两步承诺：一是明确哪些产业的经济活动是被允许的，二是单个产业中又有哪些特殊限制。比如，在第 16 条市场准入部分第 2 款，要求列明允许提供服务的法人或企业的特殊类型、外国投资者最大持股比例、服务提供商的数量限制、限制服务贸易或资产的投资总额、服务运营或服务输出的总量限制、雇员的人数限制等。所以，这种混合了不符措施的负面清单的 GATS 模式又称为混合模式。[②] 这种模式的优点是缔约国的核心义务仅仅是列入正面清单的那些领域，因此给予东道国在确定整体开放程度时更大的自由权，同时可以在承诺范围内限定具体监管条件。真正完全的正面清单应该是缔约国指出哪些经济领域是开放的，没有任何其他限制，相当于在产业限制一栏显示"无"。然而，至今为止，没有任何一个投资协定完全采用此种方式。[③]

（二）负面清单模式

1. 负面清单的含义

"负面清单"模式，是国际条约中一系列有关外资准入"例外措施"的代称，即外国投资进入本国市场的准入阶段，不适用相关条约义务的特别管理措施的总称（最主要和最重要的是国民待遇例外）。[④] 贸发会将负

---

① UNCTAD，International Investment Agreement：Flexibility for Development，UNCTAD/ITE/IIT/18，2000，p. 100.

② UNCTAD，Preserving Flexibility in IIAs：The Use of Reservation，UNCTAD/ITE/IIT/2005/8，2006，p. 17.

③ Ibid.，p. 34.

④ 钱晓萍：《国际投资市场准入"国民待遇与负面清单"研究 ——以美国晚近缔约实践为主要研究对象》，《上海对外经贸大学学报》2015 年第 4 期。

面清单简单解释为：缔约国先在条约中设定了一些基本义务，然后将不适用基本义务的所有单个措施都列出来，这些措施清单就是负面清单。① 在一些国际投资协定中，也表述为不符措施（Non - Conforming Measures，NCMs）清单。但不符措施包含的范围可以很广，与投资有关的措施可能包括：最惠国待遇、国民待遇、市场准入、履行要求、高管流动、设业权、高管国籍要求和争端解决措施等。② 比如 TPP 中，缔约方将其对国民待遇、最惠国待遇、业绩要求、高管及董事会四项的例外措施列入清单，并成为协定的一部分。因此，不符措施不仅涉及外资准入"例外措施"，还包括准入后的"例外措施"，是整个投资过程中的例外。2015 年 10 月 19 日，《国务院关于实行市场准入负面清单制度的意见》中明确指出，市场准入负面清单，是指国务院以清单方式明确列出在中华人民共和国境内禁止和限制投资经营的行业、领域、业务等。③

准入前国民待遇与负面清单是一个事情的两个方面。没有一个国家给予外资全面的、无条件的、没有任何例外的准入前国民待遇，在给予原则上准入前国民待遇的时候需要保留一些例外，这些例外就被放在负面清单中。负面清单是准入前国民待遇中的一个难点，由于负面清单反映了剩余的投资限制，从政府管理角度说，特别是对于缺乏专业知识的发展中国家来说是个极其艰巨的任务。但从另一方面看，准备负面清单的过程也可能迫使东道国审查和评估现有的投资监管措施，特别是那些限制性或歧视性的投资措施，从而有利于加强管理能力。④ 因此负面清单的内容就显得格外的重要和突出。

2. 负面清单的内容

投资协定中的负面清单又可以根据包含的信息多少，分为两类。大多数情况下，东道国需要提供不符措施的详细信息，包括措施的性质和范围，这种类型被称为"阐述的方法"，强调自由化的程度和提供信息的详

---

① UNCTAD, Preserving Flexibility in IIAs: The Use of Reservation, UNCTAD/ITE/IIT/2005/8, 2006, pp. 17-18.

② Ibid., pp. 38-39.

③ 2015 年 10 月 19 日，《国务院关于实行市场准入负面清单制度的意见》，国发〔2015〕55 号。

④ UNCTAD, Preserving Flexibility in IIAs: The Use of Reservation, UNCTAD/ITE/IIT/2005/8, 2006, p. 19.

细程度。① 不符措施必须进行详细阐述的主要内容包含：（1）保留的经济部门；（2）保留的特殊产业；（3）根据国内产业分类目录保留的活动；（4）保留的实体性和程序性的义务；（5）保留条款中的政府适用限制性措施的程度；（6）关于保留的特定法律、法规或措施的描述；（7）条约生效时履行自由化承诺，将现有的（或将来）的保留措施列入不符措施条款中；（8）逐步淘汰承诺。这种类型是 NAFTA 首创，在西方国家的众多协议中也常常可以看到，比如加拿大—智利、美国—智利的自由贸易协定。另一种类型是，缔约国只指出它们想保留的部门和保留的措施，很少有具体阐述。例如，在加拿大的《外国投资保护协定》中，关于国民待遇不符措施表述为："国民待遇例外（包括准入前和准入后待遇）：社会服务业（比如社会福利、社会保障金、公共卫生、公共教育培训）；任何其他部门的服务；海滨土地所有权的居住要求；实施《西北领土石油和天然气协议》的措施；政府安全。"② 这种方式减少了行政当局在确定保留时的负担，既不需要指出适用该措施的具体法律、法规，也不需要表明这些措施是现有措施还是将来可能实施的措施，因此保留了对未来措施的自由管理权。但这种方式可能有损于透明度，从而影响东道国的投资环境。

3. "棘轮"（Ratchet）原则

负面清单常常包含"维持现状"（Stand Still）条款，比如禁止缔约国制定新的或限制性更强的不符合国民待遇义务的措施。但有一些协定更加严格，起始于 NAFTA，很多投资协定还有一个"棘轮"效应，即如果未来这些管理措施更加自由开放，这些新的措施将自动成为新的"维持现状"基准。③ 这样的机制可能会剥夺东道国的灵活性，特别当某些监管或执法部门是新设的，尚不清楚自由化对未来影响的情况下，缔约国可能不希望不符措施被锁定。

（三）混合清单模式

如上所述，还有第三种清单模式，即同时包含了正面清单和负面清单的混合清单模式。对于那些既想获得负面清单模式中提高投资透明度的优

---

① UNCTAD, Preserving Flexibility in IIAs: The Use of Reservation, UNCTAD/ITE/IIT/2005/8, 2006, p. 23.

② Ibid., pp. 30−31.

③ Article 1108. 1c of NAFTA.

势，又希望避免负面清单过多限制灵活性的国家来说，混合清单模式可能最合适。混合清单模式有类似 GATS 的正面清单，缔约国保证在特定领域内附有条约义务，保证投资自由化。同时，混合清单模式也将保留东道国的灵活性，允许缔约国对于未来的措施，不承诺或者将特殊部门和活动排除在承诺表之外甚至承诺义务低于监管现状。混合清单模式可以多种形式存在，例如负面清单模式可以用于某一原则，与此同时正面清单可适用于另一原则。比如 GATS 和正在谈判中的《国际服务贸易协定》（TISA），对于市场准入采用正面清单，对于国民待遇采用负面清单。为了最终能被纳入 WTO，TISA 采用了和 GATS 类似的混合清单模式但远比 GATS 要求更高：在市场准入正面清单中，所有的限制措施都须以现有法律为依据；在国民待遇负面清单中，强制预设所有服务部门享有国民待遇，负面清单中列出的除外。另外还有混合清单对不同行业和部门规定适用不同的清单模式，比如在 2012 年《美国—韩国自由贸易协定》金融服务附件 13-A 中先以正面清单列明允许跨境提供的金融服务业的具体行业范围，而对商业存在模式采用负面清单模式予以保留。这样设置有利于东道国逐步开放市场，对一些特别敏感的产业保留一段过渡期，给未来使用负面清单奠定基础。

第二节　多边投资协定中的负面清单

美国创设的这种所谓"准入前国民待遇"加"负面清单"模式最早可以追溯至 1953 年与日本签订的《友好通商航海条约》，并于 20 世纪 80 年代逐步成型。① 目前，美国签订的双边投资协定主要采取该种方式，从而推及美国参与的多边投资协定并逐渐被其他国家接受并仿效。美国著名的国际投资法学者范德菲尔教授就曾指出，美式 BIT 的目的不仅在于为美国投资者提供更强有力的保护，还希望通过美式 BIT 的广泛实践支持和巩固美国倡导的关于国际投资保护的国际法标准。② 下文选择具有代表性的

---

① 盛斌、纪然：《国际投资协议中国民待遇原则与清单管理模式的比较研究及对中国的启示》，《国际商务研究》2015 年第 1 期。

② Kenneth J. Vandevelde, The Bilateral Investment Treaty Program of the United States, *Cornell International Law Journal*, Vol. 21, 1998.

部分多边投资协定进行详细介绍。这些协定都是将所有章节写入单一法律文本中，然后通过负面清单的方式将不符措施列入各种附件中。

一 《北美自由贸易协定》

（一）投资等章节中的负面清单相关规定

NAFTA 首先在第 1102 条规定，在投资的设立、并购、扩大、管理、运营、经营以及出售或其他方式处理投资阶段，任一缔约方对于其他缔约方的投资者及投资的待遇不得低于在类似情况下本国国民的待遇。如前所述，NAFTA 丰富了很多负面清单的内容，作为"阐述的方法"的代表，对不符措施的主要特征必须进行详细的阐述。因此，NAFTA 在七个附件中以负面清单的方式列明了各缔约国具体的不符措施及其说明：

附件一：现有不符措施的保留清单

NAFTA 第 1108 条"保留和例外"第 1 款规定："第 1102 条（国民待遇）、第 1103 条（最惠国待遇）、第 1106 条（履行要求）和第 1107 条（高管和董事会）不适用于：（一）任何现有不符措施是由（1）缔约国联邦层级维持的，列入附件一和附件三的措施；（2）一个州或省维持的，本协定生效之日起两年内，列入附件一的；（3）某个地方政府维持的；（二）任何对上述（一）中不符措施的延续或更新；（三）对于上述（一）中不符措施的修订，必须满足不减少该不符措施在修订前与第 1102 条（国民待遇）、第 1103 条（最惠国待遇）、第 1106 条（履行要求）和第 1107 条（高管和董事会）条款的一致性。"即这些措施延续或即时更新应在不扩大不符程度的范围内予以修订，所以附件一的不符措施清单只能减少，不能增加。

该附件包括所有在协定生效后东道国希望保留的现有不符措施。缔约国可以就国民待遇、最惠国待遇、履行要求、董事会国籍要求以及跨境服务供应商的本地存在要求等实体性义务提出保留。该部分的保留必须提供上述"阐述的方法"要求的详细信息。

附件二：未来措施的保留清单

NAFTA 第 1108 条"保留和例外"第 3 款规定："第 1102 条（国民待遇）、第 1103 条（最惠国待遇）、第 1106 条（履行要求）和第 1107 条（高管和董事会）不适用于缔约国所采取或维持的与附件二所列的部门、子部门或者活动有关的措施。"同时，第 4 款规定"任一缔约方不得在本协定生效后增加附件二范围内的措施，基于国籍原因，要求缔约另一方投资者出售或者以其他方式处理在该措施生效时已存在的投资"。

这部分涉及的部门和活动是将来可以适用的限制性措施，无论这个措施现在是否已经保留。这类措施可以涉及任何附件一所保留的实体性义务，也可以是仿照 GATS 模式，WTO 成员国在承诺表中列为"自由"（Unbound）或者干脆排除在国家的承诺表之外。这个附件的目的是对于将来某些领域内的规则提供更广泛的灵活性，自由引进新的不符措施或收紧现有的措施。但和 GATS 不同，缔约国需要保留这类清单的，必须对现有不符措施的性质提供详细的信息，才能获得将来的灵活措施，且不溯及措施生效前已存在的投资。

附件三：国家保留的活动

这类附件不是所有国际投资协定会使用的负面清单，是 NAFTA 缔约国墨西哥在特殊部门中禁止或限制外资准入及其特别管理措施的保留。根据墨西哥宪法，某些部门（主要是石油和天然气行业）的管理权属于国家。列入这个附件中的保留部门，意味着墨西哥不需要特别说明不符措施的确切性质。这些部门涉及石油、天然气、电力、原子能、卫星、电话服务、广播服务、邮政服务、铁路、票据货币发行以及码头、机场的控制、检查等。

附件四：最惠国待遇的例外

NAFTA 第 1108 条"保留和例外"第 6 款规定，第 1103 条（最惠国待遇）不适用附件四规定的部门。这个附件排除了一些不适用最惠国待遇的部门（而不是像附件一中的单个措施）。这种附件授予缔约国在设置保留时更大的自由，允许它们将整个产业（比如渔业）予以保留，而不需要像附件一、附件二那样列明具体措施。

附件五：数量限制、附件六：杂项

这两个附件包含了服务贸易中的数量限制，涉及 NAFTA 第 12 章中的服务措施。第 1208 条规定："缔约国应在附件六中列明承诺的放宽数量限制、许可证要求、履行要求以及其他非歧视性措施。"NAFTA 没有关于如何维持和加强这些服务措施的具体描述，三个缔约国同意将它们单独列出以促进透明度，并在将来可能消除或自由化的情况下，进行进一步讨论。① 虽然这些保留的措施不具有法律约束力，但缔约国都提供了完整的监管细节。

附件七：特殊承诺保留

这个附件侧重于对金融服务业措施［第 1409（1）条］的保护，包括该部门的投资措施。同附件一、附件二、附件五和附件六中规定类似，缔约国同意在该附件中提供相关不符措施的详细监管信息。

具体到附件清单的每个条目，一般由部门或子部门、产业分类、保留的条约义务、政府层级、措施、描述和逐步减少承诺（Phase-Out）要素组成。其中"部门（子部门）"是指保留措施涉及的产业部门；"产业分类"是根据国内产业分类目录规定的具体活动；"保留的条约义务"针对国民待遇（第 1102 条、第 1202 条、第 1405 条）、最惠国待遇（第 1103 条、第 1203 条、第 1406 条）、履行要求（第 1106 条）、高管和董事会（第 1107 条）、当地存在（第 1205 条）中的某条或几条；"政府层级"表明采取该措施的政府级别是中央还是地方政府的；"措施"用于明确该条目保留的法律法规、政策或其他措施；"描述"，如果有，是对该条目所涉措施进行一般非约束性说明；"逐步减少承诺"，如果有，是指协定生效后逐步减少不符措施的承诺。

（二）负面清单的具体内容

以附件一和附件二为例，NAFTA 三个成员国共列出了 128 项不符措施，其中美国最少，共计 23 个；墨西哥最多，共计 67 项。具体而言，美国第一类不符措施有 15 个，其中只有一项适用于所有部门，该投资措施涉及禁止外国投资者根据 1933 年美国《证券法》规定的小型企业注册证券公司时使用小公司登记表格的问题。剩余不符措施所属部门较为分散，商业服务和运输部门相对较多（见表 1）。第二类不符措施 8 项，除一项涉及所有部门外，其余除了通信部门两项，其他部门各一项（见表 2）。加拿大第一类负面清单中包含不符措施 29 个，其中 7 项适用于所有部门，其余部门主要集中在商业服务、能源、运输、渔业等领域（见表 1）。第二类不符措施 9 项，除一项涉及所有产业外，重点领域还是运输业（见表 2）。墨西哥第一类不符措施共计 57 项，其中 5 项适用于所有部门，其余部门主要集中在运输、通信和专业服务等领域（见表 1）。第二类不符措

---

① Article1209 of NAFTA.

施 10 项，除一项涉及所有产业外，其他主要涉及通信、运输、社会服务、少数民族服务、能源和法律专业服务（见表 2）。

表 1　　　　　　第一类负面清单——现有不符措施列表

部门	子部门	涉及原则	美国	加拿大	墨西哥
商业服务	专利代理	NT；LP	√	√	
商业服务	商标代理	NT；MFN；LP	√	√	
商业服务	海关代理人	NT；LP；SMBD	√	√	√
商业服务	免税店	NT；LP		√	
商业服务	进出口文化产品检查	LP		√	
能源	油和气	NT；PR；LP		√	√
能源	核能	NT；MFN	√	√	
汽车		PR		√	√
农业、畜牧业、林业	农业、畜牧业、林业	NT		√	√
渔业	捕鱼和加工	NT；MFN		√	√
渔业	渔业相关服务	NT；MFN		√	
运输	航空运输	NT；MFN；SMBD	√	√	√
运输	陆运	NT；LP	√	√	√
运输	非能源管道	NT；LP			√
运输	水运	NT；MFN；LP	√	√	
运输	专业人员	NT			√
通信	电信（增强或增值服务）	NT；LP	√		√
通信	娱乐（广播、有线电视、电影）	NT；PR		√	√
通信	邮政和电报	NT			√
制造业	农业化肥	NT	√		
制造业	炸药、烟花、枪支弹药	NT；SMBD			√
采矿		NT；MFN	√		√
公共行政	政府保险和贷款	NT；MFN	√		
垃圾管理		PR	√		
建筑业		NT			√
教育	民营学校	NT			√

续表

部门	子部门	涉及原则	美国	加拿大	墨西哥
产品制造和装配	汽车零部件	NT			√
印刷、编辑	报纸出版	NT			√
专业服务	医生	NT			√
专业服务	法律服务	NT；MFN；LP			√
专业服务	会计审计	NT；LP			√
专业服务	公证员	NT；LP			√
专业服务	其他专业服务	NT			√
零售业	特殊非食品销售（枪支弹药）	NT；SMBD			√
宗教服务		LP；SMBD			√

注：NT 指国民待遇；PR 指业绩要求；MFN 指最惠国待遇；SMBD 指高管与董事会成员要求；LP 指当地存在；MA 指市场准入。

资料来源：NAFTA 秘书处（https://www.nafta-sec-alena.org），经笔者翻译和整理。

表 2　　　　　　　第二类负面清单——未来不符措施列表

部门	子部门	涉及原则	美国	加拿大	墨西哥
原住民事务		NT；MFN；LP；PR；SMBD		√	
通信	电信传输网络和服务，无线电通信和海底电缆	NT；MFN；SMBD；LP	√	√	√
通信	娱乐服务（广播、有线电视）	NT；MFN；LP；SMBD	√		√
通信和运输	邮政、卫星通信和铁路	MFN；LP			√
政府金融	证券	NT		√	
社会服务		NT；MFN；LP；SMBD	√	√	√
少数民族事务		NT；LP；PR；SMBD	√	√	√
运输	航空运输	NT；MFN；SMBD		√	
运输	水运	NT；MFN；LP；PR；SMBD	√	√	
运输	专业人员	NT；MFN；LP			√
能源	石油、电力、核能	MFN；LP			√
专业服务	法律服务	NT；MFN；LP；SMBD	√		√

续表

部门	子部门	涉及原则	美国	加拿大	墨西哥
出版	报纸出版	NT；MFN	√		

注：NT 指国民待遇；PR 指业绩要求；MFN 指最惠国待遇；SMBD 指高管与董事会成员要求；LP 指当地存在；MA 指市场准入。

资料来源：NAFTA 秘书处（https：//www.nafta-sec-alena.org），经笔者翻译和整理。

二　《全面与进步跨太平洋伙伴关系协定》

（一）投资等章节中的负面清单相关规定

在第一章中介绍过，由于美国的退出，剩余的 11 个国家将《跨太平洋伙伴关系协定》改为《全面与进步跨太平洋伙伴关系协定》（CPTPP），且保留关于投资待遇的相关条款，因此继续以相关版本为基础进行研究分析。① CPTPP 第 9 章投资章节内容与 2012 美国双边投资协定范本具有高度重合性，可以说是北美自由贸易区投资章节的继承和发展。首先，CPTPP 在第 9 章第 4 条（Article 9.4）规定了和 NAFTA 一样的国民待遇的定义，都使用了"在类似情况下""不低于"等词语，也适用准入前和准入后国民待遇，并用脚注具体解释了"类似情况"是指依据总体情况，包括基于合法公共利益目标、投资者间或投资间的相关待遇是否有所区别。但除了投资章节外，CPTPP 专设了第 10 章跨境服务贸易和第 11 章金融服务，这两章也包含了部分不符措施的负面清单。第 10 章第 5 条（市场准入）规定：任何缔约方都不得在区域或全国范围内采取或保留限制市场准入的措施。这些措施包括：（1）不得对服务提供者强制实施数量限制，包括通过配额、独家服务提供商或进行经济需求测试等手段，限制服务提供者数量、服务交易量、服务运营者的总量以及某一服务行业或某一服务提供商雇用的外国自然人服务者的数量等。（2）限制或要求特定类型的法律实体或合资企业等。第 6 条（当地存在）规定：任何缔约方不得要求另一缔约方的服务供应商建立或保留代表办事处或任何形式的企业，或将成为其居民作为在其境内提供跨境服务的条件。第 11 章第 4 条

---

① Comprehensive and Progressive Agreement for Trans - Pacific Partnership，https：//www.mfat.govt.nz/assets/CPTPP/Comprehensive-and-Progressive-Agreement-for-Trans-Pacific-Partnership-CPTPP-English.pdf，May 24，2018.

也规定了金融机构的市场准入要符合准入前国民待遇原则，禁止数量限制、限制特定类型的法律实体或对高管、董事会成员有身份要求等。其具体不符措施的负面清单包括四个附件：

附件一：现有不符措施保留清单

CPTPP 第 9 章第 12 条第 1 款规定："第 9.4 条（国民待遇）、第 9.5 条（最惠国待遇）、第 9.10 条（履行要求）和第 9.11 条（高管和董事会）不适用于：（一）任何现有不符措施是由（1）中央层级政府维持的，列入附件一的措施；（2）一个地方政府维持的，列入附件一的；（3）当地政府维持的；（二）任何延续或更新的不符措施包含上述（一）；（三）对于上述（一）中不符措施的修订，必须满足不减少该不符措施在修订前与第 9.4 条（国民待遇）、第 9.5 条（最惠国待遇）、第 9.10 条（履行要求）和第 9.11 条（高管和董事会）条款的一致性。"同时，第 10 章第 7 条第 1 款规定：第 10.3 条（国民待遇）、第 10.4 条（最惠国待遇）、第 10.5 条（市场准入）和第 10.6 条（当地存在）不适用于附件一的现有不符措施，和投资章节中的相关规定一样，该类清单遵循"棘轮"原则。这类清单由部门或子部门、产业分类、保留的条约义务、政府层级、措施、描述组成。

附件二：未来不符措施保留清单

CPTPP 第 9 章第 12 条第 2 款规定："第 9.4 条（国民待遇）、第 9.5 条（最惠国待遇）、第 9.10 条（履行要求）和第 9.11 条（高管和董事会）不适用于缔约国所采取或维持的与附件二所列的部门、子部门或者活动有关的措施。"同时，第 4 款规定"任一缔约方不得在本协定生效后增加附件二范围内的措施，基于国籍原因，要求缔约另一方投资者出售或者以其他方式处理在该措施生效时已存在的投资"。第 10 章第 7 条第 2 款规定："第 10.3 条（国民待遇）、第 10.4 条（最惠国待遇）、第 10.5 条（市场准入）和第 10.6 条（当地存在）不适用于缔约国所采取或维持的与附件二所列的部门、子部门或者活动有关的措施。"

该类清单中的领域允许保留现存和新增的不符措施。该部分列明了部门、子部门、产业分类、保留的条约义务、描述和现有措施。同美国 2012 年 BIT 附件二一样，"描述"主要用以说明条目涉及部门、子部门和活动的范围，而非对涉及的措施进行解释。缔约方拟采取的新不符措施，在缔约时并不要求作出明确说明，只要求对缔约时已有的措施适用的部门、子部门和活动范围进行特别说明，且现有措施的清单也是非穷尽清单。① 此外，此条款对越南在本协定对其生效之日起 3 年内，不符措施"棘轮"机制生效。

附件三：金融服务业不符措施保留清单

第 11 章第 10 条规定：第 11.3 条（国民待遇）、第 11.4 条（最惠国待遇）、第 11.5 条（金融机构市场准入）、第 11.6 条（跨境贸易）以及第 11.9 条（高管和董事会）不适用于以下两种情况：（1）协议附件三 A 部分中中央政府、地方政府的负面清单，以及当地政府的所有负面清单。延续或更新不符措施遵循"棘轮"原则。（2）附件三 B 部分中的负面清单。另外，附件一、附件二中涉及的第 9.4 条（国民待遇）、第 9.5 条（最惠国待遇）、第 9.11 条（高管和董事会）、第 10.3 条（国民待遇）、第 10.4 条（最惠国待遇）、第 11.3 条（国民待遇）、第 11.4 条（最惠国待遇）和第 11.9 条（高管和董事会）的负面清单同样适用于第 11 章的相关条款。②

附件四：国有企业和指定垄断企业不符措施保留清单

CPTPP 单设了对于国有企业和特殊垄断企业的负面清单，其中涉及 11 个国家中的 9 个，日本和新加坡没有作出保留。③ CPTPP 第 17.9 条第 1 款规定："第 17.4 条（非歧视待遇和商业考虑）和第 17.6 条（非商业补贴）不适用于在附件四中成员国列明的国有企业或者指定垄断企业的活动清单。"这类只要求缔约国对免除的义务、主体和活动范围进行特别说明，为了更加透明，也可以非穷尽列明所涉及的法律、法规和措施内容。④

（二）负面清单的内容概况及其评价

TPP 12 个成员国总共列出了 592 项不符措施，平均 49 项。⑤ 鉴于文

---

① Article 2 of Explanatony Notes of Annex II.

② 具体金融服务负面清单详见中国社会科学院世界经济与政治研究所国际贸易研究室《〈跨太平洋伙伴关系协定〉文本解读》，中国社会科学出版社 2016 年版，第 122—134 页。

③ Https://www.mfat.govt.nz/en/trade/free‐trade‐agreements/free‐trade‐agreements‐concluded‐but‐not‐in‐force/cptpp/comprehensive‐and‐progressive‐agreement‐for‐trans‐pacific‐partnership‐text/#CPTPP，May 24, 2018.

④ Article 2 of Explanatony Notes of Annex IV.

⑤ 文洋：《TPP 投资规则：内容、挑战及中国的因应》，《国际贸易》2016 年第 4 期。

洋在其《TPP 投资规则：内容、挑战及中国的因应》一文中，对各 TPP 成员国的不符措施条目数量和主要限制部门进行了一个大致的列表整理，本书不再赘述。下面仅以负面清单最长的越南为例对负面清单具体限制部门进行一个系统分析。

越南的负面清单最长，第一类不符清单 36 项，涉及的部门有专业服务（法律、审计、兽医）、零售业、其他商业服务（技术测试和分析、农业、狩猎和林业所附带的服务）、电信、视听服务、教育、旅游、娱乐文化体育、制造业、各种运输服务（海陆空）、电力、进出口服务、大地测量学和地图学、金融、烟草生产、能源零售、油气、矿业、房地产、商业服务（资产评估）、安全系统服务。所有不符措施都是中央层级政府的措施，绝大部分都涉及国民待遇保留。第二类不符措施也是 36 个，涉及运输服务、码头和机场的建设、运营和管理、农业、零售服务、电信、视听服务、教育、表演艺术和美术、文化遗产、大众传媒、视频光盘的制作和零售、能源、商业服务、旅游、健康与社会服务、娱乐文化体育、制造业、渔业、林业和狩猎、传统市场、商品交易、司法行政及相关服务、博彩、专业服务、行使政府权力的服务。同时，也附加了越南在 GATS 第 16 条项下的关于市场准入的特殊承诺表。第三类金融服务业的负面清单包含 21 个不符措施。第四类国有企业和指定垄断企业负面清单包含 14 个不符措施。

由于 CPTPP 投资章节和负面清单主要体现了美国意志，门槛高、透明度要求高，所有的细节都几乎敲定，但反过来也缺乏包容性，没有体现联合国贸发会提出的新一代国际投资政策的核心目标——可持续发展，也不像 WTO 相关制度，体现了对发展中国家的特殊优惠和保护。CPTPP 完全靠负面清单来保留必要的东道国政府的监管权，不符措施清单上呈现的国别差异也正好反映了发达国家和发展中国家间存在的差异。从负面清单限制的部门看，越南限制的部门更多涉及能源、专业服务部门、教育文化娱乐部门等服务业部门，反映了发展中国家需要保护本国比较薄弱的行业以及具有战略意义的敏感行业。但金融服务领域的限制措施都非常多，金融服务领域的不符措施涉及了金融机构所有权、经营业务权限和政策待遇等诸多方面，反映出各国特别强调对金融服务领域的限制。

三　《东盟全面投资协定》

（一）ACIA 负面清单相关规定

2012 年生效的《东盟全面投资协定》也采用准入前国民待遇加负面清单的模式。ACIA 第 5 条"关于国民待遇的定义"和美国 2012 BIT 第 3 条前两款的措辞完全一致。第 9 条（保留）第 1 款规定："第 5 条（国民待遇）、第 8 条（高管和董事会）不适用于：（一）任何现有不符措施是由（1）中央层级政府维持的，列入第二部分的措施；（2）一个地方政府维持的，列入第二部分的；（3）当地政府维持的；（二）任何延续或更新上述不符措施。"第 2 款规定：缔约国应当在协定签署后的 6 个月内将各自的负面清单提交东盟秘书处并经东盟投资部门委员会认可。第 3 款规定：任何负面清单的修订或更新必须符合第 10 条的相关规定。第 10 条规定了缔约国在提交负面清单 12 个月内，可以修改清单措施，但修改不溯及已存在的投资和投资者。12 个月后，须与其他缔约国协商一致后，方可对负面清单内的措施进行增加、修改或撤回，但效果也不溯及已存在的投资或投资者。而且缔约国必须遵守一般性的互惠标准，修改后的措施对于投资者和投资的待遇不能低于修改前的待遇，比如缔约国可以在其他开放部门提供一个补偿性调整条款。①

ACIA 负面清单（ACIA Schedule）包含了 10 个成员国的负面清单。② 每个保留措施由部门或子部门、产业分类、保留的条约义务、政府层级、措施的描述、措施的来源③组成。前言的第 4 条指出每个缔约国对于新产生的和现有的部门、子部门、产业、产品或活动保留制定将来的不符措施的权利。因此，ACIA 负面清单只有一类，就是现有不符措施的负面清单。

（二）各成员国负面清单的具体内容

东盟 10 个成员国共列出了 164 项不符措施。从不符措施数量看，柬埔寨和老挝数量最少，泰国和越南数量最多。从不符措施涉及的部门看，柬埔寨和新加坡数量最少，其余国家涉及的部门都是制造业、农业、渔

---

① Article 10 of ASEAN Comprehensive Investment Agreement.

② Schedule to the ASEAN Comprehensive Investment Agreement，http：//asean. org/？static_ post =asean-compehensive-investment-agreement-reservation-list，July 30，2017.

③ 措施来源是指对现有措施适用的部门、子部门或者活动。

业、林业、采矿以及上述产业的相关服务，部分国家由于制造业实力较强，在制造业领域的不符措施较多，具体情况见表 3。由于国内几乎没有学者对 ACIA 负面清单进行相关整理分析，而且不符措施除涉及上述基本部门外，大量措施适用于所有部门，因此笔者对各成员国涉及所有部门的相关措施的具体内容进行整理如下：

表 3　　　　　　　　　　　　　　　　ACIA 负面清单

成员国	措施数量	负面清单涉及部门
文莱	15	制造业及其服务、渔业及其服务、农业及其服务、林业及其服务（伐木除外）、采矿和采石及其服务
柬埔寨	7	制造业（精神、麻醉药品、有毒化学品、农药、杀虫剂等其他化学药品）、林业、采矿
印度尼西亚	22	渔业、制造业及其服务、农业及其服务、林业及其服务、采矿业及其服务
老挝	8	采矿和采石、制造业、农业及其服务、渔业
马来西亚	18	制造业及其服务、渔业及其服务、农业及其服务、林业及其服务、采矿和采石及其服务
缅甸	11	制造业及其服务、林业及其服务、渔业及其服务、采矿和采石及其服务
菲律宾	19	制造业及其服务、农业、渔业及其服务、林业及其服务、采矿和采石及其服务
新加坡	13	制造业、农业、采矿
泰国	25	制造业、农业、渔业、林业、采矿以及上述产业的相关服务
越南	26	制造业、农业、渔业、林业、采矿以及上述产业的相关服务

资料来源：《东盟全面投资协定负面清单》（http：//asean.org/？static_ post = asean－compe-hensive－investment－agreement－reservation－list），经笔者翻译和整理。

柬埔寨共保留了 7 项不符措施，其中三项适用所有部门：外国投资者在土地所有权、交易、租赁、使用上不享有国民待遇，只有柬埔寨国籍的自然人和法人（51% 以上股权为柬埔寨国籍所有）才能拥有土地所有权；雇用员工、晋升高管柬埔寨国民优先，外国员工的雇用人数不得超过柬埔寨员工总数的 10%；证券投资不适用国民待遇和高管及董事义务。

老挝共保留了 8 项不符措施，其中三项适用于所有部门国民待遇保留：外国投资者不具有土地所有权，但可以租赁土地；获得投资许可的条件；三种投资形式（合资、全资、合作）。

文莱共保留了 15 项不符措施，其中 7 项不符措施涉及所有部门：公司注册登记制度、两名董事中的其中 1 名或者 3 名以上董事中的至少 2 名应当居住在文莱这两项措施在所有部门保留国民待遇和高管及董事会义务；皇室法令、政府的财产或国有公司、商业活动的许可证要求、利用自然资源的活动、土地交易和使用这五项在所有部门保留国民待遇。

印度尼西亚共保留了 22 项不符措施，其中 14 项不符措施涉及所有部门。以下措施涉及所有部门不享有国民待遇：土地以及土地上的自然资源和财产；营业许可受到相关监管；投资必须按照印度尼西亚公司法只能设立有限责任公司；投资者必须指定当地零售代理商出售其产品给印度尼西亚消费者；100% 外资公司在经营一定期限后，必须将部分股份卖给本地投资者；[①] 国有企业私有化；涉及国家食品安全；证券投资；外籍员工的数量、时间和职位的相关限制；省级政府依据个案分析发放投资实施许可证。以下措施保留国民待遇和高管及董事义务：印度尼西亚公司法规定公司特定职务必须由本国人担任；给予中小型企业的特殊优惠；特定企业享有的活动；协定生效前设立的企业和项目，获得许可的附加条件将继续实施。

马来西亚共保留了 18 项不符措施，其中 11 项不符措施涉及所有部门。以下措施涉及所有部门不享有国民待遇：土地以及土地上的自然资源和财产；证券投资；上市公司的收购和兼并；国有信托机构的收购和所有权；许可证颁发的数量限制或不予许可；立法机构。以下措施保留国民待遇和高管及董事义务：公司内至少 2 名以上董事主要居住或者仅居住在马来西亚；政府或政府相关实体资产或利益的转让；特定企业享有的活动；本地人和本地公司特有的优惠；外籍员工的数量、时间和职位的相关限制。

缅甸共有 11 项不符措施保留，其中 2 项适用所有部门国民待遇保留：土地以及土地上的自然资源和财产；[②] 外资公司，无论是全资、合资或是分支结构、代表处都须申请获得经营许可证。与其他成员国不同，缅甸特别强调制造业，仅该领域的保留措施就有 4 项，涉及饮料、酒、烟、烘焙

---

① 比如在采矿业，经授予许可证前事先通知，外国投资者在经营 5 年后，国内投资者必须拥有至少 20% 的公司股份。

② 缅甸政府、政府部门、组织和私人所有土地可以出租 30 年，然后经缅甸投资委员会批准，可以再延长两次，每次 15 年。

食品、纸板、药品、石油产品、报纸出版、媒体记录等多项子部门。

　　菲律宾共有 19 项不符措施保留，其中 14 项适用于所有部门。以下措施涉及所有部门不享有国民待遇：土地以及土地上的自然资源和财产；证券投资和菲律宾央行贷款；合作社不允许外资进入；① 出口要求；影响国家遗产和土著文化社区权利的措施。以下措施保留国民待遇和高管及董事义务：菲律宾宪法或法律规定其公民或授权实体才有的特权、财产或经营；外资公司、合伙企业、独资企业及其分支机构的设立不享有国民待遇，这些企业的运营需服从注册和资格要求；涉及国家利益领域的投资；涉及中小型国内市场的企业；间接投资（包括但不限于菲律宾证券市场上的证券、债券和其他有价证券）；授予许可证；私有化项目和撤资要求；穆斯林自治区和山脉行政区；外籍员工的数量、时间和职位的相关限制。

　　新加坡共有 13 项不符措施保留，其中 9 项适用于所有部门。以下措施涉及所有部门不享有国民待遇：向非居民金融机构发行新加坡货币贷款或债券；个人投资者的股权比例限制；② 涉及土地和土地使用的活动涉及国有土地。以下措施保留国民待遇和高管及董事义务：任命当地经理；③ 行使政府职权的私人部门服务；政府所有的资产；涉及武器、炸药部门；新加坡技术工程公司中涉及政府控制利益的。其中制造业中有 3 条不符措施涉及特殊行业，包括烟、酒、烟花、口香糖、火柴等制造；光盘制造；报纸印刷出版。

　　泰国共有 25 项不符措施保留，其中 10 项适用于所有部门。以下措施涉及所有部门不享有国民待遇：最低注册资本限制；购买、租赁土地限制；外国人不允许有自己的住房除了公寓且不得超过公寓 49% 所有权；涉及中小企业措施；间接投资；外汇兑换；为本国人保留的特殊职业。以下措施保留国民待遇和高管及董事义务：外国人营业须获得商业发展部许可

----

　　① 合作社是指一个正式注册的组织，有共同的债券利益的人自愿加入从而实现一个合法的共同的、社会的或经济的目的，按照普遍接受的合作原则同等投资，也承担同等份额的风险和利益。

　　② 根据政府指令相关规定，股权比例限制为：新加坡技术工程 15%；新加坡电力、电网、供电、电力 10%；港务集团公司 5%；新加坡航空公司 5%。

　　③ 根据新加坡商业注册法和公司法的相关规定，只有新加坡公民、永久居住者或新加坡就业证持有人可以注册不任命当地经理的企业。当地经理即新加坡公民、永久居住者或新加坡就业证持有人。在新加坡设立的公司必须有 1 个以上董事居住在新加坡，外国公司的分支机构在新加坡注册，至少要 2 名代理人居住在新加坡。

证；涉及全部或部分为国家、政府所有的企业资产转让或处置；符合国家发展的其他投资条件。

越南共有 26 项不符措施保留，其中 10 项适用于所有部门。以下措施涉及所有部门不享有国民待遇：协定生效前颁发的投资许可；特定企业享有的活动；土地以及土地上的自然资源和财产。以下措施保留国民待遇和高管及董事义务：外籍员工的数量、时间和职位的相关限制；间接投资；外国人投资企业或项目的设立、并购、运营中的许可证颁发、法定形式、参股、组织、管理、投资期限等；国有企业资产转让或处置；政府根据相关国际条约设置并监管投资条件；涉及中小企业措施；涉及食品安全的措施。其中制造业中有 6 条不符措施，分别涉及众多子部门。

对比上述三个采用准入前国民待遇加负面清单模式的多边协定，可以发现，准入前国民待遇的定义措辞都是一模一样的，但负面清单区别很大。（1）就负面清单格式而言，NAFTA 负面清单种类最多，其中还有特别保护墨西哥这个发展中国家的特殊清单；ACIA 负面清单只有一类，就是对现有不符措施的负面清单，对于未来的不符措施，缔约国保留了制定的权限，权限更大更自由；而 TPP 完全参照美国 2012 年双边投资协定范本，负面清单更加简明扼要，透明度标准也更高。（2）就不适用的条约义务来看，NAFTA 和 TPP 的不符措施针对国民待遇、最惠国待遇、业绩要求以及高管和董事四项义务，而 ACIA 只针对国民待遇与高管和董事义务。（3）在对不符措施修改方面，NAFTA 和 TPP 都采用"棘轮"原则，而 ACIA 虽然也要求总的待遇标准不能降低，但可以和其他缔约国协商或者在其他部门进行补偿，因此更加灵活机动，东道国有更大的主权。因此，ACIA 虽然也采用负面清单模式，但相比 NAFTA 特别是 TPP，东道国保留了更大的灵活性和主动性，可操作空间大，虽然牺牲了一定的透明度。

第三节　各国负面清单实践

据贸发会的统计，载有将国民待遇和最惠国义务适用于设立前的国际协定的数量在增加，截至 2014 年底，共有 228 项国际投资协定确立了准入前义务，大多数涉及一个发达经济体：美国、加拿大、芬兰、日本和欧盟。[①] 上述国家签署了 70% 的准入前国际投资协定，其中美国、加拿大、欧盟和日本位居前四（见图 1）。[②] 另外，亚洲和拉丁美洲的少数发展中国家也在缔结前设立国际投资协定，其中包括智利、哥斯达黎加、韩国、秘鲁和新加坡。[③] 其中，美国、加拿大、日本、秘鲁、智利、新加坡都是 TPP 的成员国。这些确立了准入前义务的投资协定中采用负面清单模式的比采用正面清单的更多。但各国的负面清单实践并不一致：发达国家，如美国、加拿大、日本等国对负面清单管理模式有较为丰富的实践经验，在对外缔结双边投资协定或自由贸易协定时往往要求采用外资准入的国民待遇加负面清单模式；而发展中国家的负面清单管理模式起步较晚，不少采用负面清单的国家都是被动接受，只有在对方缔约国（主要是美国、加拿大）提出采用负面清单模式的要求时才予以采用；欧盟的成员国虽然不少是发达国家，但由于受传统欧式 BIT 的影响，负面清单行业列表的内容也各不相同，每个国家往往按照本国经济的特点，结合国内行业和部门的发展情况以及国家安全政策开列负面清单。下面选取部分主要国家予以介绍。

一　美国负面清单实践

（一）2012 年 BIT 范本中的负面清单相关规定

在美国 2012 年 BIT 范本中，第 3 条第 1 款明确规定国民待遇条款。同时，2012 年范本中除规定国家安全、金融服务和税收例外等条款之外，还在第 14 条专门规定了"不符措施"条款。[④] 根据 2012 年 BIT 范本和相关条约文本，"不符措施"由三个附件清单组成。[⑤] 附件一是现有不符措施的保留清单，包括所有在协定生效后东道国希望保留的不符措施。其内容安排透明度较高，要求说明该缔约方政府背离国民待遇义务的外资措施，从而明确指导缔约对方投资者投资行为，减少投资争议的发生。附件二是未来不符措施条款，其中涉及的部

---

①　World Investment Report 2015, United Natons Publication, Sales No. E. 15. II. D. 5, p. 110.

②　Ibid. , p. 111.

③　Ibid. .

④　Article 14. 1 of 2012 U. S. Model Bilateral Investment Treaty.

⑤　钱晓萍：《国际投资市场准入"国民待遇与负面清单"研究 ——以美国晚近缔约实践为主要研究对象》，《上海对外经贸大学学报》2015 年第 4 期。

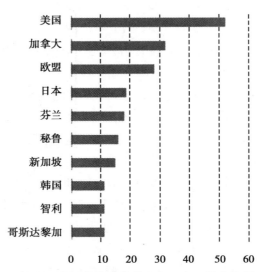

图1　签署准入前投资协定的前十个国家（协定数量）

资料来源：联合国贸发会《2015世界投资报告》，第111页。

门、子部门或者活动的不符措施延续或即时更新，可以在扩大不符程度的范围内予以修订。但对增加清单也并非毫无限制，第14条第3款规定，"任一缔约方不得在本协定生效后增加附件二涵盖范围内的措施，基于国籍原因，要求缔约另一方投资者出售或者以其他方式处理在该措施生效时已存在的投资"，因此，增加清单对已有投资不具有溯及力。2012年BIT范本中没有关于金融服务负面清单的特殊规定，从美国缔结的具体BIT文件中的附件三看，金融服务领域的不符措施主要涉及银行和保险两个子部门，涉及了金融机构所有权、经营业务权限和待遇等诸多方面。[①]

（二）美国BIT负面清单实践

美国是世界上签订自由贸易协定和双边投资协定最多的国家之一。[②] 至今为止，签订了16个多边与双边自由贸易协定，包括TPP和正在谈判的

[①]　如美国—乌拉圭BIT、美国—卢旺达BIT。

[②]　高维和、孙元欣、王佳圆：《美国FTA、BIT中的外资准入负面清单：细则与启示》，《外国经济与管理》2015年第3期。

TTIP，生效的协定涉及 20 个国家，① 而生效的双边投资协定多达 42 项。②
由于美国 BIT 范本倡导准入前国民待遇加负面清单模式，因此双边投资协
定和自由贸易协定都设有专门附件作为负面清单。最新签订的是美国—乌
拉圭 BIT 和美国—卢旺达 BIT。

有不少国内学者选取了美国 BIT 进行研究，如高维和、孙元欣、王佳
圆在《美国 FTA、BIT 中的外资准入负面清单：细则与启示》一文中，研
究了美国—韩国 FTA、美国—乌拉圭 BIT、美国—卢旺达 BIT。③ 另外，陆
建明、杨宇娇、梁思焱：《美国负面清单的内容、形式及其借鉴意义——
基于 47 个美国 BIT 的研究》中对至 2014 年 1 月，美国签署的 47 个 BIT
进行了分析介绍。④ 事实上，美国近期没有签订新的 BIT，最后签订的就
是 2012 美国—卢旺达 BIT。所以这 47 个 BIT 就是至今为止美国所有的
BIT，包括生效和尚未生效的。文中指出，美国对所有国家几乎采用了相
同的行业限制。前期美国 BIT 限制的领域主要有自然资源及土地的使用、
能源、海洋及航空运输、广播及通信、金融、保险以及房地产，对所有行
业进行水平型限制。最后一项主要涉及政府相关行为，如政府补贴、补助
等项目。这六大领域体现了美国投资保护的基本意向和目的：其中前五个
领域都与国家安全紧密相关，而第六个领域则为美国政府对本国产业和企
业提供支持性政策预留了空间。而最新签订的两个 BIT 与美国 2012 年 BIT
范本基本一致，与之前的 BIT 相比，负面清单的条款更多，内容更具体即
要求在附件中做出具体阐述，并且将负面清单保留义务的范围从国民待遇
和最惠国待遇两项扩大到了四项。负面清单涉及的领域除了前期的六个领
域外，增加了"社会服务""少数民族事务"两项。因此，后期的这两个
BIT 体现出可操作性更强、涵盖范围更广、强化金融服务领域限制等特
点。上述三位学者在《美国双边投资协议中签约双方负面清单的比较研

---

① 美国自由贸易协定列表，详见 https：//ustr. gov/trade－agreements/free－trade－agreements，
Aug. 2，2017。

② 美国双边投资协定列表，详见 http：//tcc. export. gov/Trade_ Agreements/Bilateral_
Investment_ Treaties/index. asp，Aug. 2，2017。

③ 三个 BIT 中负面清单附件具体涉及的产业部门，详见高维和、孙元欣、王佳圆《美国
FTA、BIT 中的外资准入负面清单：细则与启示》，《外国经济与管理》2015 年第 3 期。

④ 陆建明、杨宇娇、梁思焱：《美国负面清单的内容、形式及其借鉴意义 ——基于 47 个美
国 BIT 的研究》，《亚太经济》2015 年第 2 期。

究》一文中又继续对美国 BIT 负面清单中行业具体分布和国别分布特征进行了全面梳理和归纳。[①]

（三）国内法中的负面清单相关规定

美国对外国投资赋予准入前国民待遇，美国法律对外国投资一般也会因为国别不同，而实行差别待遇或实施特别限制。但美国会基于国家安全或经济利益，在某些关键部门中禁止或限制外资的进入。例如，原子能、水力发电以及通信等行业只能由美国公民、美国社团或在美国国内注册的公司经营。[②] 此外，外国投资在银行、保险等行业中也受到一定的限制。[③] 根据《1926 年航空贸易法》和《1938 年民用航空法》等法律，外国公司对美国航空公司的收购不得超过 25% 的股份，航空公司的董事会成员中美国籍的董事比例不得低于三分之二。外国公司对美国航空公司的收购由交通部审批，只能向美国公民颁发许可证。根据《1936 年琼斯法案》，沿海和内河航运也只限美国公司，航运船只必须是美国制造、在美国注册并由美国公司所有。禁止美国公司未经联邦运输部长批准出售在美国注册的船只给外国人。根据《1976 年联邦土地政策和管理法》，公共土地的转让仅限于美国公民之间。[④]

二　加拿大负面清单实践

（一）2004 年 FIPA 范本中负面清单相关规定

加拿大双边投资协定全称投资促进与保护协定（FIPA）。目前，加拿大适用的是 2004 年 FIPA 范本，其第 3 条国民待遇的定义和美国 2012 年 BIT 完全一样。第 9 条"保留和例外"规定了负面清单，第 10 条规定了

---

① 陆建明、杨宇娇、梁思焱：《美国双边投资协议中签约双方负面清单的比较研究》，《外国经济与管理》2016 年第 2 期。

② 根据《原子能法》规定，禁止对外国人或为外国人所有或控制的公司发给从事原子能利用设施或生产设施等活动的许可证。根据 1934 年修订的《联邦通讯法》的规定，美国仅向美国公民颁发经营无线电广播及电视行业的特许证，禁止为外国人所有或控制的公司取得经营通信事业的一切设备的特许权，不允许外国公民在电视行业的公司中或卫星通信公司中所占股权超过 20%。

③ 根据美国 1978 年《联邦国际银行法》和各州法律，外国公司通过并购方式进入该领域会受到严格限制。

④ 张国平：《外资准入前国民待遇加负面清单的法律解读》，《江苏社会科学》2015 年第 3 期。

一般例外。第9条第1款规定了国民待遇（第3条）、最惠国待遇（第4条）、履行要求（第7条）、高管和董事会及允许入境（第6条）不适用于附件一中的现有不符措施以及这些措施的延续和更新，且这些不符措施的修订不得减损措施修订前与上述四项义务的一致性。第9条第2款规定国民待遇（第3条）、最惠国待遇（第4条）、履行要求（第7条）、高管和董事会及允许入境（第6条）不适用附件二中部门、子部门或活动。第3款规定，最惠国待遇不适用附件三中的部门。第4款规定知识产权方面，可以减损国民待遇和最惠国待遇，只要符合 WTO 相关规定。第5条规定，国民待遇、最惠国待遇、高管和董事会及允许入境不适用于国有企业采购、国有企业提供的补贴包括政府贷款、担保和保险。第6款规定，国民待遇不适用于缔约国向某个金融机构特别授权允许其提供公共退休或社会保障金服务。最后一款规定，最惠国待遇不适用于金融服务。因此，加拿大2004年FIPA范本中负面清单共有4类，第一类是对现有不符措施的保留，第二类是对将来措施的保留，第三类是对最惠国待遇的保留，第四类是对争端解决的保留。与美国2012年BIT范本相比，前两类的规定几乎一样，而第三类负面清单仿照 NAFTA，从而在设置保留时获得更大的自由。另外需要说明的是，加拿大 FIPA 范本中的高管与董事义务与美国对应条款相比，多了一款即外国人入境义务。第6条第3款规定，在遵守法律、法规有关外国人入境的相关规定的情况下，缔约方应允许被投资者雇用的另一方国民临时入境，从而为缔约方领土内的外资企业提供管理、执行或专业知识。

（二）加拿大 FIPA 负面清单实践

加拿大已有35个 FIPA 生效，目前正积极同包括印度、巴基斯坦在内的14个国家进行双边投资协定的谈判或已谈判结束尚未签署。[1] 中国作为加拿大越来越重要的贸易和投资伙伴，中加双边投资协定于2014年10月生效。2016年2月签署加拿大—中国香港双边投资协定。生效的自由贸易协定有14项。[2] 2017年9月21日，加拿大与欧盟的《加拿大—欧盟全

---

① 加拿大双边投资协定列表，详见 https：//www. international. gc. ca/trade-commerce/trade-agreements-accords-commerciaux/agr-acc/index. aspx? dt_ country＝&dt_ type＝FIPA&dt_ status＝5）+In+force&lang＝eng，Feb. 5, 2018。

② 加拿大自由贸易协定列表，详见 https：//www. international. gc. ca/trade-commerce/trade-agreements-accords-commerciaux/agr-acc/index. aspx? lang＝eng，Feb. 5, 2018。

面经济和贸易协定》（CETA）正式生效。CETA 的文本包括修改投资保护和投资争端解决机制，创建了一个永久性的 15 人法庭审理纠纷，这和加拿大以往的包含 NAFTA 在内的贸易协定都大为不同。

虽然 2004 年 FIPA 范本采用了负面清单模式，但加拿大实践中生效的 30 多个 FIPA 与 10 多个自由贸易协定并不是都采取准入前国民待遇加负面清单模式。比如，中加双边投资协定的第 6 条就没有要求准入前国民待遇，国民待遇只适用于"扩大、管理、经营、运营和销售或其他处置其领土内投资方面的待遇，不得低于在类似情形下给予其国内投资者的待遇"。也没有列出负面清单，仅在第 8 条对现存的不符措施进行了概括性的例外描述。且就算双边投资协定采用了准入前国民待遇加负面清单模式，负面清单具体形式也各不相同，如加拿大—科威特 FIPA（2014）中的附件一是关于未来不符措施的保留，附件二是对最惠国待遇的保留，没有现有不符措施的负面清单；加拿大—贝宁湾 FIPA（2014）中的附件一是征收，附件二是对未来不符措施的保留，附件三是对最惠国待遇的保留。CETA 第 8 章（投资）第 15 条（保留和例外）规定了第 8.4 条（市场准入）、第 8.5 条（履行要求）、第 8.6 条（国民待遇）、第 8.7 条（最惠国待遇）、第 8.8 条（高管和董事会）不适用于附件一和附件二中不符措施。附件一为现有不符措施，附件二为未来不符措施。其相关措辞和加拿大 FIPA 范本十分接近，不过增加了市场准入义务的保留，使之更为符合欧盟的做法。

（三）国内法中的负面清单相关规定

除了一些特殊部门，加拿大为外国投资者提供全面的国民待遇。加拿大《投资法》的特别条款以及加拿大联邦和省有关法律对特殊产业的外资比例设定了额外的限制，主要涉及（1）银行业：对于资产达到或超过 50 亿加元的大型银行，任何个人都不得收购该银行超过 20% 的股权或超过 30% 的非股权；任何个人持有中小银行（10 亿加元以下）需得到财政部批准。（2）大众传播业：外国投资者不得拥有大众传播企业 46.7% 以上的股份。（3）渔业：外商不得对渔业加工企业持股超过 49%，否则该企业不能获得商业捕鱼执照。（4）铀矿业：外商在铀矿开采和加工企业中所占股份不得超过 49%，除非能证明加拿大人仍有效控制该企业。（5）交通运输业：外商在加拿大航空运输公司的持股总额不得超过 25%。加拿大海运必须由悬挂加拿大国旗的船只承担，但并不禁止某些货轮实际归外国船东所有。（6）通信业：除固定卫星服务和海底光缆外，外商对其他所有基于设施的电信服务供应商控股不得超过46.7%。基础设施电信服务供应商董事会至少有80%以上的成员是加拿大公民。（7）保险业：个人在收购加拿大联邦控制的保险公司超过10%股份时，必须获得财政部的批准。（8）土地：一些省区限制非加拿大公民拥有某些形式的土地。另外，还有图书发行和销售、石油天然气、医药、证券交易等领域受联邦和省级法律法规的约束。①

三 其他国家的相关实践

（一）日本

日本第一次采用准入前国民待遇，是在2002年签订的日韩双边投资协定中。② 至2018年2月，日本共签订了28个双边投资协定，③ 日本目前正在与卡塔尔、坦桑尼亚、加纳、摩洛哥等国进行双边投资协定的谈判。此外，日本与中国和韩国进行三国自由贸易区谈判。在签订的15个经济伙伴关系协定中，12个协定包含了投资章节，而且都写入了准入前国民待遇。④而且绝大多数协定都采用了否定清单方式。日本的否定清单有以下特点：（1）日本现有不符措施国民待遇原则、最惠国待遇原则、高管国籍要求、禁止业绩要求四项原则提出保留，但涉及国民待遇的保留最多。（2）不符措施集中于服务业。现有的22项不符措施中服务业有16项，占全部不符措施的72%。⑤（3）未来不符措施简明扼要。除现有不符措施保留外，日本另一种清单是制定部门和事项清单。这些清单中的事项

① 商务部投资促进局：《对外投资合作国别（地区）指南——加拿大（2016年版）》，http：//www.fdi.gov.cn/CorpSvc/Temp/T3/Product.aspx？idInfo=10000545&idCorp=1800000121 & iproject=25 & record=453，2016年6月（访问日期：2017年8月5日）。

② Carsten Fink，Martin Molinuevo，East Asian Free Trade Agreements in Services：Key Architectural Elements，*Journal of International Economic Law*，Vol.11，2008.

③ UNCTAD's IIA Navigator，at http：//investmentpolicyhub.unctad.org/IIA，Feb.6，2018.

④ 新加坡、墨西哥、马来西亚、智利、泰国、文莱、印度尼西亚、菲律宾、瑞士、越南、印度、秘鲁、澳大利亚、蒙古国和东盟。其中和东盟、越南、秘鲁的经济伙伴协定不涉及投资，详见日本外务省网站：Free Trade Agreement（FTA）and Economic Partnership Agreement（EPA），at http：//www.mofa.go.jp/policy/economy/fta/index.html，Aug.6，2017。

⑤ 赵玉敏：《国际投资体系中的准入前国民待遇——从日韩投资国民待遇看国际投资规则的发展趋势》，《国际贸易》2012年第3期。

可以采用新的不符措施，这些措施主要涉及航天工业、武器及爆炸物制造业、渔业、能源产业、广播业、公共执法 6 类产业。①

日本国内法允许外资进入大部分行业，但对可能威胁国家安全及未实行完全自由化的行业予以限制。根据《外汇法》，在农林水产业、矿业、石油业、皮革及皮革产品制造业、航空运输业等领域，外资收购日本非上市企业股权或上市企业股份超过 10%，须实施提前申报手续。作为《资本移动自由化法则》的成员，日本还要遵守 OECD 对武器、飞机、核、宇宙开发、电力、煤气、供热、通信、广播电视、铁路等行业的外资管制限制。2007 年 9 月，管制行业又增加可能转为军用的碳素纤维和钛合金、光化学镜头制造业等。另外，对采矿、通信、广播、水运、航空运输业有具体的外资准入限制。②

（二）欧盟

在某种意义上，欧洲堪称现代 BIT 的发源地。1959 年德国—巴基斯坦 BIT 是世界上首项 BIT，③ 也是全世界签订双边投资协定最多的国家④。有别于一般的主权国家，欧盟由 28 个成员国组成，对外签署了近 1200 个投资保护协定。⑤ 尽管欧盟成员国 BIT 实践早、数量多，但至今尚无投资协定范本。这些 BIT 大都是传统的"欧式 BIT"，如在第一章中所述，内容抽象，并不强调投资准入，更不涉及负面清单。但美国与部分东欧国家（保加利亚、捷克、爱沙尼亚、拉脱维亚、立陶宛、罗马尼亚和斯洛文尼亚）所签署的 BIT 是以"准入前国民待遇加负面清单"模式。⑥例如，

---

① 张国平：《外资准入前国民待遇加负面清单的法律解读》，《江苏社会科学》2015 年第 3 期。

② 商务部投资促进局：《对外投资合作国别（地区）指南——日本（2016 年版）》，http：//www. fdi. gov. cn/CorpSvc/Temp/T3/Product. aspx? idInfo = 10000545 & idCorp = 1800000121 & iproject = 25&record = 359，2016 年（访问日期：2017 年 8 月 7 日）。

③ 梁咏：《中欧 BIT 的"负面清单"研究：由来、变迁与展望》，《国际经济法学刊》2015 年第 1 期。

④ 截至 2018 年 1 月，德国签订了 133 个 BIT，详见 http：//investmentpolicyhub. unctad. org/IIA/IiasByCountry#iiaInnerMenu，Feb. 6，2018。

⑤ 张小明、张婷、邢珺：《"负面清单"的国际经验及借鉴意义》，《开放导报》2014 年第 6 期。

⑥ 详见美国双边投资协定，http：//tcc. export. gov/Trade_ Agreements/Bilateral_ Investment_ Treaties/index. asp，Aug. 6，2017。

1992 年美国—保加利亚 BIT 中，美国和保加利亚各自在其附件中设置了对国民待遇和最惠国待遇适用例外的清单。①

2009 年 12 月生效的《里斯本条约》规定，外国直接投资属于欧盟共同贸易政策范畴，由欧盟代表其成员国对外开展投资协定谈判。截至目前，欧盟尚未作为整体对外商签 BIT，2010 年欧盟—韩国自由贸易协定（KETA）和正在翻译阶段的欧盟—加拿大《全面经济与贸易协定》（CETA）对相关问题有所涉及。CETA 负面清单相关内容在加拿大部分已经介绍。KETA 签署于 2010 年 10 月，2011 年正式生效，是欧盟作为整体与亚洲国家签署的首项 FTA。KETA 虽然没有设专章规定投资，但其文本中规定了投资问题。KETA 第 7 章（服务贸易、设立和电子商务）以及该章所对应的附件 7-A，对投资的市场准入和国民待遇保留进行了规定。附件 7-A 共分成四个部分，依次为《关于第 7.7 条的承诺清单（服务的跨境提供）》《关于第 7.13 条的承诺清单（设立）》《关于第 7.18 条和第 7.19 条的保留清单（关键人员、研究人员和经营服务销售者）》和《关于第 7.7 条、第 7.13 条、第 7.18 条和第 7.19 条的韩国特殊承诺列表》，分别对限制市场准入、国民待遇、人员的部门作了保留规定。前三个部分为欧盟清单，第四个部分为韩国清单。② 从承诺表具体内容看，KETA 欧盟清单基本采用了"负面清单"模式，但是对保留的规定比较简单，仅规定了部门（或子部门）和描述两项内容，对保留的现行法律名称、层级等没有进一步的说明。而在韩国清单中则采用了类似 GATS 的正面清单承诺方式。③ 因此从严格意义上讲，KETA 附件是"负面清单 + 正面清单"的混合清单。④

另外，目前美国和欧盟正在进行 TTIP 谈判。2012 年 4 月 10 日，欧

---

① 美国—保加利亚 BIT，http://tcc.export.gov/Trade_ Agreements/All_ Trade_ Agreements/exp_ 002792.asp，Aug. 6, 2017。

② Official Journal of the European Union, L 127, Vol. 54, 2011, at http://investmentpolicyhub.unctad.org/Download/TreatyFile/2602, Aug. 7, 2017.

③ James H. Mathis and Eugenia Laurenza, Services and Investment in the EU-South Korea Free Trade Area: Implications of a New Approach for GATS V Agreements and for Bilateral Investment Treaties, *Journal of World Investment & Trade*, Vol. 13, 2012.

④ 梁咏：《中欧 BIT 的"负面清单"研究：由来、变迁与展望》，《国际经济法学刊》2015 年第 1 期。

盟与美国联合发表《国际投资共同原则》，重申了欧盟和美国承诺公开、透明、非歧视性的国际投资政策，其中第 1 条就是要求各国政府给予外国投资者广泛的市场准入和不低于本国及第三国投资者的准入前和准入后待遇。[①] 在此背景下，准入前国民待遇将成为欧盟签署国际投资协定时所遵循的重要原则。

（三）拉美国家

智利、巴拿马、秘鲁、哥伦比亚、厄瓜多尔、乌拉圭等拉美国家都与美国签订了双边投资协定或自由贸易协定，这些协定都采用了准入前国民待遇加负面清单模式。[②] 这些国家除了与发达国家签订的协定中采用负面清单模式外，与非发达国家也可能沿用相同投资协定模板，从而包含了负面清单。[③] 如智利—墨西哥自由贸易协定第 9 章"投资"第 3 条规定了准入前国民待遇。[④] 第 9 章第 9 条规定了保留和例外，保留了国民待遇、最惠国待遇、履行要求和高管及董事义务在附件一、附件二、附件三中的适用。在负面清单具体形式方面，基本参照美国 BIT 模式，即三大类附件。可见，拉丁美洲的一些国家也接受了准入前国民待遇加负面清单模式，但采用这一模式时，拉美各国都非常谨慎，往往是在对方缔约国提出采用这一模式时才会采用。

---

① 该项联合声明共有七条原则，包括开放和非歧视的投资环境、公平的竞争环境、对投资者和投资的保障、公平和有约束力的争端解决机制、增强透明性和提高公众参与度、负责任的企业行为以及对出于国家安全考量的审查范畴予以合理限制。《国际投资共同原则》内容，详见 http：//geneva. usmission. gov/2012/04/11/u－s－eu－agreement－on－investment－policies/，Aug. 7，2017。

② 美国双边投资协定，详见 http：//tcc. export. gov/Trade_ Agreements/Bilateral_ Investment_ Treaties/index. asp，Aug. 8，2017。

③ 关于智利签署的国际投资协定，详见 UNCTAD's IIA Navigator, at http：//investmentpolicyhub. unctad. org/IIA/CountryOtherIias/41#iiaInnerMenu，Aug. 8，2017。

④ 智利—墨西哥自由贸易协定，详见 UNCTAD's IIA Navigator, at http：//investmentpolicyhub. unctad. org/Download/TreatyFile/2480，Aug. 8，2017。

第四章

限制履行要求措施的趋势

第一节　履行要求概述

世界经济的不断全球化给经济治理带来了新的挑战，尤其是在国际投资领域，投资和贸易自由化为跨国公司提供了更大的自由，它们充分利用自己的公司战略和东道国的竞争优势从事跨国经济活动。而国家也纷纷将国际直接投资作为一种参与国际市场、促进本国经济发展的重要手段。为了缩小东道国和跨国公司之间的目标差距，东道国政府往往采取多种政策措施，这种措施被称为"东道国经营措施"（Host Country Operational Measures）。在这种背景下，履行要求作为"东道国经营措施"之一，是专门设计来影响外国投资者的，而它们的作用也颇具争议：发展中国家认为它们有权保留并使用履行要求，因为当年发达国家在工业化进程中也使用了这些措施；而发达国家则认为履行要求的设置是政府的干预策略，影响了投资的效率，从而提出限制甚至全面禁止履行要求。

一　履行要求的概念

"履行要求"（Performance Requirement）又称"业绩要求"或"投资条件"，学界关于其中文翻译名称和定义有不同的观点。如徐泉翻译为"业绩要求"，认为其指东道国对外国投资者在外资准入和运营阶段，就其获准进入、经营，以及取得特定优惠所规定的前提条件，是对投资者所采取的具体管制措施的总称。[①] 陈辉萍认为业绩要求又称"投资条件"，是指东道国把外国投资者允诺承担某项特定的义务作为批准该外国投资进入的前提条件，外资获准进入东道国，或在东道国经营，或取得特定优惠

---

① 徐泉：《国家经济主权论》，人民出版社 2006 年版，第 33 页。

的前提条件，是对投资者采取的具体管制措施，目的是为达到东道国预期的社会经济发展目标服务。① 余劲松认为"履行要求"是东道国基于经济发展需求对投资者施加的条件，以促使投资者做出有关购买、销售或制造方面的决定。② 联合国贸发会在关于履行要求的报告中，认为履行要求是强加于投资者的规定，要求投资者在投资行为中满足东道国的一些特殊目标，发达和发展中国家将履行要求和其他政策工具，如贸易政策、审查机制和激励机制一起采用，从而加强各种发展目标。③

从上述定义可见，中国学者的履行要求包含下面几方面：一是由东道国基于本国经济发展需要单方设定的；二是既包含限制性措施也包含鼓励性措施；三是同时存在于外资准入与运营阶段。而贸发会的定义中履行要求是限制性措施，不包含鼓励性措施，因为定义中使用了"强加"（Impose）一词，而鼓励性措施一般是自愿的，只是企业没有达到要求，就得不到优惠条件，而且定义的后面也提到其他政策工具：激励机制。如未特别说明，本书中所指的履行要求同贸发会的定义，即为限制性履行要求。

一般而言，履行要求主要影响外资企业运营阶段，但也有一些措施是从外资准入和设立阶段就开始实施的。比如限制外资股权方面，当地股权比例要求可能同时适用于外资准入以及之后的运营阶段，不仅在准入时外资要低于特定的比例，且在之后的运营过程中，仍须符合特定的比例要求。同样，限制进口和外汇管制要求也同等程度影响着外资的准入和之后的运营。还有一些履行要求可能是外资准入的先决条件，是在外资进入时必须承诺或满足的，比如技术转让和当地成分要求等。

广义的履行要求包含激励措施。激励措施（Incentives）是指东道国为了鼓励企业以一定方式行事，而给予特定企业或特定类别企业的任何明显的经济优惠。④ 如所得税及进口关税减免、信贷优惠、资金补贴、原材料及土地的有限提供、资本和利润的自由汇出等。通常授予投资奖励和适用某种履行要求密切相关。为了吸引外资，政府部门常常采用给予优惠的方

---

① 陈辉萍：《多边投资协定与国际投资自由化》，《国际经济法论丛》，法律出版社 1998 年版，第 258 页。

② 余劲松：《〈TRIMs 协定〉研究》，《法学评论》2001 年第 2 期。

③ UNCTAD, Foreign Direct Investment and Peformance Reqirenemts: New Evidence from Selected Countries, UNCTAD/ITE/IIA/2003/7, 2003, p. 2.

④ UNCTAD, Incentives, UNCTAD/ITE/IIT/2003/5, 2004, p. 5.

式，然后再附加履行要求，要求外资企业满足某种条件，以鼓励外资企业尽可能多地为本国经济发展做出贡献。从这一点来看，狭义的履行要求相对于激励措施，是一种再分配的角色。①

二　履行要求的种类

（一）联合国贸发会对于履行要求的分类

履行要求涵盖了投资的所有环节，从投资的准入到运营，种类繁多，不胜枚举。联合国贸发会将履行要求分为三类：第一类是那些由于不符合GATT 1994 第 3 条（国民待遇）和第 11 条（一般取消数量限制），被WTO 的《与贸易有关的投资措施协议》（TRIMs）明确禁止的措施，包括当地成分要求、贸易平衡要求、通过贸易平衡手段限制进口、通过外汇汇兑限制来限制进口以及限制出口；第二类是那些被区域、双边协定明确禁止或限制的措施，包括当地合资要求、当地最低股份要求、特定区域设立总部要求、雇佣要求、出口业绩要求、在产地销售商品和提供服务的要求、从一个指定区域向另一个特定区域排他性地提供商品或服务要求、唯一的产品或服务提供者要求、技术转让、工艺流程或其他专有知识要求、研究发展要求；第三类是其他不受任何国际投资协定约束的措施。②

1. 被 TRIMs 协议禁止的措施

1995 年生效的 TRIMs 协议第 2 条规定，每个成员适用与贸易有关的投资措施都应当符合 GATT 第 3 条和第 11 条的规定。并在附录的解释性清单中进一步明确这些措施，具体指：

"1. 与 1994 关贸总协定第 3 条第 4 款规定的国际待遇义务不相符的投资措施包括那些在国内法或行政命令下强制或可强制执行的措施，或为取得优势地位而必须服从的措施，以及有下列要求的措施：

（1）企业购买或使用国内原产品或来源于国内任何渠道的产品，无论对特定产品、产品的数量或价值，或其数量或价值在当地生产中所占的比重是否有具体说明；或

（2）将企业购买或使用进口产品限制在与该企业出口当地产品的数

---

① UNCTAD，Host Country Operational Measures，UNCTAD/ITE/IIT/26，2001，p. 56.

② UNCTAD，Foreign Direct Investment and Peformance Reqirenemts：New Evidence from Selected Countries，UNCTAD/ITE/IIA/2003/7，2003，p. 3.

量或价值相关的数量上。

2. 与 1994 年关贸总协定第 11 条第 1 款规定的普遍取消数量限制义务不符的投资措施包括那些在国内法或行政命令下强制或可强制执行的措施或为取得优势地位所必需的措施，以及对以下进行限制的措施：

（1）限制企业用于当地生产或与当地生产相关的产品的进口，或将其限制在企业出口在当地生产中所占数量和价值的数量上；

（2）通过将该企业的外汇使用权限制在与其创汇额相关联的数量上，限制企业用于当地生产或与当地生产相关的产品的进口；

（3）限制企业产品的出口或出口销售，不论这种限制对特定产品、产品数量或价值，或其数量或价值在当地生产中所占比重是否有具体说明。"①

需要注意的是，TRIMs 协议中的履行要求有以下几个特征：一是协议禁止的措施非常少，并不包括大部分的履行要求，如出口业绩、技术转让和股权限制等被一些双边投资协定禁止的措施。② 二是协议仅适用于与货物贸易有关的投资措施，并不包括服务贸易，与服务贸易有关的措施规定在 GATS 中。GATS 并没有明确规定履行要求条款，但是在其一般义务中包含了如市场准入和国民待遇，因此假设一个 WTO 成员在一个具体服务产业中作出了国民待遇承诺，那么它就不能再对外国投资者提出当地成分要求。三是协议不仅禁止东道国政府强制性的投资措施，还包括那些为了获得优势地位所必须的措施。四是协议也没有特别规定措施强制实施的时间，因此第 2 条的规定适用于投资的准入以及之后的运营阶段。③

TRIMs 协议还给予发展中国家一定的灵活性，如给予发展中国家和最不发达国家实施相关条款更长的过渡期。第 4 条规定，根据 GATT 第 18 条保障条款和 WTO 的相关规定，当发展中国家出现国际收支平衡困难时，

---

① WTO Analytical Index：Investment，Agreement on Trade‑Related Investment Measures，at https：//www. wto. org/english/res_ e/booksp_ e/analytic_ index_ e/trims_ 01_ e. htm # article2A，March 12，2017.

② 不同学者关于协定所禁止的投资措施范围有不同的理解，有学者认为协定所禁止的投资措施，并不限于协定附件清单中明确列举的 5 种投资措施，而包括所有与国民待遇和取消数量限制不相符合的投资措施。具体参见杨联明《与贸易有关的投资措施协定法律制度研究》，博士学位论文，西南政法大学，2003 年。

③ UNCTAD，Host Country Operational Measures，UNCTAD/ITE/IIT/26，2001，p. 19.

可以暂时免除协议项下的义务。关于过渡期，发达国家、发展中国家和最不发达国家分别享有从 WTO 协议生效之日起 2 年、5 年和 7 年的过渡期，此外，当出现特别困难时，发展中国家和最不发达国家可以申请要求延长过渡期。①

2. 被区域、双边协定禁止、限制或不鼓励的措施

（1）被禁止的措施。那些被 TRIMs 协议禁止的措施也同样被区域或双边投资协定禁止，有些协定中禁止的履行要求数量还超过了 TRIMs 协议，特别是那些发达国家签订的区域或双边投资协定，如 NAFTA、加拿大、美国、法国、德国签订的部分双边投资协定。②

（2）受限制的措施。这些措施在满足特定条件的情况下是允许实施的，它们往往是为了某个特定目的或在特定时间内存在。有些措施是一种有条件获得投资优惠条件的措施，投资协定的成员国可能并不认为这些措施限制了跨国公司的运营，而视其为一种合法吸引外资的方式，从而促进本国经济发展。比如，NAFTA 第 1106 条第 4 款明确允许东道国在给予投资优惠时，附加诸如生产地点、提供服务、培训或雇用员工、建造特定设施和进行研发等条件。另外，有些国际投资协定承认为了实现政府经济发展计划，某些履行要求是必需的。比如原 1994 年《能源宪章条约》第 5 条虽然禁止成员国实施与 GATT 第 3 条和第 11 条不符的投资措施，但是它允许为获得促进出口、对外援助、政府采购、优惠关税或配额计划的申请条件附加一定的要求。③

（3）"最大努力"条款（Best-Efforts Clauses）。一些早期的国际投资协定仅通过"最大努力"条款表明不鼓励使用履行要求。如早期美国签订的一些双边投资协定和一些发展中国家签订的双边投资协定。④ 亚太经合组织（APEC）在 1994 年《非约束性投资原则》中明确要求成员"尽

---

① 阿根廷、智利、哥伦比亚、埃及、马来西亚、墨西哥、菲律宾、泰国、巴基斯坦、罗马尼亚等都曾经要求延长过渡期。

② 具体相关协定参见 UNCTAD, Host Country Operational Measures, UNCTAD/ITE/IIT/26, 2001, pp. 34-35。

③ 1994 ECT, at http://www.energycharter.org/fileadmin/DocumentsMedia/Legal/1994 _ ECT. pdf, Aug. 11, 2016.

④ UNCTAD, Host Country Operational Measures, UNCTAD/ITE/IIT/26, 2001, p. 47.

量减少使用那些可能扭曲或限制贸易或投资扩张的履行要求"①。1998 年《东盟投资区框架协议》第 3 条也要求逐步减少或取消那些可能会阻碍投资流量和东盟投资项目运作的投资条件。②

3. 不受任何国际投资协定约束的措施

虽然一些多边或双边投资协定禁止或限制了一些履行要求，但必须承认东道国对其境内的投资有实施监管的权力，包括通过设置履行要求来实现管辖权。比如 NAFTA 第 1106 条第 2 款明确排除将强制使用某些技术作为禁止性履行要求，允许东道国在国民待遇和最惠国待遇的前提下，要求投资者将技术用于健康、安全或环境要求。1976 年首次通过，2011 年最后修订的经合组织《国际投资与跨国公司宣言》（Declaration on International Investment and Multinational Enterprises）中会员国并不反对东道国使用履行要求，它们鼓励跨国公司和当地社会密切合作，促进当地的经济发展、社会进步以及环境可持续发展。第 4 条"国际投资鼓励和抑制措施"中，认为跨国公司应该对遵守政府措施带来的利益引起足够的重视，政府通过专项法律、法规或行政管理颁发规定了外国直接投资的鼓励或抑制措施。③ 其附件《跨国企业准则》（Guidelines for Multinational Enterprises）中还鼓励跨国公司与当地社区进行密切合作，尽可能多地雇用当地人员、为雇员接受培训提供便利、转让技术等。④

（二）尚未被禁止的几类常见履行要求

由于第一类履行要求已明确被 WTO 禁止，所以在各国国际投资协定谈判的重点在于第二类履行要求：是否应禁止所有第二类履行要求？是否将履行要求同某些条件并用，如激励机制？或者包含一个最大努力条款以增加灵活性等。当然在已缔结的具体禁止或限制实施的区域或双边投资协

---

① UNCTAD, Host Country Operational Measures, UNCTAD/ITE/IIT/26, 2001, p. 47.

② 2012 年生效的《东盟全面投资协定》已替代 1998 年《东盟投资区框架协议》，规定了禁止履行要求条款。

③ Declaration on International Investment and Multinational Enterprises, at http：//www. oecd. org/ investment/investment － policy/oecddeclarationoninternationalinvestmentandmultinationalenterprises. htm, Aug. 12, 2017.

④ 具体条款见《经合组织跨国企业准则》（2011）第 5 章"就业和劳资关系"第 5 条和第 9 章"科学技术"第 2 条、第 3 条，http：//mneguidelines. oecd. org/guidelines/MNEGuidelines－Chinese. pdf（访问日期：2016 年 8 月 12 日）。

定中，第二类履行要求和第一类履行要求一样是受到国际法约束的。下面就最常见的几种履行措施形式及其作用进行阐述。

1. 合资或当地股权要求

合资或当地股权要求，即要求企业中必须有东道国政府或私人的股份，外国投资者只能拥有部分股份。对于东道国来说，政府实施这一履行要求，可以限制并减少外国投资者在某些部门的所有权比例，同时当地投资者在合作中还可以学习外国投资者先进技术和管理经验，即存在着技术外溢效应。另外，需要区分强制性合资和自愿合资两种不同的情形。在自愿的情况下，合资是双方当事人实现既定目标的合意，当地合作者了解当地市场条件以及政府机关的运作。由于当地利益的存在，合资可以为外国投资者提供一种保护。而强制性合资，可能面临合作者之间缺乏信任和理解，特别是当本地合作者对企业没有什么贡献却在决策中有发言权的情况下。而在强制性合资的情况下，跨国公司对于最新知识和技术的转让的热情也会降低，因此实施强制性合资的政府往往不完全是出于经济利益的考虑，政府需要在得失之间做出仔细的衡量。

2. 出口业绩要求

出口业绩要求是指要求外国投资企业需有一定数量或百分比的产品用于出口。由于市场分割和信息不对称导致竞争不充分的情况下，出口业绩要求有助于促使跨国企业抓住出口机会。在那些采用进口替代的国家，出口业绩要求也常常被用来平衡反出口的偏向。通过附加出口要求的市场准入条件，跨国企业的行为可能会被导向有利于出口的方向。一些系统研究表明，在存在寡头行为和关税扭曲的情况下，出口业绩要求对于东道国来说是有利的：减少对外支付、减少供应过剩的产品以及将利润转移到当地企业。[1]

3. 研发要求

实施研发要求，是一种各国投资政策制定者为了实现直接投资利益最大化的方法。在发达国家，一般跨国公司都会将研发基地设在母国，特别是美国和日本企业。发展中国家很少实施强制性研发要求，即使对研发附加了各种激励条件，但效果也不太理想，重要原因之一是当地设施、技术

---

[1]　Greenaway, David, Robert C. Hine, Anthony P.O., Brien and Robert J. Thornton eds., *Greenaway, David's Why are we negotiating on TRIMs*? Macmillan, 1991, pp. 145–170.

落后、缺乏研发人才，因此很难从事研发活动。

4. 技术转让要求

技术转让要求要求外国投资中含有某种技术转让内容，这也是东道国积极引进外资的重要原因之一。东道国实施这一要求的主要目的是引导外国投资者使用符合当地生产力的技术，并转让这些技术。但外国投资者不一定愿意转让技术和信息，除非他们也能从中获得一定的利益。事实上，技术转让要求在发展中国家并没有广泛应用。即使在一些国家，比如南非设有技术转让要求，但其政府官员表示，没有吸引到能够技术转让的直接投资。① 东道国跨国公司面临的竞争压力可能会促进外国投资企业进行技术转让，同时当地的教育水平、学习吸收能力也至关重要。

5. 就业和培训要求

就业和培训要求是指东道国政府要求外国投资企业雇用一定数量的当地员工并对他们进行必要的劳动培训。这一要求的主要目的是消除劳动力市场的各种失衡，引导企业重视员工培训，提高劳动力素质。许多国家为了鼓励培训，建立了发展基金，比如，新加坡技术发展基金会在企业培训员工方面提供资金支持；泰国为员工培训费给予 150% 税收抵扣。② 发达国家有时候对达到一定就业标准的企业予以奖励。

三　东道国实施履行要求的理由

对履行要求的分析是从这些措施的经济性质开始，但经济不是考察它们效用的唯一标准，任何植根于特定国家或地区传统和文化的法律规则中，一些基本的社会价值观念在影响着企业的经营。因此，随着国际投资规制研究的深入，一些履行要求的协商不仅要考虑经济因素，更涉及社会核心价值特别是那些涉及公共健康保护标准、劳工权利和环境的领域，也应该认识到有一些领域应当保留东道国的主权，这也是国际体系合法性的来源。因此，需要国际投资协定更注重在东道国和投资者之间寻求一个平

---

① UNCTAD, Foreign Direct Investment and Peformance Requirements: New Evidence from Selected Countries, UNCTAD/ITE/IIA/2003/7, 2003, p. 30.

② UNCTAD, World Investment Report 2001: Promoting Linkages, United Nations Publication, Sales No. E. 01. II. D. 12, 2001, p. 178.

衡，即可预测性和安全性之间的平衡。① 总的来说，政府实施履行要求有下列一些具体目标：加强产业基础、增加国内附加值；增加就业机会；促进连锁；促进出口；贸易平衡；促进地区发展；技术转让；避免限制性商业惯例；收益的产生和分配以及各种非经济目标，如政治独立和权力的分配等。②

（一）　实施履行要求的法律基础

在相当长的一段时间里，履行要求的实施被认为是国家经济主权的象征。东道国从本国利益出发，有权自行决定是否允许外资以及以何种条件进入本国投资。联合国通过的一系列宣言、宪章和纲领性文件中明确肯定了国家经济主权，为东道国实施各种具体的"履行要求"提供了充分的法律依据：1962 年 12 月 14 日通过的《关于自然资源之永久主权宣言》［1803（XVII）号决议］明确规定了国家对自然资源拥有主权；1974 年 5 月 1 日通过的《关于建立新的国际经济秩序的宣言》［3201（S-VI）号决议］中就明确规定，各国有权实行最适合本国国情的经济和社会制度，各国对自己的自然资源和一切经济活动拥有充分的永久主权，各国有必要通过采取有利于东道国的措施来规制和监督跨国公司的活动；1974 年 12 月又通过了《国家经济权利与义务宪章》，其第 2 条明确规定："每个国家拥有并且应当拥有自由行使完整主权的权利，包括对它的财富、自然资源和经济活动进行占有、使用和处分。"③ 另外，根据国际习惯法规则，每个国家对其领土以及领域内一切人或物具有管辖权，除国际法公认豁免外。④ 基于上述国际法基础，东道国基于国家经济主权对来自外国的直接投资进行管辖是一个不容置疑的问题。

事实上，所有的国家都有一个精心设计的监管框架规定了企业的权利

① UNCTAD, Report of the Expert Meeting on International Investment Agreements: Concepts Allowing for a Certain Flexibility in the Interest of Promoting Growth and Development, TD/B/COM. 2/EM. 5/3, 1999, p. 2.

② UNCTAD, Foreign Direct Investment and Peformance Requirements: New Evidence from Selected Countries, UNCTAD/ITE/IIA/2003/7, 2003, p. 7.

③ ［尼泊尔］苏里亚·P. 苏贝迪：《国际投资法：政策与原则的协调》，张磊译，法律出版社 2015 年版，第 15—20 页。

④ 张乃根：《国际法原理》，中国政法大学出版社 2002 年版，第 50 页。

和义务。① 在国际投资法中，对外资准入并没有形成统一的管理规范，对外资监管的权力应由东道国来行使，只要东道国行使的这个权力具有合法性和正当性。因此，东道国有权从本国经济利益出发，自主决定是否对外资施加履行要求以及施加何种履行要求，不应受到资本输入国和外国投资者的控制和约束。

（二）实施履行要求的经济目的

一般情况下，履行要求的作用是解决市场或政策的失灵，比如由于信息的不对称或者懈怠，具有市场优势的跨国公司在应对中可能呈现出积极或消极的外部经济效应。② 跨国公司的存在本身就是市场失灵的表现，与其他公司相比，跨国公司凭借特有的组织形式，在金融、信息、技术等领域都具有优势地位，这些优势都与公平竞争要求背道而驰。当地成分、出口、合资以及其他要求的实施可以抵消或先发制人地限制市场分配、价格垄断、独家交易或串通投标等商业行为。履行要求有时候也被用来弥补政府在其他领域干预经济导致的扭曲。③ 考虑到投资者和东道国之间利益冲突的可能性，履行要求也被政府用来按自己的偏向分配投资收益。政府有时候为了实现宏观或微观的发展目标，或者为了影响不同地区和众多人口间的利益分配而实施履行要求。

（三）实施履行要求的政治目的

跨国公司的母国可能通过对外投资设立分支机构的方式在投资东道国继续施加本国的法律或政策的影响，这是法律域外适用的一个最明显的方式。④ 比如，美国从 20 世纪 50 年代末起，通过对外投资方式影响了加拿大外国直接投资政策。各国普遍认为，过度依赖外国直接投资，将影响东道国实施其自身政策的能力，国家安全是其中最明显的一个问题，因此许多国家直接拒绝外资进入可能涉及国家安全的相关部门。

另外，由于东道国国内权力分配的问题，不同部门对跨国公司的认可各不相同，比如，工业部与财政部相比，更倾向于批评跨国公司；而中央政府，由于各个地方层级政府之间的竞争，很难对跨国公司做出统一限

---

① UNCTAD, Host Country Operational Measures, UNCTAD/ITE/IIT/26, 2001, p. 5.

② UNCTAD, Foreign Direct Investment and Peformance Requirements: New Evidence from Selected Countries, UNCTAD/ITE/IIA/2003/7, 2003, p. 6.

③ Ibid.

④ Ibid., p. 227.

制，中央政府核心权力的划分有时甚至会导致不同部门做出自相矛盾的政策。加拿大政府曾要求中央政府机构在对外资进行审查时与相关省份进行协商，这一程序最终导致对中央政府内阁的挑战。[①] 因此，有必要通过履行要求对跨国公司予以限制。

四　履行要求减少趋势的原由

目前，不论在发达国家还是发展中国家，政府使用履行要求率在逐渐下降，特别是那些强制性的履行要求。之所以会产生这种现象主要有以下几方面的原因：

（一）为了遵守国际协定

WTO 的 TRIMs 协议要求发达国家在 1997 年 1 月 1 日之前、发展中国家在 2000 年 1 月 1 日之前、最不发达国家在 2002 年 1 月 1 日之前停止实施 5 种履行要求。这些最后期限促使各国政府取消规定的履行要求。另外，有一些国家为了加入 WTO 或者为了符合国际货币基金组织或世界银行的财政援助条件而取消履行要求。

许多区域经济一体化组织，比如欧盟、北美自由贸易区等组织包含更高要求的贸易和投资一体化制度。加入这些区域性组织的成员国不得不取消履行要求。比如，法国为了遵守欧盟指令，取消了履行要求和其他投资限制。同样，一些双边投资协定也限制了履行要求的实施。

（二）为了吸引更多的直接投资

政府日益认识到直接投资对国内经济发展的重要性，为了能吸引更多的直接投资，政府采取更加自由开放的外资政策，放宽或取消履行要求。比如 1997 东亚金融危机后，马来西亚和泰国取消了一些履行要求，印度为了在吸引外资上更具有竞争力也取消了多种限制。[②] 保留了那些相对常见的，和投资者可以谈判的履行要求，比如寻求自然资源的直接投资。

（三）政府策略的改变

有些履行要求的取消是因为当初政府实施它们所寻求的发展目标已经完成。发达和中等收入国家取消履行要求就属于这种情形。甚至在一些发

---

① UNCTAD, Foreign Direct Investment and Peformance Requirements: New Evidence from Selected Countries, UNCTAD/ITE/IIA/2003/7, 2003, p. 228.

② Ibid., p. 19.

展中国家，当一些特定目标完成后，部分履行要求就被取消了。当有一些履行要求对经济发展目标不再产生作用，或者实施的成本甚至超过收益时，政府就会取消这些履行要求。同时，履行要求的减少并不意味东道国放弃对直接投资的影响；相反，是因为出现了贸易和投资领域的其他政策工具，如原产地规则，反倾销、反补贴措施，资源出口限制以及当地激励政策。① 而发展中国家有时候反而没有资源去实施这些政策。

第二节　国际投资规则限制履行要求的实践

限制履行要求已成为当今国际投资法的普遍趋势，近年来，在多边、双边的投资协定中常常出现限制履行要求的条款，甚至还有全面禁止履行要求条款。但是实际上，不论是发达国家和发展中国家都存在履行要求，只是由于各国经济发展水平的不同，履行要求限制的程度不同，全面禁止履行要求是不现实也是不合理的。正如美国知名国际投资法学者范德菲尔德教授所指出的那样：消除履行要求是美国对外缔结双边投资条约的重点之一，但同时又是一个特别难以达到的目标。②

目前，投资协定中关于履行要求的相关规定有五种方式：一是不涉及履行要求条款，对所有同时是 WTO 成员的缔约方适用 TRIMs 协定的相关规定；二是保护劝告条款，虽然 TRIMs 协定没有禁止使用这些措施，但不鼓励使用；三是交叉引用其他协定的条款；四是限制某些履行要求但允许例外；五是禁止某些 TRIMs 协定没有涉及的履行措施。③

一　多边投资规则中对履行要求的限制

（一）TRIMs 协议中的相关规定

在关于 TRIMs 的谈判中，以美国为首的发达国家提出了十几项需禁止的履行要求，涵盖了几乎所有的投资准入要求。这些措施包括：投资激励

---

① UNCTAD, Foreign Direct Investment and Peformance Requirements：New Evidence from Selected Countries, UNCTAD/ITE/IIA/2003/7, 2003, p. 20.

② J. V. Andevelde, Kenneth J., U S Bilateral Investment Treaties：The Second Wave, Michigan Journal of International Law, Vol. 14, 1993.

③ UNCTAD, Foreign Direct Investment and Peformance Requirements：New Evidence from Selected Countries, UNCTAD/ITE/IIA/2003/7, 2003, p. 36.

措施、当地股权要求、许可证要求、汇款限制要求、外汇管制要求、制造界限要求、技术转让要求、国内销售要求、制造方面要求、产品指令要求、贸易平衡要求、当地成分要求、出口要求、进口替代要求。① 除了投资激励和当地股权要求与贸易关联不大外，其余大部分措施都得到日本或欧共体的支持。而发展中国家大都是资本输入国，既希望吸引更多的外资，又要保证投资符合本国的发展目标，因此不愿本国的投资措施受到国际条约的约束，但又不得不参加投资问题的谈判，最后同意禁止某些投资措施。被 TRIMs 协议禁止的具体措施和相关条款在前文"联合国贸发会对于履行要求的分类"中已做具体阐述，不再赘述。

（二）能源宪章条约中的相关规定

在能源投资领域，外国投资者通常不得不与东道国政府签订许可协议或特许协议，而此类协议中通常有条款要求外国投资者承担优先购买当地产品或服务的义务，因此为了防止外国投资者在能源投资领域受到歧视性待遇，《能源宪章条约》第 5 条专门规定了与贸易有关的投资措施方面的多边规则，该条禁止成员国政府实施与贸易有关的投资措施，列举了 5 种被 TRIMs 协议禁止的履行要求。第 3 款规定，第 1 款不得被解释为禁止成员国实施第 2 款（a）即当地成分要求或（c）通过贸易平衡手段限制进口投资措施作为获得促进出口、对外援助、政府采购、关税优惠或配额计划的条件。

可见，ECT 中禁止的履行要求并没有超出 TRIMs 协议的范围；相反，进一步明确了被禁止的 5 种履行要求中的两种可以作为激励要求而允许成员国使用。且根据 ECT 第 10 条投资促进、保护和待遇条款，投资国民待遇只适用于准入后的阶段即从运营阶段开始。

（三）TPP 中的相关规定

TPP 第 9 章"投资"第 10 条专门规定了履行要求条款，除了要求缔约方不得采取 TRIMs 禁止清单的范围、NAFTA 禁止的措施范围外，又新增加了"国内技术要求"和"特许合同要求"。第 10 条列明了 9 种具体被禁止的履行措施：出口实绩要求、当地成分要求、当地原材料要求、贸易平衡要求（限制进口、限制当地销售）、技术转让要求、独家供应商要

---

① 具体 14 项投资措施的定义和谈判过程参见杨联明《与贸易有关的投资措施协定法律制度研究》，博士学位论文，西南政法大学，2003 年。

求、国内技术要求、特许合同要求。根据"国内技术要求"条款，禁止缔约方强制要求其领土内的外国投资者购买、使用或优先考虑国内技术的使用，同时，缔约方也不得禁止其购买、使用或有限选择特定的技术。而"特许合同要求"规定，一缔约方不得通过特许合同对外资采取给定的比例或金额的特许权使用费，也不得给该许可合同规定特定期限。特许合同是指涉及技术、生产过程或其他专有知识的许可合同。

第 2 款规定与 NAFTA 相关规定一样，禁止一成员国在另一成员国或非成员国的投资者在其境内投资的设立、取得、扩展、管理和经营、运作、卖出或其他处置方面接受投资优惠时附加下列履行要求：1. 当地成分要求；2. 当地原材料要求；3. 贸易平衡的进口限制要求；4. 贸易平衡的当地销售限制要求。

第 3 款是对上述两款禁止履行措施的例外，又细分为 8 种例外情形：第一种情形同 NAFTA 协定第 1106 条第 4 款，即允许东道国在给予投资优惠时，对诸如生产地点、提供服务、培训或雇用员工、建造特定设施和进行研发等附加条件；第二种情形规定第 1 款中的（f）、（h）、（i）例外，即允许技术转让要求、国内技术要求、特许合同要求，当涉及《与贸易有关的知识产权协定》（TRIPS）第 31 条（强制许可）、第 39 条（所有权信息披露），或者该履行要求是由法院、行政机关、竞争管理机关所实施的，目的是救济依缔约国竞争法被司法或行政程序裁定为不正当竞争行为；第三种情形规定第 1 款（i）例外，即允许特许合同要求，当该要求是由裁决机关依缔约国著作权法作为公平的报酬执行的；第四种情形规定第 1 款中的（b）、（c）、（f）和第 2 款（a）、（b）例外，类似于 NAFTA 第 1106 条第 6 款，允许缔约国采取或维持包括环境措施在内的这些措施为了：（a）遵守与本协议的相关规定不抵触的法律法规；（b）保护人类、动植物生命或健康所必须；（c）保护生物或非生物可用竭自然资源所必须；第五种情形规定第 1 款（a）、（b）、（c）和第 2 款（a）、（b）不适用于商品和服务的出口和对外援助的资格要求；第六种情形规定第 1 款（b）、（c）、（g）、（f）、（h）、（i）和第 2 款（a）、（b）不适用于政府采购；第七种情形规定第 2 款（a）、（b）不适用于进口方实施的货物成分是享受优惠关税或优惠配额所必须的；第八种情形规定第 1 款（h）和（i）不得解释为禁止缔约国采取或维持为了合法的公共利益目的实施这些措施，只要这些措施没有被任意或不合理地实施，且并不构成对国际贸易或投资的变相限制。最后这种例外情形与之前的情形相比，适用更加宽泛，只规定了公共利益目的，方便东道国进行有利于自己的解释。

第 4 款进一步明确了第 1 款并不禁止成员国实施雇用或培训员工履行要求，只要该雇用培训员工的履行要求并没有附加技术、生产过程或其他专有知识国内转让要求。第 5 款进一步明确了第 1 款和第 2 款不适用于条款规定以外的要求，即禁止扩大化解释。第 6 款规定，只要成员国并没有设置禁止的履行要求，私人企业之间约定的履行要求，协定不加禁止。因此，协定不涉及私人约定，只约束缔约国义务。

二 区域投资协定中的履行要求禁止条款

（一）NAFTA 中的相关规定

在区域投资协定层面上，NAFTA 第 11 章禁止的履行要求措施超出了 TRIMs 禁止清单的范围，还禁止了技术转让要求和独家供应商要求。而且 NAFTA 同时涵盖了服务与商品贸易。协定明确被禁止的履行要求的清单包括出口实绩要求、当地成分要求、当地原材料要求、贸易平衡要求、技术转让要求和独家供应商要求。除了对上述履行要求的禁止外，协定第 1106 条第 3 款还禁止一成员国在另一成员国或非成员国的投资者接受投资优惠时附加如下条件：1. 优先采购当地原材料；2. 达到一定水平的当地成分要求；3. 将进口的数量和金额与出口的数量或金额或与该投资的外汇流进量相联系；4. 将产品的当地销售限制在产品出口的一定比例范围内或要求获取外汇收入以达到某种程度的贸易平衡。

另外，第 1106 条第 2 款允许在适用国民待遇和最惠国待遇前提下，要求投资者将技术用于健康、安全或环境要求。协定第 1106 条第 4 款允许东道国在给予投资优惠时，对诸如生产地点、提供服务、培训或雇用员工、建造特定设施和进行研发等附加条件。第 6 款规定，第 1 款（b）和（c）、第 3 款（a）和（b）① 不得解释为禁止任何一方采取或维持下列措施：（a）遵守与本协议的相关规定不抵触的法律法规；（b）保护人类、动植物生命或健康所必须；（c）保护生物或非生物可用竭自然资源所必须。但第 1114 条对成员方降低健康、安全和环保要求进行了限制，如果

---

① 这些条款涉及当地成分要求和当地原材料要求。

一成员国认为另一个成员国有这类激励措施的，可以本着避免此类激励措施的前提下要求协商。这样规定的目的是避免成员方运用此类管理上的刺激吸引投资者从而导致以环境和人权的损害为代价的恶性竞争。①

（二）ACIA 中的相关规定

2012 年生效的《东盟全面投资协定》第 7 条十分简略地规定了禁止性的履行要求，共有三款。第 1 款强调了遵守 TRIMs 协定中的相关规定。第 2 款规定成员国应当在协定生效后的 2 年内对履行要求进行联合评审。评审的目的包括审查现有的履行措施和考虑是否增加新的承诺。第 3 款规定即使不是 WTO 的成员国，也要遵守 WTO 的相关规定。

从上述多边和区域投资协定看，ECT 和 ACIA 虽然都有禁止履行要求条款，但范围都仅限于 TRIMs 协定禁止的 5 种措施。NAFTA 和 TPP 已经超越了 TRIMs 协定规定的 5 种措施范围，且 TPP 禁止的措施更多，进一步加强了对知识产权的保护，但每种措施禁止适用的范围规定得也更加细致，TPP 除了前两款，后面 4 款都是有关禁止例外的相关规定。除了 ECT 特别适用于能源领域外，NAFTA、TPP、ACIA 对履行要求的禁止是全方位的。这些条约的投资条款所禁止的履行要求的外延就较 TRIMs 协定禁止的投资措施的范围要广泛得多。另外，除了 ECT 条款只适用于准入后的投资阶段外，其余三个条约都规定了准入前国民待遇标准。因此，上述三个条约在外资的设立、经营、运作的各阶段都禁止东道国实施履行要求，极大地限制了东道国的外资管辖权。

第三节　履行要求的国内法实践

联合国贸发会在 21 世纪初对各国实施的履行要求进行的实证研究发现，各国实施履行要求往往有其经济发展战略方面的考虑，而且通常针对不同行业采取不同的策略。很多报告显示，发达国家从 20 世纪 80 年代开始逐步减少履行要求的适用，而发展中国家也开始逐步采用鼓励性政策代替强制性要求，根据欧洲圆桌会议（European Round Table）关于私人投资者报告指出，发展

---

① Jurgen Kurtz, A General Investment Agreement in the WTO? Lessons form Chapter 11 of NAFT A And the OECD Multilateral agreement on Investment, *University of Pennsylvania Journal of International Economic Law*, Vol. 23, 2002.

中国家正在减少实施履行要求，特别是在 90 年代前半期。[1]

一　四个发展中国家的相关实践

发展中国家一般都认为履行要求是促进国家发展的一项十分重要的政策工具。[2] 甚至有些国家希望能够修改 TRIMs 协定，进一步扩大履行要求的实施，认为被禁止实施的当地成分要求和出口补贴是很重要的政策工具。[3] 因此，履行要求仍然是影响外资企业行为进而影响发展中国家经济的一种政策工具，但目前总的趋势是，发展中国家也越来越少采取限制性履行要求，转而采取鼓励性履行要求。

联合国贸发会在 21 世纪初曾经选取了智利、印度、马来西亚、南非四个发展中国家来研究发展中国家实施的履行要求措施。本书也在该材料的基础上，采取详略结合的方式，重点介绍金砖五国之一的印度，并尽量将相关政策更新至最新进展。

（一）印度

从表面上看，印度是目前世界上发展最快的国家之一，但作为人口数量仅次于中国的发展中国家，仍存在不少问题：结构性障碍、环境监管差、税后和政策不稳定、基础设施较差、本地化要求、在许多服务行业对外资进行限制、电力的巨大缺口等，所有这些都阻碍印度经济的进一步发展。印度还是个政治体制高度分散的国家，投资者必须面对印度 29 个邦和 7 个中央直辖区完全不同的政治和经济条件，包括质量监管、税收、劳动关系和教育水平的差异。虽然印度自诩为法治国家，但世界银行 2017 年《营商环境报告》（Doing Business Report）对 189 个国家进行排名，印度的综合排名为第 100 名。[4] 印度法院中案件积压多年，有超过 3000 万的

①　发展中国家 1992 年至 1999 年剩余履行要求情况，详见 UNCTAD, Foreign Direct Investment and Peformance Requirements: New Evidence from Selected Countries, UNCTAD/ITE/IIA/2003/7, 2003, p. 14。

②　UNCTAD, Foreign Direct Investment and Peformance Requirements: New Evidence from Selected Countries, UNCTAD/ITE/IIA/2003/7, 2003, p. 41.

③　比如巴西和印度两国在 2002 年 10 月，讨论 TRIMs 协定修订时提出增加政策灵活性使发展中国家有更多制定政策的权力，具体建议内容参见 UNCTAD, Foreign Direct Investment and Peformance Requirements: New Evidence from Selected Countries, UNCTAD/ITE/IIA/2003/7, 2003, pp. 38-39。

④　World Bank's Ease of Doing Business Report, http//doingbusiness. org/rankings, Sep. 10, 2017.

案件在各级法院中滞留。①

1. 出口业绩要求

　　印度对跨国企业施加出口义务是希望促进出口外向型企业的发展，并从中获得更先进的技术、更高的效率、更多的外汇。而跨国公司的全球策略却可能要求国外的分支机构限制出口。② 在 1991 年之前，外国投资者为了获得超过 40%的股权限额愿意接受出口业绩要求。根据 1973 年《工业政策决议》（Industrial Policy Resolution 1973），只有很少的一些行业允许外资股权超过 40%，但是如果企业同意将大部分的产品出口，那么可以获得和那些少数行业一样的待遇。1991 年之后，除了汽车产业、为一些小规模工业保留的产业以及特殊的出口导向型产业外，印度已很少实施出口业绩要求。2001 年 4 月，印度取消进口数量限制，原来为了平衡汽车零部件进口问题而要求汽车制造商承担汽车零部件或整车出口义务显得多余，因此 2002 年 8 月，印度政府取消了汽车产业的出口业绩要求。曾经，印度为了保护新兴产业的小规模企业，要求外资入股小规模工业企业超过 24%以上的，强制性出口比率在 50%以上。自 1997 年以来，印度政府逐渐缩小为小规模工业保留的产业名单，从最多时期的 800 类减少到目前的 20 类。③ 即使是为了赚取更多外汇而设立的出口导向型企业，出口义务也只是作为获得优惠的条件，且同时适用于国内企业，并不只针对外国投资者。目前，印度的出口鼓励政策为，产品全部出口的企业、出口加工区和自由贸易区的国内外企业，5 年内免征所得税；企业进口用于生产出口商品的机器设备零部件和原材料免征关税；落后地区合资企业 10 年内减征所得税 25%。④

　　出口业绩要求的确有助于引导外资企业增加出口。有调查发现，随着

---

① Investment climate statements for 2016, India, at http：//www. state. gov/e/eb/rls/othr/ics/in-vestmentclimatestatements/index. htm？year＝2016&dlid＝254543#wrapper, Sep. 10, 2017.

② National Council of Applied Economic Research （NCAER）, Economic and Technological Impact of Foreign Collaborations on Indian Industry, Margin, 1994, pp. 636-662.

③ 最近发布的保留产业名单，详见印度微中小企业发展委员会：http：//www. dcmsme. gov. in/publications/reserveditems/reserved 2010. pdf（访问日期：2017 年 9 月 10 日）。

④ 商务部投资促进局：《对外投资合作国别（地区）指南——印度（2016 年版）》，http：//www. fdi. gov. cn/CorpSvc/Temp/T3/Product. aspx？idInfo＝10000545&idCorp＝1800000121 & iproject＝25&record＝361（访问日期：2017 年 9 月 10 日）。

印度出口业绩要求的逐渐取消，外资企业在所有出口企业中的比例从
1989 年的 28% 下降到了 2000 年的 16%。①此外，出口业绩要求还有其他积
极作用，比如以百事可乐公司为例②，20 世纪 80 年代在印度设立的百事
可乐食品有限公司是一家合资公司，除了要满足合资要求外，公司还要满
足出口业绩要求。为了满足出口业绩要求，百事可乐公司建立了一个番茄
和土豆的加工厂并用于出口。然而由于当地原材料的稀缺和质量差，他们
与当地的农业大学一起开发改进了种植技术，从而带动了整个地区种植业
的发展。从一个被动的不情愿的出口义务，到 1996 年出口业绩要求的取
消，公司该项业务一直持续有效地发展，带来了可观的利润。从东道国的
角度看，不仅增加了出口额，当地农民也通过参与种植，获得了新技术，
增加了收入，提高了生活水平。

2. 合资和当地股份要求

印度曾经对外资投资比例有严格的限制，只有出口型和高科技企业
允许 40% 以上持股，达到 51%—74% 的股份。1991 年之后，凡是印度
政府《直接投资政策汇编》中未提及的行业，都允许 100% 外资持股，
并适用自动批准渠道。目前，在制造业领域，除了一些小型企业外，基
本允许外资 100% 持股，除禁止投资领域外，只在一些特殊部门和服务
业有股权比例限制（见表 4）。在这样的政策环境下，一些跨国公司在
印度投资的子公司中增加了它们的投资比例，并从印度证券市场撤退，
出现了外资独资化的状况，这一问题又重新引起印度政府对当地股权要
求的重视。

表 4　　　　　　　　部分限制领域外商持股比例

行业领域	持股上限
原子矿物、私有银行、卫星制造	74%
多品牌产品零售	51%
空运服务、大宗商品交易所、电视、保险、调频广播、基础设施建设（电信除外）	49%
新闻电视频道、军工产品、新闻报纸	26%

① UNCTAD, Foreign Direct Investment and Peformance Requirements: New Evidence from Selected Countries, UNCTAD/ITE/IIA/2003/7, 2003, p. 92.

② Ibid., pp. 93-94.

续表

行业领域	持股上限
国有银行	20%

资料来源：印度《直接投资政策汇编》，Consolidated FDI Policy（Effective from June 07, 2016），http：//dipp. nic. in/English/Investor/FDI_ Policies/FDI_ policy. aspx。

当地股份要求的目的是鼓励外资建立合资企业，帮助当地企业学习新知识新技能，并从外国合资人那里获得有价值的管理经验。同时，合资企业对于外国投资者而言也是有利的，比如当地合作方可以与当地供应商、当地政府进行有效沟通，弥补信息缺口。事实上，虽然 20 世纪 90 年代印度政府放松了对外资投资比例的限制，但大多数新进入的外国直接投资仍然选择合资方式，比如 Mahindra-Ford、Tata-IBM、Tata-Mercedes-Benz、Godrej-GE、Godrej-Procter 和 Gamble。但是，一旦熟悉了当地市场，外国投资者就买断当地投资者的股权，合资企业变成了独资企业。[①]

3. 技术转让要求

1991 年之前，外国直接投资被认为是技术转让的通道，不包含技术转让的外国直接投资是不可能获得批准的。但 1991 年 7 月之后，技术转让不再是外资审批的条件之一。尽管如此，含有"先进技术"的投资是外国投资促进委员会审查决定是否能获得更高外资股权比例的一个主要因素。比如 2013 年 8 月，印度政府推出 12 个领域外国直接投资条件的改革措施，对于国防生产领域，外国直接投资比例上限为 26%，并且由外国投资促进委员会批准，印度政府表示如果投资项目能为印度引进新技术，超过 26% 的外国投资也可以个案考虑。[②]

4. 研发要求

外国合作者的研发要求由印度科技部下属的科学与工业研究院负责监管。研发要求的实施是为了保证有足够的研发资金从而能够充分吸收和应

---

① Kumar and Aradhna Agarwal，Liberalization，outward orientation and In-house R&D activity of multinational and local firms：a quantitative exploration for Indian Manufacturing，RIS Discussion Paper 07/2000（New Delhi：Research and Information System for the Non-aligned and Other Developing Countries），2000.

② 商务部投资促进局：《对外投资合作国别（地区）指南——印度（2016 年版）》，http：//www. fdi. gov. cn/CorpSvc/Temp/T3/Product. aspx？idInfo=10000545&idCorp=1800000121 & iproject=25&record=361（访问日期：2017 年 9 月 10 日）。

用引进的技术。1986 年，工业部曾要求技术费支出超过 2000 万印度卢比的外资企业建立内部研发设施或与相关研发机构签订长期顾问协议。除此以外，印度很少实施研发要求。① 有调查表明，印度的外国子公司的研发强度低于当地同行公司。② 外国子公司更专注于将母公司的技术应用于当地市场，或者将印度作为其母公司的研发平台。

5. 就业和培训要求

印度政府从来没有对外资企业高管聘任条件附加国籍要求，也没有员工培训要求。董事等高级管理人员的聘任要求受符合国际规则的《公司法》（2013）相关条款约束。印度政府认为公司会根据自己的需要去培训员工，因此不需要强制性要求，只有在少数情况下，曾有过非正式的口头上的传达。③

事实上，印度的劳工规则是世界上最复杂和最严格的，相关的劳动立法多达 16 项。④ 2014 年 5 月，印度政府曾试图修订劳工法使企业在印度经营更容易，但目前修订工作还停留在邦层级。印度有 2000 万个工会组织，大部分都和政党有关，由于各种原因常常罢工游行，根据劳工部的统计数据，2014 年有超过 360 万工作日在罢工游行。由于大部分雇佣属于非正式就业，所以没有确切的失业人数统计数据。由于技术工人短缺，政府建立了技术发展部专注于增加技术工人。

6. 社会责任要求

2013 年的印度《公司法》规定了企业的社会责任要求，要求公司将前三年平均税后利润的 2% 用于履行社会责任。此外，每个公司必须成立一个由公司董事组成的社会责任委员会。公司必须发布关于社会责任支出

---

① UNCTAD, Foreign Direct Investment and Peformance Requirements: New Evidence from Selected Countries, UNCTAD/ITE/IIA/2003/7, 2003, p. 106.

② Kumar and Aradhna Agarwal, Liberalization, outward orientation and In-house R&D activity of multinational and local firms: a quantitative exploration for Indian Manufacturing, RIS Discussion Paper 07/2000 (New Delhi: Research and Information System for the Non-aligned and Other Developing Countries), 2000.

③ UNCTAD, Foreign Direct Investment and Peformance Requirements: New Evidence from Selected Countries, UNCTAD/ITE/IIA/2003/7, 2003, p. 107.

④ Investment climate statements for 2016, India, at http://www.state.gov/e/eb/rls/othr/ics/investmentclimatestatements/index.htm?year=2016&dlid=254543#wrapper Sep. 11, 2017.

的报告，或在未达到最低要求时进行解释。未履行报告义务的公司董事将承担法律上的个人责任，可能面临罚款或监禁。这种将法律、传统的企业慈善和宣传活动结合在一起，促使更多企业积极追求自己的社会责任。该项法律同时适用于本地企业和跨国公司在印度设立的分支机构、办事处。① 虽然这项要求与其他五项履行要求相比，非常少见，但笔者以为这是属于社会和环境责任的履行要求，符合新一代可持续发展的国际投资体系。

从上述履行要求中可以看出，印度自 1991 以后开始逐年减少履行要求的实施，有些措施已经完全取消或仅作为一项激励机制。实践证明，有效实施履行要求，可以引导外国投资者实现东道国的目标，比如出口业绩要求给东道国带来了许多有利的外部效应；合资要求有利于增加当地收入、快速学习外国合作方的知识。事实上，对于印度这样的具有巨大市场和发展潜力的国家而言，即使附加了一些履行要求，仍有不少外国投资者乐意进入投资。但一些履行要求的取消，并不意味着否定履行要求存在的意义，应该认识到，在新一代可持续发展的国际投资理论指引下，东道国将致力于设置适当的履行要求，加强对国内政策中公共利益的监管。

（二）智利

与印度政府曾经严格限制外资相比，智利政府对外资实行全面的国民待遇，很少在准入阶段适用限制性履行要求，大多是为了获得优惠条件的鼓励性要求。智利政府曾经使用鼓励性的出口业绩要求，2003 年已被取消；汽车产业的当地成分要求也已在 1999 年被取消。20 世纪 90 年代，智利中央银行还采取过无偿准备金要求，要求外国投资者将一定数额的资本存入中央银行，但 1998 年使用率降为 0。智利政府建立了一个"高科技投资计划"，由经济部下属的生产促进局审查，为高科技产业提供各种税收或金融支持，主要针对信息技术、电信、生物技术和电子产业，从而吸引了不少相关领域内世界 500 强企业到圣地亚哥投资。1997 年，智利政府建立环境影响评估体系，要求新投资项目进行环境影响评估，促进企业合理使用自然资源，保护环境。2001 年外国投资委员会列出了可能影

---

① Investment climate statements for 2016, India, at http：//www. state. gov/e/eb/rls/othr/ics/investmentclimatestatements/index. htm? year＝2016&dlid＝254543#wrapper, Sep. 11, 2017.

响环境的五种情况，可能涉及任何一种情况的投资者必须提交"环境影响研究报告"（Environmental Impact Study），不涉及五种情况的投资者也应该提交"环境影响陈述"（Environmental Impact Statement），由国家环境评估局（SEA）审批。

（三）马来西亚

作为一个国土面积较小的国家，马拉西亚与印度相比，与投资者议价能力较低。与智利比，马来西亚政府更倾向于适用履行要求。马来西亚曾实施的履行要求（强制或自愿）包括：出口要求、当地成分、股权限制、就业和培训、研发要求等。20世纪90年代取消了出口业绩要求，1986年《投资促进法》将出口要求与税收优惠挂钩，出口企业将获得10年免税期。为了符合 WTO 要求，2000年取消了当地成分要求。在股权限制方面，2009年，马来西亚政府开放了8个服务领域的27个分支行业，2012年开放17个服务业分支行业，允许外商独资，不设股权限制。目前在石油天然气、金融、保险、法律服务、电信、直销及分销等领域外资持股比例不能超过50%或30%。① 20世纪90年代由于用工短缺，马来西亚政府取消了雇用当地工人要求。培训要求和制造许可证或优先地位证书（Pioneer Status Certificates）② 相关。目前马来西亚政府大多通过财政优惠的方式来鼓励传统上的履行要求行为，如出口目标、当地成分、技术转让等要求，且这些履行要求通常写入制造许可证中。③ 在研发领域，马来西亚政府也鼓励外资进入信息技术工业，1996年创建了信息与通信技术计划，即多媒体超级走廊（Multimedia Super Corridor，MSC）。获得 MSC 地位的公司可享受一系列财税、金融鼓励政策，包括长达10年的税收豁免和5年的财税津贴。2007年，马来西亚财政预算报告宣布一系列鼓励在

① 商务部投资促进局：《对外投资合作国别（地区）指南——马来西亚》，http：//www.fdi.gov.cn/CorpSvc/Temp/T3/Product.aspx? idInfo = 10000545&idCorp = 1800000121&iproject = 25&record = 358（访问日期：2017年9月12日）。

② 优先地位企业是马来西亚政府认为最优先的企业，可获得最长15年的完全免税期限。各种产业部门获得的具体优惠，参见马来西亚投资发展局网站，www.mida.gov.my（访问日期：2017年9月12日）。

③ Investment climate statements for 2016，Malaysia，at http：//www.state.gov/e/eb/rls/othr/ics/investmentclimatestatements/index.htm? year＝2016&dlid＝254543#wrapper，Sep. 12，2017.

生物科技领域的投资。[①] 2010 年，马来西亚卫生部修订了 1985 年《食品法规》，要求对通过现代生物技术获得的食品和食品配料加强制标签，并规定任何人不得进口、发布广告或出售任何未获批准的通过现代生物技术获得的食品或食品配料。

（四）南非

南非政府采取限制性和鼓励性履行要求混合的模式，出口、技术转让和研发要求都是为了获得某些优惠条件自愿履行的，而就业和培训要求和当地股份要求是为了种族平衡而强制性要求履行的。南非政府通过退税和信贷优惠来鼓励纺织品、服装（Duty Credit Certificate Scheme，1993—2005）和汽车产业[②]的出口。南非政府为了寻求技术转让最大化，2000 年《外国投资补贴法》规定外国投资者引进新设备和仪器用于当地生产的，将提供最高 300 万兰特费用补贴（运费、安装费、技术人员差旅费等）。2003 年南非议会通过"全面提高南非黑人经济实力"（Broad-Based Black Economic Empowerment，B-BBEE）项目，为了改善黑人和妇女传统上那些弱势群体的经济地位，B-BBEE 项目对公司中黑人所占股比有一定要求，如要获得采矿许可，矿业公司的黑人所占股比至少在 26% 以上。另外该法案对赌场、通信等行业的公司也有最低黑人占股要求。[③] 1998 年《技能提高法》（Skills Development Act）和《平等就业法》（Employment Equity Act）对公司附加了强制性就业和培训要求。比如《技能提高法》要求所有年度工资总额超出 20 万兰特的公司支付工资总额 1% 的技能提高费，公司提供培训的，可以要求返还 70% 的技能提高费用于抵销培训费用，20% 的技能提高费流向国家技能发展基金（National Skills Development

---

① 商务部投资促进局：《对外投资合作国别（地区）指南——马来西亚》，http：//www. fdi. gov. cn/CorpSvc/Temp/T3/Product. aspx？idInfo = 10000545&idCorp = 1800000121&iproject = 25&record = 358（访问日期：2017 年 9 月 12 日）。

② 汽车产业发展计划（Motor Industry Development Programme）从 1995 年开始实施，2013 年 1 月 1 日被汽车产品和发展计划（Automotive Production and Development Program）取代。详见 Investment climatestatements for 2016，South Africa，at http：//www. state. gov/e/eb/rls/othr/ics/investmentclimatestatements/index. htm？year = 2016&dlid = 254245，Sep. 12，2017。

③ 商务部投资促进局：《对外投资合作国别（地区）指南——南非》，http：//www. fdi. gov. cn/CorpSvc/Temp/T3/Product. aspx？idInfo = 10000545&idCorp = 1800000121&iproject = 25&record = 406（访问日期：2017 年 9 月 12 日）。

Fund）用于支持重点行业培训，剩余10%支付给国家技能体系管理局。

二　四个发达国家的相关实践

历史上，发达国家曾经用履行要求来解决四大问题：微观和宏观经济的影响、收入分配问题、政治独立和政治权力分配问题，涉及政治和跨国企业实质性存在的经济后果。[①] 最发达的那些国家对外资普遍采取欢迎的态度，当地股权限制和其他履行要求经常被使用。比如，有人担心，过度依赖外资会增加国家政策实施的复杂性，国家安全就是一个最明显的问题，因此国家常常实施各种限制和要求以保留对国内某些产业部门的重大份额。当然，即使是现在，发达国家也并没有放弃对外资企业的影响。只是用贸易政策措施代替履行要求，从而达到和以往选择履行要求类似的目的。这些措施包括原产地、自愿出口限制、反倾销。比如美国早在1981年就对日本出口汽车采用自愿出口限制。欧盟和NAFTA成员国等区域协定成员国使用原产地规则较多，可以利用GATT第24条的区域贸易例外增加当地产品价值。原产地规则决定了产品的当地成分必须达到一定标准才属于当地产品，因此与当地成分履行要求具有类似的影响。除了贸易政策以外，发达国家还可能使用当地激励机制、各种战略性的贸易和投资政策。所以，看起来发达国家使用履行要求在减少，但事实上在某些方面可能隐藏了能达到相同目的的其他措施。

发到国家20世纪60年代到80年代普遍实行履行要求，履行要求的实施随着国家、发展水平、国家自然资源和其他资源条件、市场规模以及发展战略的不同而不同。在发达国家中，澳大利亚、加拿大、法国和日本对外资限制较为严格，使用履行要求较为广泛。美国、德国、英国作为主要的资本输出国，使用履行要求相对较少。

（一）澳大利亚

澳大利亚由于自然资源较为丰富，外资流入大于外资流出。80年代早期，澳大利亚对外资审查较为严格，合格的投资首先要符合有效竞争、新技术、新出口市场、改善经济结构的经济目标，在不违背经济目标的前

① UNCTAD, Foreign Direct Investment and Peformance Reqirenemts：New Evidence from Selected Countries，UNCTAD/ITE/IIA/2003/7，p. 9.

提下，再满足当地股权、研发要求等其他额外要求。① 澳大利亚对自然资源和不动产的所有权限制比较严格，70 年代澳大利亚对进入自然资源领域实行最高 50% 的股权限制；80 年代开放后，保留了矿业。2015 年 7 月，澳大利亚政府要求对外资所有农业用地进行注册，以便掌握澳大利亚土地为外资所有的情况，2016 年注册要求扩大到了住宅土地。② 2016 年 2 月，政府又宣布将进行全国性的水资源外资所有权登记。政府鼓励企业进行研发，为符合条件的研发活动支出，在交纳所得税税基时可以按 150% 的比率扣除。对于在澳大利亚建立地区总部和运营中心的跨国公司，澳大利亚提供移民和税收优惠政策。③

（二）加拿大

加拿大和澳大利亚的经历极为相似，同样自然资源丰富，外资主要来自于美国。70 年代外国投资审查委员会的成立和 80 年代国家能源计划的推行，使加拿大在很多敏感领域加强了对外资比例的控制。目前，加拿大对敏感经济领域的股权限制在本书第二章关于加拿大国内法负面清单中已有详细介绍，不再赘述。随着 1989 年与美国签订自由贸易协定以及其后的 NAFTA 协定，出口和当地成分履行要求逐渐被取消，但在投资审查时，外国投资者有关就业、当地成分、出口、技术开发及其转让等意图都是加拿大政府审查的范围。④ 在投资审查谈判中，外国投资者常常会做出一些作为投资准入条件的特殊承诺（Undertakings），这些承诺事实上有类似于履行要求的作用。⑤

（三）日本

日本作为世界第三大经济体，其资本输出远远大于资本的流入。从

① 澳大利亚外资审查标准（1982），详见 UNCTAD, Foreign Direct Investment and Peformance Reqirenemts：New Evidence from Selected Countries，UNCTAD/ITE/IIA/2003/7，p. 283。

② Investment climate statements for 2016, Australia, at http：//www. state. gov/e/eb/rls/othr/ics/investmentclimatestatements/index. htm? year＝2016&dlid＝254543#wrapper, Sep. 13, 2017.

③ 商务部投资促进局：《对外投资合作国别（地区）指南——澳大利亚》，http：//www. fdi. gov. cn/CorpSvc/Temp/T3/Product. aspx? idInfo＝10000545&idCorp＝1800000121&iproject＝25&record＝469（访问日期：2017 年 9 月 13 日）。

④ Investment climate statements for 2016, Canada, at http：//www. state. gov/e/eb/rls/othr/ics/investmentclimatestatements/index. htm? year＝2016&dlid＝254543#wrapper, Sep. 13, 2016.

⑤ UNCTAD, Foreign Direct Investment and Peformance Reqirenemts：New Evidence from Selected Countries，UNCTAD/ITE/IIA/2003/7，p. 246.

1973 年日本政府开始允许 100% 的外国投资，除了一些涉及国家安全和保留的产业。目前，日本政府对引进外资持积极态度，2013 年 6 月，日本首相安倍晋三宣布力争到 2020 年外国企业对日直接投资达 35 万亿日元，实现倍增计划。① 作为 TPP 成员国，日本取消了大部分的限制性履行要求，外资股权限制领域，详见第二章中日本负面清单国内部分。对于研发鼓励机制，2016 年 1 月，日本内阁批准了最新的五年科技基本规划，预计将投入 GDP 的 4% 用于公共和私人的研发项目。该计划将促进物联网、大数据、人工智能和网络系统研发，最终在各种部门如交通、能源、基础设施和医疗保健领域构成"超级智能社会服务平台"（Super-Smart Society Service Platforms）。②

（四）美国

美国对待外国投资政策相对开放，但开放不等于没有限制。作为资本输出大国，美国认为其他国家对外资进入实施各类履行要求，实际上损害了美国跨国公司的利益，因此美国不断在国际各类组织中施加影响，试图取消其他国家对外国投资的限制性措施。但同时，美国国内对外国投资也采取了一定的限制措施。1975 年，美国成立了外国投资委员会，外国投资委员会拒绝收购建议的同时会附加一些履行要求。③ 1988 年埃克森—佛洛里奥修正案授予总统阻止涉及国家安全相关产业的外资兼并的权力。另外，美国国防是一个特殊的部门，非美国居民被排除在该领域之外，但美国允许加拿大、德国和英国成为合作方。鉴于美国实行联邦体制，美国的外资政策也分为两个层次。为了鼓励和支持外资在美国投资，从而创造更多就业机会、推动创新，2011 年 6 月，总统奥巴马宣布"选择美国倡议"，商务部下设"选择美国"（Select USA）办公室，其在联邦层面推出了 72 项投资激励措施，涉及教育培训、就业、清洁能源、可再生能源、

①　中华人民共和国商务部：《日本拟 2020 年实现外来直接投资倍增》，http://www.mofcom.gov.cn/article/i/jyjl/j/201306/20130600169549.shtml（访问日期：2016 年 9 月 13 日）。

②　Investment climate statements for 2016, Japan, at http://www.state.gov/e/eb/rls/othr/ics/investmentclimatestatements/index.htm? year=2016&dlid=254543#wrapper, Sep. 13, 2017.

③　UNCTAD, Foreign Direct Investment and Peformance Reqirenemts: New Evidence from Selected Countries, UNCTAD/ITE/IIA/2003/7, p. 267.

环境、科研、纺织品出口促进等各项领域。① 近年来，州和地方政府的外资优惠政策也成为外国投资者对美投资所考虑的决定因素，这些措施主要有税收减免、发行工业债券、提高基础设施水平和提供特殊服务等。

总之，20 世纪 80 年代以后，发达国家对外国直接投资的限制越来越少，外资允许进入更多的领域，审查机制也逐步减少，更多地采用激励机制来吸引外资。但这不仅仅是简单的自由化；相反，这是一种跟随国际形势发展的国家产业政策的选择，这是随着投资全球化发展而产生的更具有战略意义的贸易投资政策。这些措施主要体现在下列三个方面：第一，支持新产业和高科技的发展；第二，一些非关税措施，如反倾销和反补贴措施被广泛地应用，以支持国内产业发展，甚至在一些自诩为经济完全开放的国家；第三，各国为了争夺经济和技术，在不完善的竞争环境中，各显神通，频繁使用各种贸易和投资促进政策。

---

① 美国联邦政府激励机制，详见"选择美国"（Select USA），https：//www. selectusa. gov/ federal_ incentives（访问日期：2017 年 9 月 14 日）。

第五章

外资准入审批制度

第一节　外资准入审批制度理论问题分析

在很多情况下，外资审批制度本身也会成为影响外国直接投资的一个重要因素。这是因为外资准入审批制度的设计和执行两个方面的具体细节都会对外资有重要影响。在设计方面，如果一个国家的外资准入审批程序的标准、期限及审批机关等要素设置较为合理，则对外资的影响就较小；反之，如果一个国家的外资准入程序在设计上不合理，缺乏确定性、可预见性和透明度，则对外资的影响会较大。很多发展中国家在审批中考虑因素过多，但又缺乏明确的实体性标准，各种公开不公开的政策十分繁复，使得外国投资者无法预见其结果。除了设计之外，更多的问题在于执行方面，有些国家的准入审批的整个过程是不公开的，对于被拒绝的投资申请，审批部门也不具体说明理由。更为糟糕的是，一些国家的官员在审批过程中存在腐败问题，从而增加了审批结果的不确定性。本部分主要从准入审批制度的设计上展开探讨。

一　外资准入审批制度的概念和性质

（一）外资准入审批制度的概念

外资审批即外国投资的审查与批准，是指资本输入国政府依据一定的程序、标准对进入本国的外国投资进行鉴定、甄别、评价，并决定是否给予许可的一种制度。① 外资审批制度也是外资准入制度的核心制度之一，是对上述准入范围即负面清单和准入条件即履行要求两项实体性制度的具体实施和落实，为发展中国家和发达国家所普遍采用。

---

① 余劲松主编：《国际投资法》，法律出版社 2014 年版，第 145 页。

（二）外资准入审批制度的性质

1. 审批制度不仅仅是程序性要求

与负面清单和履行要求比，审批制度更偏向程序性要求，但严格来说，又不仅仅是程序问题，因为准入的审批本身涉及多种因素，对许多国家而言，既定的外资准入范围和条件只是准入审批所考虑的因素之一。如果外资准入审批只是严格执行准入范围的话，那么其存在的必要性就很小，一个国家完全可以实行简单的形式审查或者通知、备案制即可，这也是为什么发达国家很少有普遍审批制度，越来越多的发展中国家包括中国逐渐减少普遍审批制度，只保留对部分特殊行业的审批。外资准入审批不仅仅是落实准入范围和条件的工具，更是为了落实一个国家所有针对外资的实体性要求，包括限制性要求和鼓励性要求。

2. 审批制度是一种行政许可

虽然外商投资是一种商业行为，但对外资的审批属于国家行政审批行为，是一个国家的主权行为，是否给予批准或是否撤销批准，本质上是由东道国依特定的条件和政策所做出的单方面的决定。根据《行政许可法》第 2 条规定："本法所称行政许可，是指行政机关根据公民、法人或者其他组织的申请，经依法审查，准予其从事特定活动的行为。"行政许可具有事先性、赋权性和解禁性、依申请性三个法律特征。[①] 因此，外资审批也具有行政许可的一系列特征，如外资审批机关依据当事人提交的材料，根据国内法律、法规、政策的规定，作出是否批准的决定。而外国投资者在获得批准后，取得了在东道国某个部门或某个领域进行经营的权利，从而再履行设立登记的手续，成立外商投资企业。

二　外资准入审批的机构

（一）设立专门的中央审批机构

许多国家设有审查外资的专门机构，这种中央审批机构有的是由不同的政府部门组成的，如加拿大的"外资局"；有的是由专职人员负责的，如菲律宾的投资局。从职权上看，有的国家审批机构有批准的决定权，而有的审批机构只有权进行审查，无最终决定权，特别是当审查程序可能涉

---

① 胡建淼主编：《中国现行行政法律制度》，中国法制出版社 2011 年版，第 73 页。

及其他政府部门和机构时，主要评审职能是由政府的有关部门或机构行使的。①

（二）由现有的相关政府部门行使审批职能

有些国家没有设立专门的审批机构，审查和批准外国投资申请的工作由相关政府部门负责。这些相关部门通常是经济部、财政部、商务部、对外经济关系部、中央银行等。②

（三）中央与地方复合审批

多数国家的审批机构都由中央政府设立，但也有国家实行中央和地方复合审批，在中央和地方都设有审批机构，按各自的权限进行审批。③ 因此依审批的程序和机构不同，可将审批制度分为单一制审批和复合制审批。单一制审批通常是指由单一的审批机构（中央或联邦一级的）统一管理审批事务，并在程序上实行一次性审批的制度。复合制审批是指中央或联邦和地方各级审批机构依不同审批程序主持审批的制度。单一的审批机构便于外国投资者对输入国审批条件及程序的了解与执行；便于审批标准的统一掌握；便于维护审批结果的权威性；也有利于缩短审批期限，提高效率。④ 因此，无论是设立专门的审批机构还是由现有的政府机构来承担审批的职能，单一制审批都更加有效，更加有利于吸引外资，其出现被认为是现代外资管理制度日趋完善的重要标志。⑤

三　外资准入审批的范围

联合国贸发会在《准入与设立》一文中提及的东道国控制外资准入的审查包括三类：所有投资项目的普遍审批；特定的行业或活动的审批；基于对本土公司的外国所有权和控制权限制的审批。⑥ 由此，根据审批的范围不同，审批制度又可分为严格审批制和选择审批制。严格审批制，即由特别政府机构或其授权机关对所有投资项目进行审批，对投资项目的立项申请、可行性研究报告、投资者资信、投资协议、合同章程、工业产权

① 王立军主编：《国际投资法》，格致出版社、上海人民出版社 2010 年版，第 64 页。
② 同上。
③ 吴志忠主编：《国际经济法》，北京大学出版社 2008 年版，第 241 页。
④ 肖冰：《外资审批制度的法律问题研究》，《现代法学》1997 年第 5 期。
⑤ 同上。
⑥ UNCTAD, Admission and Establishment, UNCTAD/ITE/IIT/10（Vol. II），2002, p. 8.

和其他必要文件都要进行审查，全部合格后才批准设立。选择审批制，是指国家对不同外商投资企业采用不同设立标准与审批程序，大部分外资企业只要符合法定条件，即可自动获得批准。

就各国的实践而言，发达国家多采取选择审批制，有些发展中国家采用严格审批制。但审批制度并非一成不变，随着国际投资环境的变化，很多国家为了吸引更多的投资，转变了原有的严格审批制，比如我国原来就采取严格审批制，所有外国投资，不论新设企业还是收购兼并、不论投资额大小、不论投资哪个行业都毫无例外地要经过审批。但 2016 年 10 月开始生效的《外国投资企业设立及变更备案管理暂行办法》规定，境外投资者在"负面清单"以外产业投资的，可以直接向登记机关申请外商投资企业设立、变更和注销登记。也就是说负面清单中的投资项目继续实行原有审批制，负面清单不涉及的项目实行备案制。

四　外资准入审批的内容

各国外资法对于外资的审批主要集中在以下几方面内容的审查上：

1. 投资领域的审查

东道国通常会从本国经济发展目标或国家利益出发，保留一些禁止或限制外国投资者进入的特殊行业。即使是对外资持开放态度的发达国家，在涉及国防安全或支配国家经济命脉的重要工业部门以及需要重点保护的民族工业时，也有限制外资进入行业的负面清单，同时配套建立了国家安全审查制度。

2. 经济活动的审查

为了确保外资企业的经营活动不影响本国的经济秩序，有些国家设立专门机构，对外资企业的经营活动进行监管，比如外资并购的反垄断审查。另外，为了保障东道国对外国投资进行有效控制，一些国家的投资法对合资企业董事会的组成及其权限等问题做了专门规定，董事长、总经理等职务必须由东道国国民担任，东道国国民占董事会的大多数等。

3. 环境保护的审批

随着可持续发展理念的兴起，越来越多的国家认识到环境保护的重要性。许多发达国家都有比较完善的环境保护制度，外资企业在投资进入某些领域时，会要求履行必要的环境保护审批手续，提交环境污染评估报告等，比如加拿大。

因此，按照外资审批的具体内容，审批制度又可分为一般审批制度与特殊审批制度。特殊审批制度包括国家安全审查制度、反垄断审查制度和环境审批制度等。其中国家安全审查制度作为最重要的特殊审批制度，由美国创设，在推进投资自由化的今天，作为符合国际法趋势的限制外资措施，迅速为世界各国所仿效。和一般外资审批制度相比，国家安全审查制度主要有以下几个特殊性：

首先，一般外资审批既针对新建投资，也针对并购投资，而安全审查制度往往只针对并购投资。[①] 其次，一般外资审批规定在外国投资法中，而国家安全审查往往由单行法特别规定。再次，审批机构也不同，国家安全审查，往往设立了特别审查机构，由专门机构进行审查。最后，审查的内容也不同，一般外资审查主要是审核外国投资的投资申请是否符合相关的外资准入范围和准入条件，而安全审查则重在审核外资是否存在损害国家安全的因素。

因此，对于那些在较长时间内都需要禁止或限制的行业，应当在负面清单中予以列明，所有负面清单中的产业准入，都要通过一般外资准入审批。而国家安全审查的重点应当是那些无法预先在负面清单中予以明确的产业，这主要是因为国家安全面临的威胁会随着科技的发展和国际政治形势的变化而变化，正因如此，各国的立法才没有对国家安全的范围做出明确的界定，而是交由审查机构根据形势的需要去作出具体的判断。另外，国家安全审查还会考虑外国投资者的母国背景及其所投资的区域因素对国家安全的影响，这些因素都无法在负面清单中予以明确，需要审查机关根据个案情况予以具体分析。下文将专节介绍国家安全审查制度。

第二节　各国国家安全审查制度新近发展及其存在的问题

外资审查制度最早体现为一般审查制度，即在外资准入时，审查外国投资者的投资申请是否符合本国的外资准入范围，是否属于限制、禁止投资领域，是否满足限制性投资条件等。随着外资并购方式的发展，与新设

---

① 也有个别国家例外，如加拿大2009年《对投资的国家安全审查条例》规定国家安全审查的范围不仅包括并购投资，也包括新建投资。

投资相比，可能更迅速地造成限制竞争、威胁国家安全方面的危害，因此特殊的外资并购审查制度出现了。而随着美国"9·11"事件的发生，美国在全球掀起了反恐主义风暴，进一步加强了国家安全审查制度的地位，许多国家也纷纷效仿，开始建立本国的国家安全审查制度。这在推行投资自由化的今天，是非常少见的。国家安全审查作为限制投资政策，出现的频率越来越高，措施也越来越繁复，因此在本节做一专门分析。

一　各国国家安全审查制度的最新进展概况

过去的十年间，国家安全审查制度在许多国家的投资政策中占有越来越重要的地位，许多国家都通过了专门立法，或者建立了基于国家安全目的的审查制度。从 2006 年开始，至少有 8 个发达和发展中国家对国家安全审查进行了立法，包括加拿大（2009 年）、中国（2011 年、2015 年）、芬兰（2012 年）、德国（2009 年）、意大利（2012 年）、韩国（2006 年）、波兰（2015 年）、俄罗斯（2008 年）。[①]

同时，更多的国家对国家安全审查相关机制进行了修订，使得国家安全审查更加严格，也有些国家则进一步明确了程序性要求，从而增加了国家安全审查机制的透明度。[②] 比如 2007 年，美国通过了《外国投资和国家安全法》，该法修改了美国国家安全审查的主要依据——1950 年的《国防生产法》。该法扩大了美国外国投资委员会（CFIUS）的成员并增加了问责制，增加了 CFIUS 和总统考虑的国家安全因素的说明性清单，要求 CFIUS 监测和执行缓解措施，跟踪撤销通知，并且如果当事人对 CFIUS 做出重大遗漏或错报，或故意且实质性地违反缓解协议，则允许 CFIUS 重新进行审查。加拿大在 2015 年修订了《加拿大投资条例》和《外资国家安全审查条例》，要求投资者填表提供更多信息，从而有助于审查程序的进行。2014 年，法国经济部长颁布法令修改外国投资者需要接受安全审查的列表：为了维护必要的公共安全、公共秩序和国防等国家利益，下列设备、服务和产品需要接受审查：（1）能源供应的可持续性、完整性和安全性（电、气、烃类或其他能源）；（2）供水的可持续性、完整性和安全性；（3）交通运输网络和服务的可持续性、完整性和安全性；（4）电子

---

① World Investment Report 2016, United Nations Publication, Sales No. E. 16. II. D. 4, p. 94.

② Ibid. .

通信网络和服务的可持续性、完整性和安全性；（5）运营在《国防法》第 L.1332-1 条和第 L.1332-2 条中规定的重要的建筑物或设施；（6）公共卫生保护。2007 年，日本扩大了原有的外国人获得在指定行业的公司股份的事先通知要求的范围。《引进外资内阁命令》修正案（Amendments of the Cabinet Order on Inward Direct Investment）和其他规则调整了覆盖的行业清单，包括那些敏感产品清单（如武器、核反应堆和军民两用产品）。修订的目的是防止大规模杀伤性武器的扩散和对国防生产和技术基础设施的破坏。2008 年，韩国商务部、工业和能源部对《外国投资促进法的执行令》（Enforcement Decree of the Foreign Investment Promotion Act）作出了修改，该修正案旨在为国家安全审查提供更明晰的程序，促进法律稳定性，国内外投资者可以对某项投资是否会因国家安全原因而受到限制要求进行初步调查。2014 年，俄罗斯对《国防和国家安全战略重要性商业实体外国投资程序》（On the Procedures of Foreign Investments in the Business Entities of Strategic Importance for National Defence and State Security）（第 57-FZ 号）联邦法进行了修订，增加了四类被认为具有战略重要性的活动：（1）专业机构评估交通基础设施和运输工具的脆弱性；（2）保护运输基础设施；（3）运输安全单位从非法干预行动中获得运输工具；（4）认证机构对运输安全的认证。联邦第 57-FZ 号法律的其他修正案将某些业务豁免于"战略实体法"，但将生产资产价值高于 25% 以上资产负债表的归类为战略实体。

　　此外，还有一些国家对可能引起国家安全相关关注或以其他方式影响国家利益的行业采取了新的外资所有权限制。① 例如 2014 年，莫桑比克修改了其石油法，只有来自于伙伴关系国家的投资者才能申请石油和天然气勘探许可证。2014 年，缅甸禁止外国直接投资小于 10 兆瓦的发电项目，另根据相关部委的建议，通过合资企业开展药品、保健和邮政服务。2009 年，委内瑞拉玻利瓦尔共和国颁布了立法，根据该立法，参与基础和中间石油化学新项目的企业中，国家股份至少占 50%（以前不存在任何限制）。

---

① World Investment Report 2016, United Nations Publication, Sales No. E. 16. II. D. 4, p. 97.

二 安全审查制度存在的问题

国家基于主权原则建立了对外资的安全审查制度，但也产生了很多新的问题。首先是各国虽然都使用"国家安全"（National Security）的称法，但定义不完全相同。从国内政策来说，国家安全是个相对狭窄的概念，而真正涉及的安全产业范围却相对宽泛得多，近期扩大到关键基础设施和战略性产业。其次，各国对于投资审查程序的深度和广度大不相同，要求投资者提供的材料申请范围和数量也不同。最后，当一个投资从国家安全角度被认为可能涉及敏感领域时，在不同国家可能产生完全不同的实质性后果。下面就主要围绕这些问题展开论述，最后谈一下如何通过国际协作解决上述问题。

（一）"国家安全"定义模糊

英国学者曼戈尔得（Peter Mangold）在《国家安全与国际关系》一书中指出，"国家安全"的现代用法最早出现在美国报纸专栏作家李普曼1943 年的著作《美国外交政策》中。[①] 李普曼认为："一个国家是安全的，当它不必为了避免战争而牺牲其合法利益，并且当受到挑战时，有能力通过战争维持它们。"[②] 1947 年美国国会颁布了世界上第一部国家安全法《1947 年国家安全法》，正式将"国家安全"一词引入法律。[③] 联合国贸发会在《国际投资协定中的保护国家安全》一文中指出，《牛津英语词典》将国家安全定义为："国家及其人民、机构等的安全，特别保护其不受军事威胁或间谍、恐怖主义等的影响。"[④]2015 年 2 月 6 日，美国总统奥巴马发布新的《国家安全战略》，重申了在 2010 年《国家安全战略》中提出的四大国家利益：安全、繁荣、价值观、国际秩序。其中"安全"是指保障美国国家、公民、同盟和伙伴的安全，具体战略包括加强国家防御、加强国土安全、打击持续威胁的恐怖主义、防止大规模毁灭性武器的

① 王逸舟主编：《全球化时代的国际安全》，上海人民出版社 1999 年版，第 37 页。

② Walter Lippmann, U. S. Foreign Policy: Shield of the Republic, Boston, Little, Brown and Co., 1943, p. 51. 转引自王逸舟主编《全球化时代的国际安全》，上海人民出版社 1999 年版，第37 页。

③ 黄爱武：《战后美国国家安全法律制度研究》，法律出版社 2011 年版，第 2 页。

④ UNCTAD, The Protection of National Security in IIAs, UNCTAD/DIAE/IA/2008/5, 2009, p. 7.

扩散和使用、加强阻止国际间冲突的能力、应对气候变化、确保访问共享空间、增加全球健康安全。① 因此，美国国家安全除了传统军事国防外，还包括气候、网络、健康等方面的安全。

联合国贸发会考察了 23 个发达和发展中国家的外资准入制度，发现各国关于国家安全的定义和投资审查程序的相关规定差别巨大。② 各国一般都采用以下两种不同的方式来维护国家安全：一是对某些敏感部门制定特殊投资规则；二是列出一些威胁国家安全的因素，然后通过个案分析的方法，从国家安全定义中排除威胁国家安全的投资交易。③ 从各国相关立法涉及的敏感部门来看，国家安全的范围大致可以分为三种：（1）传统的国家安全，即以与国防有关军事安全为主，例如，美国《分类信息程序法》（Classified Information Procedures Act）规定，本法所称的"国家安全"是指美国的国防和对外关系。④ 美国 2007 年的《外国投资与国家安全法》对"国家安全"没有定义，但其在第 2（5）条阐明，国家安全必须解释为包括与"国土安全"（Homeland Security）相关问题，包括其对关键基础设施的适用。英国和日本也是以国防安全为主。（2）经济安全。在国防安全基础上，还涉及其他国民经济中的敏感产业，例如法国 2005 年第 1739 号法令规定，需要接受安全审查的敏感行业包括博彩业、保险业、生物技术业、解毒药生产部门、交通和拦截装置部门、信息系统安全行业以及国防安全相关部门等。⑤（3）广义的国家安全，不仅包括对国防、经济，还包括对环境、能源、健康、文化等产业的保护。各国在审查方面新近的修订就体现出这个广义概念的趋势。部门列表对于投资者来说相对清晰，且具有可预测性，但反过来也限制了政府的灵活性，因此部门列表涵盖的往往只是那些变化不大且慢

---

① Barack Obama, National Security Strategy, at http：//nssarchive. us/wp – content/uploads/2015/02/2015. pdf, Sep. 20, 2016.

② World Investment Report 2016, United Nations Publication, Sales No. E. 16. II. D. 4, p. 94.

③ Wehrlé, F., J. Pohl, *Investment Policies Related to National Security*：*A Survey of Country Practices*, OECD Publishing, 2016, p. 19.

④ 18 U. S. C. app. 3 §1（b）.

⑤ 林平、李嫣：《外资并购的国家安全审查：概念、国际经验和政策建议》，《产业经济评论》2009 年第 1 期。

的传统国家安全领域。①

（二）"国家安全"的考量因素繁多

宽泛的"国家安全"定义也导致东道国在进行国家安全审查时采用不同的考量范围，可能会考虑拟进行的投资交易对公共安全、社会秩序、媒体的多元化、国家战略利益、外交关系、国家秘密的泄露、领土完整、国家的独立、对公民权利和自由的保护，公共采购以及恐怖主义有关问题的影响。② 分析已建立国家安全审查体系的部分国家，可以发现，各国国家安全审查机关在做出具体审查决定时，主要会考虑下列因素：

1. 国防安全

国防安全是国家安全审查的最核心内容，所有设立国家安全审查制度的国家都规定有对涉及军事国防行业进行审查的内容。比如美国 1988 年通过的"埃克森—弗罗里奥"修正案规定，进行国家安全审查时，需要考虑下面五个因素：（1）满足国防需求的国内生产能力；（2）国内的产业对于国防需求的供应能力与满足能力，包括人力资源、材料、产品、技术，以及其他的供应与服务等；（3）外国人对国内产业与商业活动的控制情况，以及其影响美国满足其国家安全需求的程度；（4）对于向支持恐怖主义、核扩散技术以及生化武器的国家出售军事物资、设备和技术等方面，并购交易能够施加的潜在影响力；（5）并购交易对美国国家安全相关的领先技术的潜在影响。③

2. 产业安全

产业安全是一个国家经济发展的基础，所有的国家都确立了需要保护的重点产业，禁止或限制外国投资者进入某些产业。这里的产业安全只限于基于国家安全考虑而有必要保护的产业，而非庇护一般意义上的应完全由市场调节的幼稚产业在发展过程中免予自由市场竞争。根据 2008 年 11 月美国外国投资委员会颁布的《国家安全审查指南》，以下行业的并购可能威胁美国国家安全，包括能源领域、运输系统、金融系统、关键性基础设施和关键技术。法国 2005 年第 1739 号法令规定了 11 类战略性部门应

---

① Wehrlé, F., J. Pohl, *Investment Policies Related to National Security: A Survey of Country Practices*, OECD Publishing, 2016, p. 20.

② World Investment Report 2016, United Nations Publication, Sales No. E. 16. II. D. 4, p. 95.

③ Subsection（f）of Section 721 of the Defense Production Act of 1950, 50 U. S. C. App. 2170.

接受国家安全审查，2014 年又增加了一些部门。俄罗斯 2008 年《关于对保护国防和国家安全具有战略意义的经济实体进行外国投资的程序法》将 7 大领域中的 42 个行业确定为具有战略意义的行业。[①]

3. 基础设施安全

美国 2007 年《外国投资与国家安全法》又增加了 6 个考量因素，其中包括关键基础设施。关键基础设施，是指那些对美国至关重要的有形或无形的系统（Systems）与资产（Assets），这些系统或资产丧失功能或损毁将削弱美国的国家安全。[②] 每个国家对于关键基础设施的定义都不同，但经合组织调查的大多数国家，比如澳大利亚、加拿大、德国、英国等，[③] 对于关键性基础设施的描述都使用了比较抽象的语言，将关键基础设施定义为有形基础设施，即为经济和社会福利、公共安全以及政府主要职责的运作提供必要的支持。[④] 包括美国在内的很多国家，对于关键基础设施的定义只是一种宽泛的声明，目的是使各国政府能够自由决定哪些资产或部门被指定为关键性的，而不是统一规定某种类型的资产属于或者不属于关键性基础设施，并且这种指定可以根据具体情况而改变。[⑤]

4. 关键技术安全

现代战争是高科技和信息技术的战争，技术对于国防安全的维护具有

---

① 余劲松主编：《国际投资法》，法律出版社 2014 年版，第 154 页。

② Section 2 (a)(6) of Foreign Investment and National Security Act of 2007.

③ 澳大利亚规定关键基础设施包括物理设施、供应链、信息科技和通信网络，这些设施如果被破坏、受损在（未来）长期的一段时间内呈不可使用的状态，将会显著影响到一个国家社会和经济的良好状况，或影响到澳大利亚进行国防和维持社会安定的能力。加拿大规定的关键基础设施包括物理和信息科技设施、网络、服务和资产，这些设施如果被打乱或破坏，将会对健康、安全、安保或经济产生一系列重要影响，或者影响加拿大政府的有效运转。德国规定关键基础设施即那些对于公众主要或重要的组织和设施，一旦故障或受损将会使得供应蒙受短缺，显著打乱社会秩序和引起其他严重的后果。英国认为关键基础设施，是指这些资产、服务对支持经济、政治、社会生活的系统是如此重要，损失可能（1）造成大规模的人身损害；（2）对国家安全产生巨大影响；（3）有其他的重大社会后果；（4）引起政府的突然关注。具体参见 James K. Jackson, Foreign Investment and National Security：Economic Considerations, CRS Report RL34561, 2013, p. 11。

④ James K. Jackson, Foreign Investment and National Security：Economic Considerations, CRS Report RL34561, 2013, p. 10.

⑤ Ibid. .

关键意义。美国 2007 年《外国投资与国家安全法》新增的 6 个因素也包括关键技术。关键技术是指对国防至关重要的关键技术、关键零部件或关键技术项目。① 美国 2008 年《外国人合并、收购和接管规定》进一步列举了关键技术的范围，第 209 条规定，关键技术是指：（1）《国际武器贸易条例》（22 CFR parts 120-130）规定的，《美国军需品清单》（United States Munitions List）中包含的国防装备或服务；（2）为了符合多边机制（例如出于国家安全、生化武器扩散、核不扩散或导弹技术等目的）和出于地区稳定或秘密监听等目的，列入《美国出口管理条例》第 774 节（15 CFR parts 730-774）《商品管制清单》（Commerce Control List）附件一的；（3）《外国原子能活动条例》（10 CFR part 810）所列的核设备、部件、材料、软件和技术，以及《核装备和核材料进出口条例》（10 CFR part 110）中所列的核设施、核装备、核材料；（4）选择剂和毒素条例（7 CFR part 331，9 CFR part 121，and 42 CFR part 73）中规定的选择剂及危险毒素。

5. 投资者的身份

美国 2007 年《外国投资与国家安全法》将"外国政府控制"列为新增的考虑因素中。② 第 2（4）条规定，外国政府控制是指可能导致任何从事美国州际交易的人受到外国政府控制，或受到代表外国政府利益的个人控制。第 4（9）条进一步规定了对受外国政府控制的交易需要额外考察下列因素：（1）该外国是否遵守核不扩散条约；（2）该外国在反恐合作行为中的表现；（3）对军事应用技术转运或转移的潜在可能性。美国 2008 年《外国人合并、收购和接管规定》第 213 条规定，外国政府是指除美国联邦政府、州政府或者它们的分支机构以外的任何政府或者行使政府职能的机构，包括但不限于中央和地方政府以及非经选举产生而成为国家首脑且拥有政府职权的人。澳大利亚 2015 年《外资并购条例》第 17 条对外国政府投资者定义为：（1）一个外国政府或独立的政府实体、（2）一个公司或信托公司受托人、（3）一家普通合伙或有限合伙企业中一个外国政府或单独的政府实体，单独与一个或多个联合，持有大量的利益（至少 20％的股份）；或几个外国政府或外国独立的政府实体，同一个

---

① Section 2（a）（7）of Foreign Investment and National Security Act of 2007.

② Section 2（a）（4）of Foreign Investment and National Security Act of 2007.

或多个联合，持有一个总的重大利益（至少40%股份）。根据最新的2016年《澳大利亚外国投资政策》，澳大利亚要求所有的外国政府及其相关实体的投资，无论新设还是并购，都要向外资审查委员会强制申报。①

6. 实际控制

"控制"的定义也是各国投资立法中的一个重要概念，它既是区分直接投资和间接投资的重点，也是国家安全审查的考量因素。在美国的国家安全审查中，"控制"是一个极其复杂的概念。2007年《外国投资与国家安全法》并没有对其下定义，授权由财政部实施条例予以界定。② 2008年《外国人合并、收购和接管规定》第204条进行了具体规定。③ 由此可见，"控制"的定义内容非常广泛。在实践中，CFIUS往往考虑外资如何潜在地控制出售所有资产或解散实体、批准主要支出、关闭或搬迁设施、任命或解雇管理人员和员工以及如何处理秘密信息。由于美国认定直接投资的要求是控制10%以上的公司股份，因此，CFIUS官员很少正式调查涉及收购不到10%股份的交易。④

（三）安全审查程序中信息需求程度不同

大多数进行国家安全相关FDI审查的受访国家要求投资者在审查过程中的某一时间提供信息。然而，这些信息需求的程度、性质和时间在国家

---

① Australia's Foreign Investment Policy （2016）, at http：//firb. gov. au/files/2015/09/Australias-Foreign-Investment-Policy-2016-2017. pdf, p. 5, Sep. 22, 2017.

② Section 2 of Foreign Investment and National Security Act of 2007.

③ 2008年《外国人合并、收购和接管规定》第204条规定："控制是指一种直接或间接的权力，无论是否行使，通过企业中拥有多数或占支配地位的少数股权、董事会代表、代理投票、特别股份、合同安排、正式或非正式的一致行动或其他方式，直接决定或指导影响企业的重要事项；特别是，但不限于决定、引导、采取、达到或导致下列事项或其他类似可能影响企业的重要事项：（1）出售、租赁、抵押、质押或以其他任何方式转让企业主要的有形或无形资产；（2）企业的重组、合并或解散；（3）企业的关闭、迁址或实质性改变生产、营运或研发设备；（4）企业的重要支出、投资、股票或债券的发行、股利的支付、营业预算的批准；（5）企业新的经营业务或投资的选择；（6）企业重要协议的订立、终止或不履行；（7）企业处置非公开技术、财务或其他专有信息的政策或程序管理；（8）高级管理人员、经理的任命和解雇；（9）涉及敏感技术或美国政府机密信息雇员的任命或解雇；（10）涉及上述1—9款内容的公司章程、设立协议或其他企业组织文件条款的修改。" Regulations Pertaining to Mergers, Acquisitions, and Takeovers by Foreign Persons, 31 C. F. R. Part 800.

④ Paul Rose, Sovereigns as Shareholders, N. C. L. Rev. Vol. 87, 2008.

之间有很大的不同。① 除了关于投资者身份和国籍等基本信息（例如需要公开商业关系、组织结构、与外国政府的关系等）外，许多国家还寻求更多的信息，例如投资公司的财务报表、资金来源、董事会成员名单、一致行动协议、商业计划、未来计划，有时甚至是投资原因。各国外资安全审查时需要提交的材料清单如表 5 所示：

表 5　　　　　　　　　外资安全审查时需要提交的材料清单

	投资者 的身份	交易的 财务信息	与外国政府 的关系	交易的理由、未来的 意图、业务计划
加拿大	√	√	√	√
中国	√	√	√	
芬兰	√			√
法国	√	√		
日本	√	√		√
意大利	√	√		√
韩国				√
墨西哥	√	√		√
缅甸		√		√
波兰	√	√		√
俄罗斯	√	√	√	
英国	√	√		√
美国	√	√	√	

资料来源：贸发会议根据投资政策监测数据库和网络研究，《2016 年世界投资报告》，第 100 页。

（四）各国国家安全审查机制不同

联合国贸发会研究发现，各国采取不同类型的投资监管机制，以保护与外国投资有关的国家安全利益。这些规则包括：（1）完全或部分禁止某些敏感部门的外国投资，比如国防工业存在全部或部分外国所有权限制；限制或禁止外国人在边境地区或其他敏感地点附近购买房地产；空中和海上航行服务和空中交通管制；限制还涉及电力电网和通信、海港或机场管理以及石油和天然气开采活动等。（2）保持敏感部门的国家垄断。

---

① World Investment Report 2016, United Nations Publication, Sales No. E. 16. II. D. 4, p. 99.

国家垄断存在于确保一国内基本公共服务和通信所必需的各部门，例如铁路运输和基础设施维护、陆线通信，石油和天然气运输以及电力和水的输送。（3）对事先划定的部门进行外国投资审查。审查机制侧重于关键基础设施（例如电力、水、气的分配；卫生和教育服务；运输；通信）或特定行业，如国防工业、矿业开采、边境地区的不动产和石油等相关活动。①

一些国家设有两种类型的外国直接投资审查机制，一种是针对特定部门的审查程序（例如在国防工业中），并辅以独立的跨部门审查机制。在后一种情况下，各国可能对所有外资申请实施进入和设立批准程序，或者需要批准符合某些投资金额门槛。② 联合国贸发会对 23 个发达以及发展中国家调查发现，其中 8 个国家已建立跨部门审查机制。③ 其中同时建立特定部门和跨部门审查机制的国家有德国、芬兰、韩国、墨西哥、英国。从外国投资者的角度看，特定部门的投资限制具有清晰和透明的优势。但从政府的角度看，这些方法可能缺乏灵活性。因此，跨部门审查机制以及确定"国家安全"概念的一般标准为各国政府在投资审查过程中提供了更多的自由裁量权。这反过来可能导致投资者对审查的最终结果的不确定性。

三 国家安全审查的国际协调

每个国家基于国家安全相关的理由对外国投资进行审查和限制的方法各不相同。从官方的投资限制条件到复杂的审查程序机制，国家安全广泛的定义和广泛的应用范围，为东道国的国际安全审查提供了广泛的自由裁量权。由于这些差异，外国投资者在类似的经济活动中，在不同国家可能面临完全不同的进入条件。④ 因此，国家安全审查涉及东道国监管权与外国投资者利益平衡问题，也涉及投资自由化和投资保护主义平衡问题。国家安全审查的范围并非越大越好，不受任何约束的国家安全审查必然会对

① World Investment Report 2016, United Nations Publication, Sales No. E. 16. II. D. 4, pp. 97 - 98.

② Ibid., p. 97.

③ 建立跨部门审查机制的国家有：加拿大、德国、芬兰、韩国、墨西哥、缅甸、英国、美国。具体参见 World Investment Report 2016, United Nations Publication, Sales No. E. 16. II. D. 4, p. 98。

④ World Investment Report 2016, United Nations Publication, Sales No. E. 16. II. D. 4, p. 95.

国际投资造成不利影响，因而需要国际社会的共同努力来对其进行一定的限制。

（一）国际条约中的安全例外条款

大量的国际投资条约都承认国家保护基本安全利益的权利，规定成员国可以采取"认为必要的措施来保护基本的安全利益"，并保持公共秩序或保护公共卫生、道德和安全。这种例外已在各种国际协定、无数双边投资条约和自由贸易协定的投资章节中得到承认。[1] 因此国家安全例外作为条约承诺的例外，在条约实践中早已确立，条约义务并不能妨碍国家为了自身重要的安全利益而采取必要措施。[2]

1. WTO

安全例外条款是 WTO 法律体系中非常重要和特殊的条款，即允许成员国以维护国家安全为由，暂时偏离 WTO 有关规范，暂不履行其原先承诺承担的某种义务。《关贸总协定》第 21 条、《服务贸易总协定》第 14 条、《与贸易有关的知识产权协定》第 73 条以及《政府采购协定》第 23 条都属于安全例外条款，条款内容也大同小异，只不过针对的领域不同。[3] 从 WTO 相关条文表述，可以看出 WTO 安全例外条款所指的国家安全，主要指军事安全或国防安全，即传统的国家安全，所以适用范围相对较小。但第 2 款（iii）项规定"国际关系中的其他紧急情况下采取的行动"也属于国家安全例外，则该条款的内容具有一定的争议性。除了战争冲突以外，还有哪些情况属于国际关系中的紧急情况？缺乏客观标准，仁者见仁。

2. NAFTA

NAFTA 第 21 章一般例外第 2102 条规定了国家安全例外，例外条款

---

① James K. Jackson, Foreign Investment and National Security: Economic Considerations, CRS Report RL34561, 2013, p. 7.

② International Investment Perspectives: Freedom of Investment in a Changing World, 207 Edition, Organization for Economic Cooperation and Development, 2007, p. 105.

③ 《服务贸易总协定》第 14 条之二"安全例外"规定："本协定的任何规定不得解释为：（a）要求任何成员提供其认为如披露则会违背其根本安全利益的任何信息；或（b）阻止任何成员采取其认为对保护其根本安全利益所必需的任何行动：（i）与直接或间接为军事机关提供给养的服务有关的行动；（ii）与裂变和聚变物质或衍生此类物质的物质有关的行动，（iii）在战时或国际关系中的其他紧急情况下采取的行动；或（c）阻止任何成员为履行其在《联合国宪章》项下的维护国际和平与安全的义务而采取的任何行动。"

适用于整个协议，包括投资章节。"根据第 607 条（国家能源安全措施）和第 1018 条（政府采购例外），本协议中的任何内容不得解释为：

（a）要求任何缔约方提供或允许查阅如披露则会违背其根本安全利益的任何信息；

（b）防止任何缔约方采取其认为对保护其基本安全利益所必需的任何行动：

（i）为供应军事或其他国防机构，对武器、弹药和战争工具的运输以及其他货物、材料、服务和技术的直接或间接的运输和交易，

（ii）在战时或国际关系中的其他紧急情况下，或

（iii）关于执行不扩散核武器或其他核爆炸装置的国家政策或国际协定；

（c）阻止任何缔约国根据《联合国宪章》为维持国际和平与安全所承担的义务采取行动。"

与 WTO 相关规定一样，这些国家安全条款有一个明确的自我评价特征，即"其认为对保护其基本安全利益所必需"，所以虽然从条文主要内容看，限于传统的国防军事安全，但"国际关系中的其他紧急情况"的表述，仍导致条文含义模糊、抽象。

3. TPP

TPP 中关于安全例外规定得更加简单，TPP 第 29.2 条安全例外只规定了两种情形，第一种情形同上述 NAFTA，不得解释为要求任何缔约方提供或允许查阅如披露则会违背其根本安全利益的任何信息。第二种情形规定不得解释为"阻止一缔约方采取它认为对维持或恢复国际和平或安全或保护其本身的基本安全利益履行其义务所必需的措施"。由此可见，由于国家安全定义的不明确，导致各国在具体适用国际条约安全例外时可能进行扩大化解释，这也是当今国际投资的一个趋势，反映了新的投资保护主义的兴起。

（二）OECD 关于投资政策建议

第二次世界大战以来，美国在国际舞台上一直倡导减少东道国对国际投资的限制，但在涉及保护国家基本的安全利益方面，却是个例外。2001年的"9·11"恐怖主义事件以及具有政府背景的投资者和以大量石油美元为代表的主权财富基金的纷纷涌现，使得许多国家开始重新衡量国家安全利益和吸引外资之间的关系，在可能危及国家基本安全的领域设置更多

的限制性条件。这些限制行为引起了将追求投资自由化作为核心价值的经合组织（OECD）的关注。经合组织于 2006 年 6 月成立了"投资自由，国家安全和战略工业"项目。2009 年 5 月 25 日，OECD 发布了《关于东道国国家安全相关投资政策的指南》（Guidelines for Recipient Country Investment Policies Relating to National Security）的建议报告，建议各国政府在国家安全审查立法时，应遵循非歧视性原则、政策透明度和成果的可预测性原则、措施的相称性原则和执行当局的问责制原则，并将四项原则的 14 项具体内容作为建议书的附件列在本书所附的准则中。①

2016 年 2 月，OECD 又发布一份《国家安全相关投资政策国别调查报告》（Investment Policies Related to National Security：A Survey of Country Practices），② 特别选取调查了 17 个国家，包括发达国家和发展中国家的国家安全相关政策。③ 这份调查报告在第一部分分析比较了各国的投资政策，然后在第二部分调查了各国对于 2009 年《关于东道国国家安全相关投资政策的指南》的实施情况，是否达到投资政策的公开、透明和可预见性。

（三）国际仲裁机构对"安全例外"条款的解释

如前所述，虽然很多国际投资条约中都对安全例外条款进行了解释，但这些安全例外条款有一个明确的自我评价特征，即"其认为对保护其基本安全利益所必需"，所以虽然从条文主要内容看，限于传统的国防军事安全，但由于"国际关系中的其他紧急情况"这样的表述，缺乏明确统一的解释，导致实践中东道国随意扩大适用安全例外条款，从而引起投资争议，这需要国际仲裁庭在具体案件的审理过程中对相关条款予以进一步解释。

《2016 年世界投资报告》指出，在审查侧重于保护国家利益的情况下，已经很难区分东道国究竟是基于国家安全的决定还是基于更广泛的经

---

① OECD, Guidelines for Recipient Country Investment Policies Relating to National Security, 2009, at http：//www. oecd. org/investment/investment-policy/43384486. pdf, Sep. 25, 2017.

② Wehrlé, F., J. Pohl, *Investment Policies Related to National Security：A Survey of Country Practices*, OECD Publishing, 2016, at http：//dx. doi. org/10. 1787/5jlwrrf038nx-en, Sep. 20, 2016.

③ 这 17 个国家是：阿根廷、澳大利亚、奥地利、加拿大、中国、芬兰、法国、德国、意大利、日本、韩国、立陶宛、墨西哥、新西兰、俄罗斯联邦、英国和美国。

济考虑的决定。① 国际投资仲裁法庭审查了至少 16 个国家安全相关投资案件。在所有已知的国际投资仲裁案件中，超过三分之一（277 宗）涉及影响国家利益的行业投资，包括关键基础设施和战略经济产业（矿产开采、石油和天然气勘探、能源生产和输送、供水）。在国家安全相关案件中，被告国以国家安全为由对投资者采取措施（即通过立法行为征收投资，取消执照或国家合同，或进行警察调查）。其中有 10 宗案件涉及美国、法国和英国的投资者针对 2001—2002 年金融危机期间阿根廷政府在天然气、卫生和保险行业采取的措施而要求索赔。在所有这些情况下，争端的核心问题是阿根廷在严重经济危机时期采取的紧急措施是否属于双边投资条约中国家安全例外的范围，或者是否可以由国际习惯法进行必要性辩护。在三个案件中，ICISD 仲裁庭认为，政府的措施在一段时间内是正当的，因此阿根廷不需要对外国投资者在此期间遭受的损失负责。在其他七个案件中，仲裁庭不接受阿根廷的辩护，并认为它应负赔偿责任。② 在 LG&E 案中，仲裁庭认为根本安全利益不仅限于传统安全利益，还包括经济、金融或其他与保护国家的内部或外部情况不受损害有关的其他利益，并强调应基于特定的案情决定根本利益。③ 仲裁庭还采用比例性要求来判断相关措施实施的必要性，即采取的措施和保护国家根本利益之间是否具有必要性。④

第三节　各国外资准入审批制度的立法

一　加拿大外资审批制度

（一）相关立法

根据加拿大创新、科学和经济发展部（原加拿大工业部）网站信息，目前加拿大实施的外资法是 1985 年 6 月生效的《加拿大投资法》（ICA），

① World Investment Report 2016, United Nations Publication, Sales No. E. 16. II. D. 4, p. 97.

② Ibid. .

③ LG&E Energy Corp. v. Argentine Republic, ICSID Case No. Arb/02/1, Decision on Liability, Oct. 3, 2006, para. 251-252.

④ 关于国家根本利益审查比例性要求，具体参见李群《外资并购国家安全审查法律制度研究》，博士学位论文，西南政法大学，2012 年。

要求外国投资者在加拿大进行新设投资或外资并购时，必须提交通知或审查申请。ICA 建立了"净利益"（Net Benefit）评估标准，先后又经历了多次修订，其中近十年分别于 2007 年、2009 年、2013 年、2015 年四次修订。① 2009 年加拿大颁布了《加拿大投资条例》，规定了外国投资者根据 ICA 规定需要提交的信息、提交方式并提供与此相关的某些定义。② 同年，还颁布了《国家安全审查投资条例》，条例规定了创新、科学和经济发展部和/或总督理事会（GIC）必须启动国家安全审查实施审查，以及在审查之后对所审查的投资采取措施以保护国家安全的各种时间限制。

（二）审查机构和权限

目前，加拿大外资审查主要由创新、科学和经济发展部部长和遗产部部长主持，分别下设投资审查司和文化产业投资审查办公室具体负责审查。创新、科学和经济发展部部长在做出最终审查决定前，可以与省级地方政府、国家竞争局或其他部门进行协商。③ 在涉及国家安全的情况下，总督理事会可以在与公共安全和应急准备部长协商后，拒绝威胁国家安全的投资。④ 当交易涉及加拿大的文化遗产时，加拿大遗产部部长将对投资进行审查。部长们可以拒绝外国投资或要求外国投资者承诺保证交易对加拿大有益。已使用过的承诺包括任命加拿大人担任董事会的独立董事、聘用加拿大人担任高级管理职位、加拿大境内设立公司、收购公司或加拿大企业的股份在加拿大证券交易所上市等。⑤

---

① 加拿大在 2012 年 6 月修订了 ICA，只要披露不会伤害加拿大企业或投资者，允许创新、科学和经济发展部长（原加拿大工业部）公开披露投资申请不能满足净利益测试的原因。另一项修正案允许工业部长在法院认定投资者违反其 ICA 承诺时接受投资者的付款安全。加拿大还提出了一些准则，当创新、科学和经济发展部长认为非加拿大投资者未能遵守书面承诺时，外国投资者可以选择正式调解程序来解决争端。

② 加拿大投资法及其相关法规，参见加拿大创新、科学和经济发展部网站（原加拿大工业部），http：//www.ic.gc.ca/eic/site/ica-lic.nsf/eng/h_ lk00012.html，Sep.26，2016。

③ Sec.36.3（1）of ICA.

④ Sec.25.3（1）of ICA，另外《国家安全审查投资条例》第 7 条 "调查机构"，列举了 20 个法定调查机构，几乎囊括了加拿大联邦的全部部门以及地方的治安机构。具体机构名称，参见 National Security Review of Investments Regulations，http：//laws－lois.justice.gc.ca/eng/regulations/SOR－2009－271/page－1.html#h－3，Sep.26，2016。

⑤ Debra Steger，State Capitalism：Do We Need Controls?，Canada－Asia Comm.，Vol.50，2008.

（三）审查制度

并非所有的外国投资都需要接受审查，ICA 规定了两种外资准入申请方式：通知备案和申请审查。对于绝大多数小型收购和新设投资，外国投资者只需要通知加拿大政府它们的投资。只有不到 10% 的外国收购受 ICA 审查。[①] 以 2015—2016 财政年度为例，加拿大政府共批准了 15 个审查申请和 626 个备案通知（不涉及文化产业），其中 626 个通知备案中，128 个为新设投资。[②] ICA 第三部分规定了通知备案程序，其中第 11 条规定"根据本部分内容，非加拿大人的以下投资须通知：（a）新设加拿大企业的投资；（b）以第 28（1）条所述的任何方式收购控制加拿大企业的投资，除非该投资根据第 14 条需进行审查。"接着，ICA 在第四部分规定了申请审查程序，其中第 14 条规定了需要接受审查的投资情形。由此可见，一般来说，通知备案和申请审查相互独立，对于一项新设投资，通常只需要通知备案即可，除非涉及《加拿大投资条例》附录 4 的文化产业时，才可能应总督要求进行审查。而对于并购交易，ICA 第 14 条中规定的并购的方式、交易资产价值、外国投资者身份等都是区分是否需要申请审查的重要标准。

就需要申请审查的投资而言，加拿大又有三个独立的外资审查制度："净利益"审查、国家安全审查以及文化审查。其中，"净利益"审查还包含了对国有企业投资的特殊审查要求。

1. "净利益"审查

ICA 规定审查外国投资者的大型收购，并要求这些投资对加拿大具有"净利益"。根据最新 2016 年 2 月更新的 ICA《投资审查门槛》（Thresholds for Review），对于来自世贸组织成员国的外国投资者（国有企业除外），2016 年 ICA 审查的投资门槛为 6 亿加元，2017 年 4 月 24 日生效的新规定将实施经修订的审查门槛，并将审查门槛增加至 8 亿加元，并最终在 2019 年达到 10 亿加元。此外，安全审查过程的时间将从 130 天增加到 200 天。对于非 WTO 成员国，直接控制的最低限额为 500 万美元，

---

① Investment Climate Statements for 2016, Canada, at http：//www. state. gov/e/eb/rls/othr/ics/investmentclimatestatements/index. htm？year = 2016&dlid = 254543#wrapper, Sep. 27, 2017.

② Annual Report 2015 - 16, at http：//www. ic. gc. ca/eic/site/ica - lic. nsf/eng/h ＿ lk 81188. html, Sep. 26, 2016.

间接控制收购的最低限额为 5000 万美元。①

如果符合上述投资审查门槛，外国投资者必须证明其投资对加拿大有"净利益"。ICA 第 20 条规定了审查时需要考虑的相关因素有：（1）投资对加拿大经济活动水平和性质的影响，比如就业、原材料加工、对加拿大生产的零部件和服务的利用以及对出口的影响；（2）在加拿大企业以及加拿大所有行业中，加拿大人参与的程度和重要性；（3）投资对加拿大的生产力、工业效率、技术开发、产品创新和产品种类的影响；（4）投资对加拿大类似行业竞争的影响；（5）投资与国家产业、经济和文化政策的兼容性；（6）投资对加拿大在世界市场上竞争力的贡献。审查机构将综合考虑上述每个因素，它们被认为是一个整体，根据实际投资情况，在不同的情形下，衡量的权重可能有所不同。②

2007 年加拿大对 ICA 实施修订，增加了国有企业投资特定指南，确保国有企业在商业基础上运行。③ 这些指南要求部长在审查国有企业净利益时考虑三个附加标准：④ 外国政府的控制性质和程度、公司治理、经营和报告做法，以及被并购后的企业是否将保留以商业基础经营的能力，特别是国有企业在商业活动中选择在哪里生产和出口。⑤ 为了确保国有企业受到额外审查，外国投资者申请人必须披露是否拥有以及或直接或间接由国家控制。⑥

加拿大在 2012 年 12 月宣布了新的国有企业特定指南，在下列六个方面对 ICA 进行了修改：第一，扩大"国有企业"的定义，包括一个受外

---

① Thresholds for Review, at http：//www. ic. gc. ca/eic/site/ica-lic. nsf/eng/h_ lk00050. html, Sep. 26, 2016.

② Mark Klaver and Michael Trebilcock, Chinese Investment in the United States and Canada, *Canadian Business Law Journal*, Vol. 54, 2013.

③ Larry Cata Backer, Sovereign Investing in Times of Crisis：Global Regulation of Sovereign Wealth Funds, State Owned Enterprises and the Chinese Experience, *Transnat'l L. & Contemp. Probs.*, Vol. 19, 2010.

④ Debra Steger, State Capitalism：Do We Need Controls?, *Canada-Asia Comm.*, Vol. 50, 2008.

⑤ Larry Cata Backer, Sovereign Investing in Times of Crisis：Global Regulation of Sovereign Wealth Funds, State Owned Enterprises and the Chinese Experience, *Transnat'l L. & Contemp. Probs.*, Vol. 19, 2010.

⑥ Schedule I of Investment Canada Regulations.

国政府"直接或间接"影响的实体，而不仅仅是由外国政府拥有或控制的企业。① 第二，部长有权认定一个投资者是外国国有企业，如果它事实上由国有企业控制，即使它根据 ICA 相关规定是加拿大企业。第三，部长有权审查外国国有企业少数股权投资。以前如果外国投资少于加拿大企业总股权的三分之一，即使该实体的账面价值超过审查门槛，该外国投资也不受审查，新的规则使得部长有权审查和禁止该投资，如果他或她认为该实体实际上由国有企业控制。第四，未来国有企业收购控制加拿大油砂业务的投标将仅在"例外"的情况下批准。② 国有企业在油砂，例如合资企业中的非控制性投资仍然受欢迎。第五，国有企业收购控制有一个单独的审查门槛，世贸组织成员国的国有企业投资超过 3.75 亿美元，需要接受审查。③ 第六，新规则赋予部长灵活性，可以延长国家安全审查的时限。

总之，目前根据 ICA 第 38 节授权制定的《国有企业投资净利益审查指南》（Guidelines—Investment by State-Owned Enterprises—Net Benefit Assessment），除了考虑 ICA 第 20 条相关因素外，还需要对国有企业投资特别附加下列因素：出口地、经营地、公司运营中加拿大人的参与程度、投资对加拿大生产率和工业效率的影响、是否支持加拿大正在进行的创新和研发、为保持加拿大企业在全球竞争地位而适当的资本支出水平等。另外，指南还允许投资者承诺以促进审批通过，比如任命加拿大人为董事会的独立董事或高级管理职位、在加拿大成立公司以及收购公司或加拿大企业的股份在加拿大证券交易所上市等。④

2. 国家安全审查

ICA 第 4 部分规定了"危及国家安全的投资"条款（Investments Injurious to National Security）。该条款于 2009 年 3 月 12 日开始生效。ICA 没有定义"国家安全"，审查机构有广泛的自由裁量权来审查。ICA 第 25 节第 2（1）条规定，只要创新、科学和经济发展部部长有理由相信（has reasonable grounds to believe）投资可能对国家安全造成损害，就可以在规定

---

① Sec. 3 of ICA.

② Foreign investment in Canada: Thus Far but No Further, The Economist, December 15, 2012.

③ hresholds for Review, at http://www.ic.gc.ca/eic/site/ica-lic.nsf/eng/h_lk00050.html, Sep. 26, 2017.

④ Guidelines—Investment by state-owned enterprises—Net benefit assessment, at http://www.ic.gc.ca/eic/site/ica-lic.nsf/eng/lk00064.html#p2, Sep. 26, 2017.

时间内通知外国投资者要进行国家安全审查。ICA 第 25 节第 3 条规定，如果创新、科学和经济发展部部长在与公共安全和应急准备部长磋商后认为投资可能对国家安全造成损害的，或者不确定投资是否会对国家安全造成损害的，应将相关建议和信息报告提交总督理事会（Governor in Council），总督理事会根据创新、科学和经济发展部部长的建议在规定的期限内作出审查投资的命令。① 创新、科学和经济发展部部长如果根据现有信息，认为投资不会对国家安全造成损害的，则通知外国投资者不会有进一步审查。② 总督理事会可以采取下列措施保护国家安全：（a）拒绝外国投资；（b）授权投资，条件是外国投资者（i）作出经总督理事会认可的投资书面承诺，或（ii）履行总督理事会命令中包含的条款和条件；（c）要求外国投资者放弃控制加拿大企业或其在实体中的投资。③ ICA 没有规定具体审查条件和要求，投资者可能被要求提供任何被认为与审查有关的信息，国家安全审查也没有投资金额门槛，它可以适用于任何规模的投资。2015 年，加拿大修订了《国家安全审查投资法规》，为政府提供了延长审查可能损害国家安全的投资的时间的灵活性。④

至 2017 年 3 月 31 日，总督理事会下令总共进行了 13 次国家安全审查，按年份分列如下：

2012—2013 年	2013—2014 年	2014—2015 年	2015—2016 年	2016—2017 年
2	1	4	1	5

审查的结果是：三起投资申请被拒绝，两起投资申请中外国投资者放弃控制权，两起投资申请被批准，但附加将确定的国家安全风险减少到允许投资进行程度的投资条件，一项投资申请在作出最终裁决之前撤回。⑤

3. 文化审查

ICA 第 15 节规定，如果交易涉及加拿大的文化遗产或国家身份，则

---

① Sec. 25. 3（1）of ICA.

② Sec. 25. 3（6）of ICA.

③ Sec. 25. 4 of ICA.

④ Sec. 4 & Sec. 6 of National Security Review of Investments Regulations.

⑤ Annual Report 2016 - 17, at https：//www. ic. gc. ca/eic/site/ica - lic. nsf/eng/h _ lk81126. html#p4. 3. Sep. 26，2017.

可能应总督理事会的要求进行审查。ICA 没有界定"文化遗产或国家身份"。但 ICA 第 14 节第 1 条第 6 款"定义"中指出，文化企业是指（a）出版、分销或销售印刷品、书籍、期刊或报纸；制作、分销、销售或展示（b）电影或录像；（c）音频或视频音乐录音；（d）以印刷品或机读形式出版、分销或出售音乐；（e）拟供公众直接接收的，任何无线电、电视及有线电视广播事业及任何卫星节目及广播网络服务。《加拿大投资条例》附录 4 也有类似的表述。ICA 没有规定文化审查具体审查条件和要求，"净利益"审查的投资金额门槛也不适用。[1]

二　美国国家安全审查制度

与加拿大不同，美国没有对一般外资的审批制度，在外资准入领域实行内外平等的国民待遇，也就是说对外资设立适用和内资一样的程序和标准。但美国在特殊审查领域，设有专门针对外资并购的国家安全审查。

（一）相关立法

美国现行的外资法主要包括：1950 年《国防生产法》、1988 年通过的关于《1950 年国防生产法》第 721 节的《埃克森—弗罗里奥修正案》、2007 年《外国投资与国家安全法》（FINSA）及其实施细则——2008 年《外国人合并、收购和接管规定》。

（二）审查机构和权限

1. 总统

根据《修正案》的规定，对于一项外资并购交易，如果总统认为有充分证据表明享有控制权的外国实体可能采取威胁国家安全的措施，且除美国《1977 年国际紧急经济权力法》外其他法律规定不能保证提供充分、适当的权限保护美国国家安全，那么总统有权延迟或禁止该项威胁国家安全的外资并购。[2]

2. 美国外国投资委员会（CFIUS）

根据 2008 年布什总统签署的第 13456 号行政命令，目前美国外国投资委员会作为跨部门机构，由财政部主导，包括国务部、财政部、国防部、司法部、商务部、能源部、国土安全部、劳工部、国家情报局以及白

---

[1]　Sec. 14. 1（5）of ICA.

[2]　Section 6 of Foreign Investment and National Security Act of 2007.

官下设的两个办公室：美国贸易代表和科技政策办公室。其中劳工部、国家情报局并无表决权。① CFIUS 只审查外资入境兼并收购现有美国企业的投资，并不审查新设投资。② CFIUS 可以要求外国投资者签署缓解协议，或附加特定的条件以降低并购交易对国家安全可能造成的威胁。③

3. 国会

国会负责对美国外国投资委员会的监督，CFIUS 须向国会提交审查决定报告、上一年度涉及的所有审查和调查的并购交易年度报告、研究报告、财政部监察长的调查报告。④

（三）审查制度

1. 审查程序

美国外资审查程序有三个主要步骤。第一，CFIUS 在收到通知后 30 天内对投资进行初步审核。如果不需要进一步调查批准，CFIUS 必须向国会描述交易，解释作出决定所考量的因素，并证明该项交易不会涉及国家安全问题。⑤ 第二，如果交易需要额外审查，CFIUS 将在 45 天内进行调查。⑥ 如果 CFIUS 批准投资，它必须通知国会。第三，在 CFIUS 无法形成意见的情况下，CFIUS 需向总统报告相关情况，由总统作出最后决策。⑦

2. 审查标准

美国 1988 年通过的《埃克森—弗罗里奥修正案》在规定国家安全审查时，设置了 5 个考量因素，2007 年《外国投资与国家安全法》又增加了 6 个考量因素，包括关键基础设施、关键技术、外国政府控制、能源和重要资源的长远需求以及总统或外国投资委员会认为需要考虑的其他因素。⑧ 上述新增加的因素扩大了美国国家安全审查的范围，将审查范围扩大到了经济安全的范围，而且最后一个兜底条款，更是赋予了总统和外国

---

① Section 3 (2) of Foreign Investment and National Security Act of 2007.

② 50 U. S. C. app. § 2170 (a) (3), see also 31 C. F. R. § 800. 207.

③ Section 5 (1) of Foreign Investment and National Security Act of 2007.

④ Section 7 of Foreign Investment and National Security Act of 2007.

⑤ Section 2 (1) of Foreign Investment and National Security Act of 2007.

⑥ Section 2 (2) of Foreign Investment and National Security Act of 2007.

⑦ Regulations Pertaining to Mergers, Acquisitions, and Takeovers by Foreign Persons, 31 C. F. R. Part 800. 504.

⑧ Subsection (f) of Section 721 of the Defense Production Act of 1950, 50 U. S. C. App. 2170.

投资委员会立足于个案的自由裁量权，而不限于具体明确的前 10 项因素。由于在前文的"国家安全"考量因素中已经对重点进行了具体解释分析，因此不再赘述。

三 印度外资审批制度

印度对外资设置了两种审批渠道，自动批准渠道和政府审批渠道，并将投资比例与审批渠道挂钩。① 但印度没有专门的国家安全审查立法也没有专门的审查机构。②

（一）相关立法

印度外资法的渊源有两个：一个是 2000 年生效的《外汇管理法》，另一个是政府的政策。《外汇管理法》具有广泛管理外汇市场，赋予政府限制外资进入的权限。同时，印度外资政策主要是通过各个政府部门发布一系列新闻公告（Press Notes）。③ 印度政府近几年开始编制《直接投资政策汇编》（Consolidated FDI Policy），由隶属于工商部的产业政策和促进部（DIPP）颁布。该政策汇编每年更新一次，规定了投资的条件、投资主管机关、投资的领域等。

（二）审查机构和权限

1. 多部门审核设置

外资促进委员会（FIPB）曾经是政府审批渠道下的具体审批机关，隶属于财政部。④ 2017 年 5 月 24 日，印度内阁批准撤销 FIPB，将涉及仍需要政府审批的 17 个项目的投资直接提交相关的 12 个部门进行审批。⑤ 但 50 亿卢比以上的投资项目，FIPB 需要再提交经济事务内阁委员会

---

① Sec 3. 4of Consolidated FDI Policy 2017, at http：//dipp. nic. in/sites/default/files/CFPC_ 2017_ FINAL_ RELEASED_ 28. 8. 17_ 1. pdf, Sep. 24, 2017.

② 2008 年，印度国家安全委员会曾提议制定《国家安全例外法》 （National Security Exception Act），仿照美国建立国家安全审查制度，但遭到商务部和财政部抵制，最终废弃。United States Government Accountability Office, Foreign Investment：Laws and Policies Regulating Foreign Investment in 10 Countries, 2008, pp. 71-72, at www. gao. gov, July 24, 2017.

③ United States Government Accountability Office, Foreign Investment：Laws and Policies Regulating Foreign Investment in 10 Countries, 2008, p. 66, at www. gao. gov, July 24, 2017.

④ Sec 4. 1. 1 of Consolidated FDI Policy 2016.

⑤ Sec 4. 1. 1 of Consolidated FDI Policy 2017.

（CCEA）审议。① 同时，在上述政府审批部分发生变化时，相关投资项目也提交 CCEA 审议。② 隶属于工商部的产业政策和促进部（DIPP），是投资促进机构，负责制定外国投资政策和吸引外资。它们会帮助外国投资者直接与相关政府部门交流，对于是否属于政府审批项目或不清楚向哪个部门申请，都可以先行咨询 DIPP，从而解决投资者在投资项目申请过程中遇到的问题。③

2. 印度储备银行（Reserve Bank of India，RBI）

印度储备银行是自动批准渠道的主管机关，也是印度的中央银行。印度储备银行中的外汇部具体负责对外资进行管理，自动批准渠道下的所有外国投资都要向其申报。

（三）审批制度

1. 政府审批

印度的政府审批是逐案审批，没有统一和明确的规则，审批时主要考虑的因素是项目的投资额、锁定期及项目是否符合各个部门的产业政策。④ 除了外商投资的准入条件外，投资者还需要遵循相关部门的法律、规章、安全要求以及地方法律法规。2017 年共有 17 个部门或活动需要政府审批，包括采矿、国防、出版印刷业、航空运输业、电信服务业、制药业、金融业、广播电视等。⑤

2. 自动批准

自动批准渠道的项目和政府审批渠道的项目是相互独立的。政府审批渠道下的外国投资经过批准后，不再需要向印度储备银行履行自动批准渠道下的两个报告义务。而实施自动审批渠道的外国投资者在印度直接投资，需要履行两个报告义务，一是在收到外汇后的 30 天内向印度储备银行报告汇款金额，二是在股份转让后的 30 日内向印度储备银行登记。⑥ 申请人只要填报指定的表格，即可自动获得项目的批准。

---

① Sec 4. 1. 5 of Consolidated FDI Policy 2017.

② Sec 4. 1. 6 of Consolidated FDI Policy 2017.

③ Sec 4. 1. 2 & Sec 4. 1. 3 of Consolidated FDI Policy 2017.

④ Sec 4. 1. 3 of Consolidated FDI Policy 2017.

⑤ Sec 4. 1. 1 of Consolidated FDI Policy 2017.

⑥ 王宏军：《印度外资准入制度研究——兼论外资法的构建》，法律出版社 2013 年版，第 107 页。

四　墨西哥外资审批制度

（一）相关立法

1993 年颁布的，2014 年最后一次修订的《外商投资法》是墨西哥在外资管理方面的主要法律。该法规定了允许外资进入的领域和进入的程度。为了与 NAFTA 保持一致，该法规定了国民待遇原则，大约95%的外国投资不需要政府审批。[①]

（二）审批机构和权限

全国外商投资委员会，是由经济部下设的机构联合委员会，由各个联邦部门和机构组成，包括内务部、财政部、社会发展部、环境和自然资源部、能源部、通信和运输部。[②] 委员会负责对需要事先批准的投资项目进行审批。

（三）审批制度

墨西哥通过两种方式限制外资准入，一种是直接限制在某些产业的外资股比。《外国投资法》规定有些行业是国家控股，有些行业只能给本国公民或特别规定的外国公司经营，有些行业限制外国人投资比例。[③] 二是外国投资者在某些领域投资需要经过事先批准，比如在教育、建筑、铁路运营等产业，外资股比高于49%以上的，或者外资并购现有墨西哥公司49%以上股份的。需要事先审批的情形包括下列两种：

（1）当外国投资者希望投资教育、港口服务、从事海上交通的船运公司、建筑和经营铁路、民用航空特许经营公司等产业和服务的比例高于49%。[④]

（2）希望直接或间接投资其他非限制领域的产业，当获得墨西哥公司股本中的大部分股权，且公司在收购日的资产的总价值超过由委员会每

---

① Investment climate statements for 2016, Mexico, at http：//www. state. gov/e/eb/rls/othr/ics/investmentclimatestatements/index. htm？year＝2016&dlid＝254543#wrapper, Sep. 30, 2017.

② Wehrlé, F. , J. Pohl, *Investment Policies Related to National Security*：*A Survey of Country Practices*, OECD Publishing, 2016, p. 66.

③ 墨西哥《外商投资法》第 7 条规定了外资最高可参与 10%、25%、49%的行业。墨西哥《外商投资法》，详见 http：//sre. gob. mx/component/phocadownload/category/2－marco－normativo？download＝8：ley-de-inversion-extranjera, Sep. 30, 2017。

④ Article 8 of the Foreign Investment Law.

年确定的一定金额时。① 在 2014 年，这个投资审查门槛约为 2.62 亿美元。

投资者在投资之前必须完成必要的申请，未能履行申请程序可能会导致行政罚款和/或其他制裁。需要提交的申请信息包括投资项目、投资者的姓名、住址、财产信息等。此外，经济部长可以声明未经审批的投资无效。② 机构联合委员会有 45 个工作日作出决定，否则投资将自动被视为批准。③ 一般情况下，投资会被批准，除非投资存在国家安全风险。但《外国投资法》第 30 条没有定义国家安全的概念，也没有公布指导方针或法定标准来确定国家安全是什么，审查机构在这方面具有自由裁量权。委员会可以拒绝批准投资，也可以要求投资者承诺某些条件后批准。④ 如果交易被拒绝，投资者可以到联邦法院起诉。⑤

五 对各国外资准入审批制度的比较及评价

各国目前采用的投资审查模式大致有三种：一是限制或禁止特定领域内的外国投资；二是政府部门对所有符合法定标准的投资进行事项审查；三是个案审查，对于那些可能存在隐患的交易进行审查。许多国家采用了两种以上的审查模式。依据 OECD 2016 年《国家安全相关投资政策国别调查报告》，一些国家的审查范围较小，仅限于国家安全领域，如阿根廷、巴西、智利、丹麦、德国、立陶宛、以色列、挪威、西班牙、土耳其和英国。⑥ 而中国、法国、意大利、立陶宛和俄罗斯联邦审查的范围较广，既实施一般审查也实施国家安全审查，许多国家都为一般审查设立了一个由多部门组成的审查委员会，有些国家则是对所有经济部门都需要进行投资审批，包括澳大利亚、新西兰和奥地利。因此，这些国家存在大量的跨部门审批，于是这些国家就对审批设置了一定的标准，比如奥地利和澳大利亚只审查对目标企业造成特定利益的交易，澳大利亚还设置了一个

---

① Article 9 of the Foreign Investment Law.

② Title Eight (Penalties) of the Foreign Investment Law.

③ Article 28 of the Foreign Investment Law.

④ Article 26 Para. II of the Foreign Investment Law.

⑤ Wehrlé, F., J. Pohl, *Investment Policies Related to National Security: A Survey of Country Practices*, OECD Publishing, 2016, p. 67.

⑥ Ibid., p. 15.

投资金额审查门槛，对超过特定金额的投资进行审查。①

综观各国的外资立法，各国外资准入审批相关制度有以下几个特点：首先，所有国家都不同程度地对外国投资者的投资活动予以限制，这构成了对外资实质性审查的核心内容。即使是美国等主要发达国家也对外国投资的领域、股权比例、经营活动等依法加以限制。其次，发展中国家和发达国家的外资审批制度具有不同的立法趋向。发达国家作为主要资本输出国，同时由于其本国经济实力雄厚、技术水平较高，对外资通常采用比较开放的态度，限制性规定较少，往往仅对特定的行业或活动或基于对本地股权比例进行选择性审查。而发展中国家一方面急需吸引外资，因而对外资的优惠措施较多；另一方面又害怕外资对本国经济的渗透和控制，对外资持比较谨慎的态度，限制性规定较多，甚至采取严格审批制度。最后，在国际投资自由化的趋势下，各国外资审批体现出一种趋同现象。随着国际直接投资的法律问题已越来越频繁地被纳入各种国际多边或双边投资协定中，对外资准入有限制作用的外资审批制度可能受到一些挑战，越来越多地受到双边或多边规则的约束。为了适应新的国际投资趋势，各国的一般外资审批条件逐步放宽，禁止或限制外资进入的领域逐步减少，审批程序逐步简化，更多采用如国家安全审查等特别审批制度，特别是在"国家安全"定义不清的情况下，可以援引国际条约例外条款，同时进行个案评价，将可能不利的外国投资拒之门外，防患于未然。

① Wehrlé, F., J. Pohl, *Investment Policies Related to National Security: A Survey of Country Practices*, OECD Publishing, 2016, p. 15.

第六章

我国外资准入相关问题研究

美国退出 TPP、对 NAFTA 进行重新审查以及英国退出欧盟等事实反映了当今发达国家开始从推行经济全球化转向国家保护主义的逆全球化趋势。在这样的国际新形势下，我国在进一步推行自由透明的外资准入制度、积极吸引外资的前提下，也要注意不断挑战相应法律法规和相关政策，创设出适合自己发展道路的新一代投资制度。前面四章对主要外资准入制度三个方面，即投资的范围、投资的条件和程序方面的法律制度进行了详细阐述并介绍部分国家的相关立法，本部分首先提出在逆全球化投资趋势的影响下，中国在国内投资法和国际多边投资协定上的努力方向，其次介绍我国外资准入立法历程，最后拟就通过比较借鉴部分国家的外资准入立法和国际投资协定的相关规定，对我国外资准入在负面清单、履行要求和审批制度三个方面存在的问题进行全面梳理，并对相关法律提出具体改进建议。

第一节　国际新形势对我国外资准入立法的影响

一　投资的逆全球化趋势

根据《2017 年世界投资报告》的统计，自 2015 以来，各国虽然仍然热衷于吸引和促进外国直接投资，但在所有新采用的投资政策措施中，放宽和促进外国投资的措施一直在下降，而监管或限制方面的措施有所加强。① 投资自由化措施的比例下降到了 79%，远低于 20 世纪 90 年代的

---

① World Investment Report 2017: Investment and the Digital Economy, United Nations Publication, Sales No. E. 17. II. D. 3, p. 99.

90%以上的比例。而且采用投资放宽和促进政策的国家大部分是亚洲的发展中国家。比如印度取消了对保险部门的政府审批程序，菲律宾也允许外资对保险公司、融资公司等进行100%控股，泰国也免除了外国公司从事保险和银行业务的许可证。而新的投资限制措施主要涉及战略产业和国家安全领域。这些限制性措施不仅表现在新的立法中，东道国对待外资收购的做法以及部分贸易限制措施都间接影响了外国投资者的投资决策。此外，部分国家对国内公司施加政治压力，限制它们投资的国家甚至阻止它们向国外投资。根据《2018世界投资报告》可知，2017年，外国直接投资的全球流动率下降了23%，发达国家的跨境投资急剧下降，发展中国家也基本没有增长。这一负面趋势是世界各国政策制定者长期关注的问题，特别是对发展中国家来说，国际投资对可持续工业发展是不可或缺的。[①]可持续发展的考虑使投资政策更加具有挑战性，因此，投资政策变得越来越复杂，差异性和不确定性也在进一步增大。[②]

二　可持续发展的新一代投资政策

为了与当今世界可持续发展目标相一致，贸发会从2010年就开始倡导一个系统性和可持续发展的国际投资体制改革。基于联合国贸易和发展会议在国际投资协定领域的长期经验，早在《2010世界投资报告》中就提议建立一种全球伙伴关系，以使投资促进和缓解气候变化之间建立协同作用联系，并鼓励进行低碳投资，推动可持续增长和发展。然后，贸发会在《2012世界投资报告》中推出了《贸发会议的政策框架》，提供具体的政策建议以供可持续发展的友好条约谈判选择。《2013世界投资报告》提出了投资者与东道国仲裁改革的五条路径，接着，《2014世界投资报告》从各国国内实践中总结出四条国际投资协定制度改革的路径。在此基础上，《2015世界投资报告》制定了一个国际投资协定改革的全面操作菜单和路线。贸发会建议，在6个指导方针下、在4个层级的国际投资协定改革中需要强调5个方面的挑战，其中之一就是在保护投资的同时保障东

[①]　World Investment Report 2018：Investment and New Industrial Policies United Nations Publication，Sales No. E. 18. II. D. 4，p. xi.

[②]　World Investment Report 2017：Investment and the Digital Economy，United Nations Publication，Sales No. E. 17. II. D. 3，p. 98.

道国的监管权（safeguarding the right to regulate while providing protection）。国际投资协定能限制缔约方在国内决策方面的主权。因此，国际投资协定改革必须确保这种限制不过度制约合法的公共决策和追求可持续发展目标。国际投资协定改革的各种方案中包括进一步完善和界定国际投资协定的保护标准（如公平和平等待遇、间接征收、最惠国待遇等）以及加强"安全阀"（如公共政策例外、国家安全、国际收支平衡危机）。

2015 年 7 月，第三次联合国发展融资问题国际会议通过了《亚的斯亚贝巴行动议程》（Addis Ababa Action Agenda，AAAA）。该决议再次确认了新一代投资政策在鼓励投资、最大限度地实现可持续发展和最大限度地减少风险上的作用。决议的第 91 段中，联合国成员国宣布"保护和鼓励投资的目标并不影响我们追求公共政策目标的能力，我们将致力于国际贸易和投资协议中设置适当的保障措施，不限制涉及公共利益的国内政策和监管"。[①]

《2017 年世界投资报告》对 108 个国家的 111 部投资法进行研究对比，指出当今世界各国的投资立法都采用了类似的结构，深受联合国贸易发展委员会建议的可持续发展投资政策框架的影响。[②] 86 部投资法都在其序言中明确指出了立法主要目标，大部分主要目标都是促进投资，促进经济增长、增强产业竞争力，促进就业，促进技术转让等经济目标，但只有 13 部法律在序言中明确提出"可持续发展"一词，4 部法律涉及环境问题，例如环境保护、可再生能源和气候变化等问题。大部分投资法都包含投资设立条款，76 部投资法规定了准入限制的部门，其中 67 个国家采用负面清单模式排除某些产业的适用。9 部投资法采用正面清单模式，主要是非洲国家，通过正面清单模式规定哪些产业允许外国投资。一些法律还规定了一般保障措施条款，例如将保护本国的国家安全、公共秩序、环境和公共卫生作为拒绝外国投资的正当理由。70 部法律都规定了国民待遇原则，但是有 43 部法律都规定了国民待遇原则的例外，大部分规定都很模糊，只是笼统规定根据特殊法或者国际条约的相关规定或者通过负面清

---

① United Nations, Addis Ababa Action Agenda of the Third International Conference on Financing for Development, 2015, p. 42, at http://www.un.org/esa/ffd/wp-content/uploads/2015/08/AAAA_Outcome.pdf, July 18, 2016.

② World Investment Report 2017: Investment and the Digital Economy, United Nations Publication, Sales No. E. 17. II. D. 3, pp. 106-110.

单的方式排除一些经济部门或者活动。超过三分之二的投资法对外国投资者规定了某些义务，除了投资者必须遵守东道国的法律法规外，部分法律还规定了一些更具体的义务，比如劳工权利标准、环境和健康保护等，但规定得也较为笼统，缺乏具体的标准或要求。

三　新形势下我国的应对措施

党的十九大报告指出，我国经济已由高速增长阶段转向高质量发展阶段，正处在转变发展方式、优化经济结构、转换增长动力的攻关期，建设现代化经济体系是跨越关口的迫切要求和我国发展的战略目标。因此，笔者建议我国未来的国际投资协定范本和国内投资立法中，应在自由开放的投资政策的前提下，坚持可持续发展和公共利益保护目标并积极采用国家安全审查和例外措施来维护上述目标。

（一）建立可持续发展导向的国内投资立法

首先，在外国投资法中的序言部分应明确提出"可持续发展"一词，同时，可具体指出环境保护、可再生能源和气候变化等要求。党的十九大报告中也提出加强生态文明建设和自然资源的保护。随着我国经济的迅猛发展，以往牺牲环境以获取更多经济利益的做法早已被摒弃，随着生活水平的提高，人们已日益认识到可持续发展的重要性，要保持自然资源和整个地球的生态环境的可持续发展，保证代际公平，不仅要保证自己这代人能适宜地生活，还要保证子孙后代能在同样的环境下生活。

其次，采用负面清单模式规定准入限制的部门，明确排除外国投资者进入某些产业，特别是可能涉及公共利益和国家安全的领域，增加我国立法的透明度。同时为了审慎，设置一般保障措施条款，例如将保护本国的国家安全、公共秩序、环境和公共卫生作为拒绝外国投资的正当理由。对于可能涉及国家安全和公共利益的投资项目辅之以国家安全审查，通过个案审查的方式，确立"国家利益标准"，限制某些可能影响我国国家利益的投资者进入。

再次，可以对外国投资者规定某些义务，比如劳工权利标准、环境和健康保护、跨国公司的社会责任等，明确具体的标准或要求。

最后，可以通过国民待遇原则的例外、兜底性条款，笼统地规定根据特殊法或者国际条约的相关规定排除外国投资者在某些经济部门的特殊活动。

（二）坚持多边和区域一体化战略

2015 年 5 月，中共中央、国务院发布《关于构建开放型经济新体制的若干意见》，指出我国多边和区域一体化战略。在如今国际政治经济环境多变，加快实施自由贸易区战略，积极参与全球经济治理，做国际经贸规则的参与者、引领者的形势下，我们既要积极维护和加强以 WTO 为主的多边贸易体制，同时要积极参与全球经济治理机制改革，以亚太国家之间的贸易投资发展为基础，逐步构建起立足周边，辐射"一带一路"，从而在国际经贸规则制定领域发挥更大的作用。

2017 年 3 月，中国参加了在智利举办的"亚太区域经济一体化高级别对话会"。在参会的 15 个国家中，中国已和其中 9 个达成了自贸协定，除正在谈判中的中美投资协定外，中国也同另外 14 个国家有生效的双边投资协定。① 中日韩自贸区第 12 次谈判也于 2017 年 4 月举行，并取得了一定进展。②《区域全面经济伙伴关系协定》（Regional Comprehensive Economic Partnership，RCEP）也正在积极谈判中。2018 年 3 月 3 日，RCEP 部长会议在新加坡举行。由于 RCEP 的谈判国多为发展中国家，各国的经济发展水平差距较大，使得 RCEP 谈判进展较为缓慢。从目前看，谈判的焦点问题主要集中在市场准入方面，在投资领域、保留措施、准入清单等方面还存在一些问题。③

因此有学者认为，在过去的 30 年里，中国逐步提高了双边投资协定的标准，中国的法律体系也更加透明。④ 中国—加拿大双边投资协定、中韩自贸协定和中澳自贸协定都促进了我国投资协定标准的提高。⑤ 中国正

① 中国已签署的自贸协定列表，详见 http：//fta. mofcom. gov. cn/index. shtml；中国已签署的双边投资协定列表，详见《我国对外签订双边投资协定一览表》：http：//tfs. mofcom. gov. cn/article/Nocategory/201111/20111107819474. shtml（访问日期：2018 年 3 月 8 日）。

② 《中日韩自贸区第十二轮谈判在日本东京举行》，中国自由贸易区服务网，http：//fta. mofcom. gov. cn/article/zhengwugk/201704/34721_ 1. html（访问日期：2017 年 10 月 18 日）。

③ 毕若林：《积极推动 RCEP 谈判年内完成》，《国际商报》2018 年 3 月 7 日第 1 版。

④ Hadley，Kate，Do China's BITs Matter? Assessing the Effect of China's Investment Agreements on Foreign Direct Investment Flows，Investors' Rgihts，and the Rule of Law，*Georgetown Hournal of International Law*，Vol. 45，2013.

⑤ Euijin Jung and Cathleen Cimino-Isaacs，An Assessment of the Korea-China Free Trade Agreement，*Journal of Experimental Social Psychology*，Vol. 43，2015.

在通过自贸协定中的投资条款和双边投资协定逐步缩小和发达国家之前的差距。[1] 国际协定中的约束性承诺也将推动国内改革议程、锁定改革成果。[2] 因此，这些高标准的国际投资协定又将进一步推进中国的国内改革，同时也将吸引更多的外国投资者来中国投资。

第二节　我国外资准入制度概况

一　我国外资准入法律体系

（一）国内相关立法

我国没有统一的外资法，而是制定关于外国投资的各种单行法律、法规、规章。我国已陆续颁布了200余部规格不一的关于外商投资的法律、法规、规章。[3] 从法律结构来看，这些法律、法规、规章可以分为三个层次，即宪法、中央立法、地方立法。[4]

1. 宪法

宪法中的相关规定是我国外资立法的基础，是外资立法的最高层次。我国《宪法》第18条明确规定："中国允许外国的企业和其他经济组织或者个人依照中国法律的规定在中国投资，同中国的企业或者其他经济组织进行各种形式的经济合作。中国境内的外国企业和其他外国经济组织以及中外合资经营的企业都必须遵守中华人民共和国的法律。它们的合法权利和利益受中华人民共和国的法律的保护。"

2. 中央立法

这一层次的立法是指全国人民代表大会及其常务委员会制定的法律，以及经全国人民代表大会授权的国务院及其所属部门根据宪法和法律制定的行政法规、部门规章。目前，我国正在实施的有关外资准入等特别法

---

[1]　Jeffrey Schott、陆之瑶：《TPP之后的亚太区域主义》，《贸易展望》2017年第3期。

[2]　Chauffour Jean-Pierre，MaurBeyond Jean-Christophe，Market Access：The New Normal of Preferential Trade Agreement，World Bank Policy Research Working Paper No. WPS 5454，October 20102010，at https：//openknowledge. worldbank. org/bitstream/handle/10986/3937/WPS5454. pdf? sequence＝1&isAllowed＝y，Feb. 22，2018.

[3]　郝红梅：《我国外商投资法制环境的发展与完善》，《国际贸易》2011年第3期。

[4]　余劲松主编：《国际投资法》，法律出版社2014年版，第133页。

律、法规主要有：《中华人民共和国中外合资经营企业法》及其实施条例、《中华人民共和国中外合作经营企业法》及其实施细则、《中华人民共和国外资企业法》及其实施细则、《中华人民共和国企业所得税法》及其实施细则、《指导外商投资方向规定》、《外商投资产业指导目录》、《中西部地区外商投资优势产业目录》、《中华人民共和国台湾同胞投资保护法》及其实施细则、《关于外国投资者并购境内企业的规定》、《关于外商投资举办投资性公司的规定》、《关于设立外商投资股份有限公司若干问题的暂行规定》、《外商投资创业投资企业管理规定》、《外国投资者对上市公司战略投资管理办法》等。其他涉及外资准入的一般性法律法规有：《中华人民共和国公司法》《中华人民共和国合同法》《中华人民共和国保险法》《中华人民共和国仲裁法》《中华人民共和国劳动法》《中华人民共和国外汇管理条例》以及关于增值税、消费税、营业税等涉外税收的暂行条例及其实施细则。① 2019 年 3 月 15 日《中华人民共和国外商投资法》获得十三届全国人大二次会议审议通过，2020 年 1 月 1 日起施行，《中华人民共和国中外合资经营企业法》《中华人民共和国外资企业法》《中华人民共和国中外合作经营企业法》将同时废止。

3. 地方立法

省、直辖市、自治区人民代表大会及其常务委员会在不同宪法、法律、行政法规相抵触的前提下，可以制定地方性法规，报全国人民代表大会备案或批准生效。经批准计划单列的城市，也可以根据当地需要制定地方性法规，报省、自治区人民代表大会常务委员会批准生效。② 地方政府规章是指由省、自治区、直辖市以及省、自治区政府所在地的市和经国务院批准的较大的市的人民政府根据法律和行政法规按照规定程序所制定的普遍适用于本地区行政管理工作的规定、办法、实施细则、规则等规范性文件的总称。③ 现各地方法规中已有不少关于外商投资的特别规定，其中2013 年开始实施的自由贸易试验区相关立法，就属于这个层次。

（二）相关国际法

约束我国外资立法的国际法主要包括三个部分：一是我国与其他国家

---

① 《中国投资指南》，http：//www.fdi.gov.cn/1800000121_ 10000483_ 8.html（访问日期：2017 年 10 月 8 日）。

② 《中华人民共和国立法法》第 63、69 条。

③ 《中华人民共和国立法法》第 73、75、76 条。

和地区签订的中外双边投资保护协定，二是中外避免双重征税协定，三是我国加入的国际公约。目前，我国加入的与外国投资有关的国际公约主要有四个：WTO 协议、《解决国家与他国国民投资争议公约》、《多边投资机构担保公约》、《承认及执行外国仲裁裁决公约》。截至 2018 年 2 月，我国签订并生效的双边投资保护协定有 104 个。[①] 目前，我国已签订的自由贸易协定有 16 个。[②] 就外资准入而言，相关内容主要规定在 WTO 协议、双边投资协定和自由贸易协定的投资章节中。

二　我国外资准入立法的发展历史

1978 年中共十一届三中全会，决定实行对外开放政策，采用多种形式利用外资和国外先进技术和管理经验。在这之前，中国一直处于"外资禁入"阶段。因此，我国的外资立法始于 1979 年的《中华人民共和国中外合资经营企业法》。

（一）外资法体系建立阶段（20 世纪 70—80 年代）

当中国在 70 年代末颁布第一部外国投资法时，并没有人能预见到 30 年后的中国也同时会成为一个资本输出国。[③] 因此，作为一个资本输入国，中国当时的立法者认为中国的外国投资法应与那些主要是资本输出国的西方发达国家不同。同许多发展中国家一样，中国既希望能引进更多的外资以弥补国内资金短缺，又担心外资涌入对国内经济和政治产生不利影响。因此，当时外资法的基本特征是"审慎立法""严格审批"，立法中更多强调对外资的监督与管理，防止外资所产生的负面效应。

1979 年 7 月 1 日，第五届全国人民代表大会第二次会议通过了《中外合资经营企业法》，它的颁布和实施标志着我国外商投资企业法律体系开始建立。它不仅是我国第一部外商投资法，同时也是第一个商业组织法，比 1993 年才颁布的《公司法》早了 10 多年。1982 年，我国将吸收

---

① 详见商务部条法司《我国对外签订双边投资协定一览表》，http://tfs.mofcom.gov.cn/article/Nocategory/201111/20111107819474.shtml（访问日期：2018 年 3 月 8 日）。

② 详见中国自由贸易区服务网，http://fta.mofcom.gov.cn/index.shtml（访问日期：2018 年 3 月 8 日）。

③ 目前，中国已是全球第三大资本输出国，位居美国和日本之后，已经成为发达国家的最大的投资者之一。2015 年，中国的对外投资增长了约 4%，达 1280 亿美元。详见 World Investment Report 2016，United Nations Publication，Sales No. E. 16. II. D. 4，p. 48。

外资写入宪法，表示出中国对外开放的决心和能力，为外商在中国投资提供了根本的法律保障。1983 年制定了《中外合资经营企业法实施条例》，并在 1986 年、1987 年、2001 年、2011 年和 2014 年进行了 5 次修订。1986 年制定的《民法通则》第 41 条明确了外商投资企业的法律地位。《外资企业法》《中外合作经营企业法》也分别在 1986 年和 1988 年相继制定。至此，完成了"三资企业法"的法律框架，外资法律体系基本建立成型。

在准入领域方面，1987 年国家计划委员会颁布了《指导吸收外商投资方向暂行规定》，将外商投资项目分为鼓励、允许、限制和禁止四类。实行基于激励的减免税优惠政策的同时，对外资准入领域做了较大的限制：设立的企业必须有利于中国国民经济的发展，并且采用先进的技术和设备，或者产品全部出口或大部分出口。新闻、出版、广播、电视、电影、商业、保险、对外贸易、邮电通信等行业和涉及国家安全的行业禁止设立外资企业。

在外资审批方面，1979 年 8 月，我国设立了"外国投资管理委员会"，负责所有外资项目的审批，两年后，300 万美元以下的项目下放给省政府审批。1982 年 3 月，国家外国投资管理委员会并入对外经济贸易部。1985 年和 1988 年，两次扩大省、自治区、直辖市政府自行审批外资的权限，沿海省市区扩大到 3000 万美元以下，内陆省区扩大到 1000 万美元以下。①

（二）外资法体系发展阶段（20 世纪 90 年代至 2001 年）

1992 年以后，中国进一步加大改革开放力度，吸收外商投资成为中国经济发展和各级政府工作内容的一大重心，许多发展中的问题亟待法律的修改和保障，我国外商投资企业立法的步伐进一步加快。1990 年国务院制定了《外资企业法实施细则》，并于 2001 年进行了第一次修订。1995 年出台了《中外合作经营企业法实施细则》，2000 年又进行了修订。《台湾同胞投资保护法》《外资金融机构管理条例》等法律、法规也相继出台。

在准入领域方面，1996 年 6 月 20 日，国家计委、国家经贸委、对外贸易经济合作部发布了《指导外商投资方向暂行规定》和《外商投资产

① 漆多俊主编：《中国经济组织法》，中国政法大学出版社 2002 年版，第 331 页。

业指导目录》，将外国投资产业鼓励、限制和禁止类项目具体化。同时，扩大对某些产业的准入限制，比如 1994 年《关于设立外商投资广告企业的若干规定》、1996 年《中外合作会计师事务所管理办法》、1998 年《中外合资旅行社试点暂行办法》、2000 年《关于中外合资、合作医疗机构管理暂行办法》等。

在外资审批方面，中国制定了一些鼓励中西部地区投资的政策，如 1996 年《扩大内地省、自治区、计划单列市和国务院有关部门等单位吸收外商直接投资项目审批权限的通知》，内陆省有关部门审批权限也扩大到 3000 万美元以下。

（三）外资准入法律的改革已同国际接轨阶段（2001 年至今）

这个阶段进行了两次大的修改，第一次是 2001 年前后，为了和 WTO 相关规则接轨。2001 年底，我国加入了 WTO，根据 WTO 规则和我国入世的承诺，我国对有关外商投资的法律法规和政策措施进行了全面的清理和修订，修订主要针对利用外资的三部主要法律和相关行政法规。如前所述，《中外合资经营企业法实施条例》《中外合作经营企业法实施细则》《外资企业法实施细则》都在 2000 年或 2001 年进行了修订。

在准入领域方面，2002 年国务院修订了《指导外商投资方向规定》和《外商投资产业指导目录》，增加了鼓励类目录，减少了限制类目录，大幅放宽了行业准入限制，将原先禁止外商投资的电信、燃气、热力、排供水等城市管网建设首次列为对外资开放领域，按照入世承诺，在服务贸易领域进一步放开准入限制。

在准入审批方面，2004 年国务院公布了《国务院关于投资体制改革的决定》，在该决定的附件《政府核准的投资项目目录》第 12 条明确了由国家发展和改革委员会和商务部核准的内容范围。[①] 2010 年公布了国务院《关于进一步做好利用外资工作的若干意见》，下放外商投资审批权限。[②]

---

①　详见《国务院关于投资体制改革的决定》，国发〔2004〕20 号。

②　意见第十六项规定，在《外商投资产业指导目录》中的鼓励类、允许类项目，除了规定需由相关部门核准的项目之外，地方政府核准审批项目权限由原来的总投资额 1 亿美元以下放宽至 3 亿美元以下。除法律法规明确规定由国务院有关部门审批外，在加强监管的前提下，国务院有关部门可将本部门负责的审批事项下放地方政府审批。第十七项规定调整审批内容，简化审批程序，最大限度缩小审批、核准范围，增强审批透明度。详见《关于进一步做好利用外资工作的若干意见》，国发〔2010〕9 号。

第二次大改是 2013 年以后，为了适应国际投资自由化的新发展趋势，我国开始尝试准入前国民待遇与负面清单管理模式，并改严格审批制为审批备案相结合的选择审批制。2008 年，中国同美国开始双边投资协定的谈判，由于美国一直对外强势推行准入前国民待遇加负面清单管理模式，中国政府也不得不开始考虑这种模式在中国实施的可能性。2013 年 9 月 29 日，中国（上海）自由贸易试验区正式挂牌运作，开始在自贸区范围内开展负面清单管理模式的探索。2014 年 2 月，为了配合《公司法》修订，国务院颁布《国务院关于废止和修改部分行政法规的决定》，对《中外合资经营企业法实施条例》《中外合作经营企业法实施细则》《外资企业法实施细则》进行了修订，落实注册资本实缴登记改为认缴登记，年度检验验照制度改为年度报告公示制度。① 2015 年 1 月，商务部发布了《中华人民共和国外国投资法（草案征求意见稿）》（以下简称《外国投资法（草案）》），明确规定外国投资者在中国境内投资享有国民待遇，但外国投资特别管理措施目录另有规定的除外。② 2016 年 9 月，中华人民共和国第十二届全国人民代表大会常务委员会第二十二次会议对《中华人民共和国外资企业法》《中华人民共和国中外合资经营企业法》《中华人民共和国中外合作经营企业法》《中华人民共和国台湾同胞投资保护法》四部法律关于实施备案制进行修改。③ 2018 年 12 月 23 日《中华人民共和国外商投资法（草案）》提请十三届全国人大常委会第七次会议审议。全国人大常委会组成人员于 26 日分组审议了这部法律草案，目前仍在向社会公开征求意见。④ 整个草案共有 39 条，远远少于 2015 年版《外国投资法（草案）》的 170 条。草案共分六章，除了总则、法律责任和附则三章，投资促进、投资保护与投资管理分列三章。草案充分体现了政府职能转变"放管服"的要求。

① 2014 年 2 月 19 日，《国务院关于废止和修改部分行政法规的决定》，国务院令第 648 号。

② 《商务部就〈中华人民共和国外国投资法（草案征求意见稿）〉公开征求意见》，http://tfs.mofcom.gov.cn/article/as/201501/20150100871010.shtml（访问日期：2017 年 10 月 10 日）。

③ 2016 年 9 月 2 日，《全国人民代表大会常务委员会关于修改〈中华人民共和国外资企业法〉等四部法律的决定》，中华人民共和国主席令第 51 号。

④ 《外商投资法草案公开征求意见》，http://www.npc.gov.cn/npc/cwhhy/13jcwh/2018-12/27/content_2068825.htm（访问日期：2018 年 12 月 29 日）。

在准入领域方面，2017 年修订了《外商投资产业指导目录》、《中西部地区外商投资优势产业目录》。在准入审批方面，2016 年 10 月 8 日，商务部颁布并实施《外商投资企业设立及变更备案管理暂行办法》。其第 2 条规定，外商投资企业的设立及变更，不涉及国家规定实施准入特别管理措施的，适用备案管理制度。① 2017 年 7 月，商务部又对上述暂行办法进行了修改，对于外国投资者并购境内非外商投资企业和对上市公司的战略投资，不涉及特别管理措施和关联并购的，适用备案管理。② 上述立法的具体内容将在下面章节分析中具体展开，不再赘述。

第三节　负面清单管理模式在中国的探索实践

长期以来，中国对于准入前国民待遇持否定态度，其主要原因是认为国民待遇在投资领域的全面实施在一定程度上不利于保护民族工业的发展，进而影响整个国民经济的发展和产业的布局。《中共中央关于全面深化改革若干重大问题的决定》中明确指出，要建立公平开放透明的市场规则，探索对外商投资实行准入前国民待遇加负面清单的管理模式。③ 2013 年国务院开始在上海进行以"准入前国民待遇 + 负面清单"的外商投资管理体制先行试验。2015 年 4 月 20 日，国务院发文通知在已有园区、新区基础上，再新增三个自由贸易试验区，即广东自由贸易试验区、④ 福建自由贸易试验区⑤和天津自由贸易试验区。⑥ 目前，自贸区外商投资和境外投资管理制度改革成效明显。截至 2016 年 5 月，天津自由贸易试验区累计批准设立外商投资企业 833 家，占滨海新区比重的 83.63%；投资总

---

① 《外商投资企业设立及变更备案管理暂行办法》，中华人民共和国商务部令 2016 年第 3 号。

② 《关于修改〈外商投资企业设立及变更备案管理暂行办法〉的决定》，中华人民共和国商务部令 2017 年第 2 号。

③ 2013 年 11 月 12 日，中国共产党第十八届中央委员会第三次全体会议通过《中共中央关于全面深化改革若干重大问题的决定》，新华网，http://news.xinhuanet.com/politics/2013 - 11/15/c_ 118164235.htm（访问日期：2017 年 10 月 10 日）。

④ 《国务院关于印发中国（广东）自由贸易试验区总体方案的通知》，国发〔2015〕18 号。

⑤ 《国务院关于印发中国（福建）自由贸易试验区总体方案的通知》，国发〔2015〕20 号。

⑥ 《国务院关于印发中国（天津）自由贸易试验区总体方案的通知》，国发〔2015〕19 号。

额 372. 61 亿美元，占滨海新区的 93. 16%。深圳市 80% 新增的外商投资企业都落户在前海自贸试验区，可见外商投资企业在自贸试验区的聚集作用十分明显。① 另据商务部统计数据，截至 2017 年 4 月，上海自贸试验区累计设立外资企业 8734 家，吸收合同外资 6880 亿元人民币。广东等 3 个自贸试验区累计设立外资企业 12712 家，吸收合同外资 11357 亿元人民币。4 个自贸试验区以十万分之五的国土面积吸引了全国十分之一的外资。②

一　我国负面清单制度的含义

(一) 两类负面清单

我国负面清单主要包括市场准入负面清单和外商投资负面清单两类。市场准入负面清单是适用于境内外投资者的禁止准入和限制准入行业或领域，即适用于中国经济管理主权管辖范围内的各类市场主体，包括国企、民企和外资企业。对于国企和民企而言，在进行投资决策时只需要考虑投资事项是否被列入市场准入负面清单即可。但对于外资企业而言，市场准入负面清单对其的适用是在其获得准入资格之后。因为针对外国投资者，还有另外一份负面清单即外商投资负面清单。外商投资负面清单更多是涉及我国在国际投资协定中的负面清单义务，在投资协定中常常以例外条款 (Exceptions) 或者不符措施 (Non-Confirming Measures) 出现，在国内法律文件中被称为外商投资准入特别管理措施。因此，外国投资者来中国境内投资，首先要符合外商投资准入特别管理措施的相关规定，然后再适用市场准入负面清单的相关规定。无特别说明情况下，本书中的负面清单特指外商投资负面清单。

(二) 市场准入负面清单

2015 年 10 月，国务院发布《关于实行市场准入负面清单制度的意见》，对我国投资制度下实施负面清单的意义、总体要求和适用条件、制定、实施和调整程序等内容进行了具体阐述。③ 其中明确指出，"市场准

---

①　李春晖：《四大自贸区试行外商投资负面清单一周年：有成果有烦恼》，中国财经网，http：//finance. china. com. cn/news/20160530/3745474. shtml（访问日期：2017 年 10 月 12 日）。

②　《2017 版自贸试验区负面清单公布 缩减至百项以内》，中国政府网，http：//www. gov. cn/zhengce/2017-06/16/content_ 5203229. htm（访问时间：2017 年 9 月 5 日）。

③　《国务院关于实行市场准入负面清单制度的意见》，国发〔2015〕55 号。

入负面清单制度，是指国务院以清单方式明确列出在中华人民共和国境内禁止和限制投资经营的行业、领域、业务等，各级政府依法采取相应管理措施的一系列制度安排"。目前，仍适用2016年3月由国家发改委和商务部联合发布的《市场准入负面清单草案（试点版）》。根据《市场准入负面清单草案（试点版）》的规定，市场准入负面清单草案先行在天津、上海、福建、广东四个省、直辖市进行试点。四个地区省级人民政府根据《意见》和《草案》，提出拟试行市场准入负面清单制度的方案，报国务院批准后实施。① 根据相关通知，2018年完成修订形成并全面实施新版市场准入负面清单，建立信息公开平台，实现清单事项网上公开便捷查询；2019年将建立实时和定期调整相结合的市场准入负面清单动态调整机制，建立全国统一的清单代码体系。②

二　我国外资准入负面清单的国内立法实践

目前，我国实施两套外商投资准入特别管理措施，自贸试验区内依照《自由贸易试验区外商投资准入特别管理措施》（以下简称自贸区负面清单）执行，自贸区外的准入特别管理措施的范围依照《外商投资准入特别管理措施（2018年版）》（以下简称2018年版全国版负面清单）执行。

（一）自贸试验区外商投资准入特别管理措施

上海自贸试验区自设立时公布2013年版外商投资准入特别管理措施以来，几乎每一年都会颁布新的负面清单目录，逐渐减少目标清单。2014版上海自贸试验区负面清单由设立之初2013年版的190项调整减少至139项。③ 2015年4月，国务院办公厅关于印发《自由贸易试验区外商投资准入特别管理措施（负面清单）的通知》，上海、广东、天津、福建四个自

① 《国家发展改革委、商务部关于印发市场准入负面清单草案（试点版）的通知》，发改经体〔2016〕442号，第4条。
② 《国办：实行全国统一的市场准入负面清单制度》，新华网，http://www.xinhuanet.com/2018-08/15/c_1123271925.htm（访问日期：2018年9月2日）。
③ 《中国（上海）自由贸易试验区外商投资准入特别管理措施（负面清单）》（2014年修订），上海市人民政府公告2014年第1号。

贸区使用同一份负面清单，该清单又减至 122 项。① 2017 年 3 月 31 日，我国自贸试验区再迎新一轮扩围，国务院又批复了辽宁、浙江、河南、湖北、重庆、四川、陕西 7 个自贸试验区，并分别印发了总体方案。2017年 6 月，国务院又印发了 2017 年版负面清单，与上一版相比，减少了 10个条目、27 项措施。② 2018 年 6 月 30 日，国家发改委和商务部又发布了《自由贸易试验区外商投资准入特别管理措施（负面清单）（2018 年版）》，自 2018 年 7 月 30 日起施行。③

沿袭之前的自贸试验区负面清单，2018 年版依据《国民经济行业分类》（GB/T4754—2011）划分为 14 个门类、32 个条目、45 项特别管理措施。《自贸试验区负面清单》中未列出的与国家安全、公共秩序、公共文化、金融审慎、政府采购、补贴、特殊手续和税收相关的特别管理措施，按照现行规定执行。④《自贸试验区负面清单》之外的领域，在自贸试验区内按照内外资一致原则实施管理，即适用全国的市场准入负面清单。与2017 年版相比，新版负面清单减少了 1 个门类、8 个条目、50 项特别管理措施。其中减少的 1 个门类涉及"所有行业"3 项措施，被放入了 2018年版的说明中。减少的条目包括专属经济区、大陆架和其他管辖海域勘探开发、石油和天然气开采及其辅助、金属矿及非金属矿采选、航空制造、船舶制造、有色金属冶炼和压延加工及放射性矿产冶炼、加工核燃料及核辐射加工、铁路运输、银行服务。外商投资市场开放程度并不能单纯依据负面清单中涵盖措施的数量加以评估，负面清单中所附加的种种限制性条件才是开放程度的实质性障碍。⑤ 此次版本的调整不论在负面清单的数量上还是具体措施的透明度上都有很大的改进。

---

① 《国务院办公厅关于印发自由贸易试验区外商投资准入特别管理措施（负面清单）的通知》，国办发〔2015〕23 号。

② 《国务院办公厅关于印发自由贸易试验区外商投资准入特别管理措施（负面清单）（2017年版）的通知》，国办发〔2017〕51 号。

③ 《自由贸易试验区外商投资准入特别管理措施（负面清单）（2018 年版）》，发展改革委、商务部令 2018 年第 19 号。

④ 《自由贸易试验区外商投资准入特别管理措施（负面清单）（2018 年版）》，发展改革委、商务部令 2018 年第 19 号，第 6 条。

⑤ 刘冰：《自由贸易试验区负面清单比较研究——以 2015 版负面清单为视角》，《哈尔滨学院学报》2016 年第 7 期。

从具体内容看，相对于 2017 年版，2018 年版减少了一半以上的特别管理措施，开放力度前所未有，取消了大量涉及采矿业、制造业、金融业的限制性措施，在种业、油气、矿产资源、增值电信、文化等重要领域进行更高水平的对外开放。比如，金融业中银行服务条目被取消，涉及 5 项特别管理措施，同时将在 2021 年取消对期货公司和寿险公司的外资股比限制。在批发和零售业中也取消了对粮油、彩票和免税商品的专营或特许经营的限制。对汽车制造业中的限制性条件附加了期限，即分别在 2020 年和 2022 年取消股比和外商建立合资企业数量限制。同时，对原有的清单条目的分类进行了更科学的调整，减少了 10 个条目，新增了 2 个条目；原来新闻出版、广播影视条目中的出版物印刷须由中方控股放在了制造业中，单列了印刷业。对科学研究和技术服务业中的措施进行了拆分，增设研究和试验发展条目，把禁止投资人体干细胞、基因诊断与治疗技术的开发和应用和禁止设立和运营人文社会科学研究机构列入其中。增加了负面清单透明度，对标国际规则，主要列示股比要求和高管要求等外资准入方面的特别管理措施，实现与全国版外资准入负面清单的可对比。

（二）《外商投资准入特别管理措施（负面清单）（2018 年版）》

我国 1995 年开始制定《外商投资产业指导目录》（以下简称《指导目录》），通过将外商投资项目分为鼓励、限制和禁止类别以引导外资的市场准入。根据经济形势的变化，《指导目录》已于 2002 年、2004 年、2007 年、2011 年、2015 年、2017 年进行六次修订。2017 年版单独列出《外商投资准入特别管理措施》，统一列出股权要求、高管要求等外商投资准入方面的限制性措施。2018 年 6 月 28 日，国家发改委和商务部对《外商投资产业指导目录（2017 年修订）》中的《外商投资准入特别管理措施》进行修订，并单独发布 2018 年版外商投资准入特别管理措施，自2018 年 7 月 28 日起施行。[①]

对比 2017 年版《指导目录》中的负面清单目录，有下列一些区别：第一，形式上不同。2017 年版《指导目录》首选分为鼓励类和负面清单，然后在负面清单中又按限制类、禁止类划分，再列出具体的措施内容。而2018 年全国版参照自贸区负面清单的模式，以表格的形式，依据《国民

---

① 《外商投资准入特别管理措施（负面清单）（2018 年版）》，发展改革委、商务部令 2018 年第 18 号。

经济行业分类》（GB/T4754—2011）划分为 14 个门类、34 个条目、48 项特别管理措施。表格的好处是相关规则分类更加明晰。第二，明确了限制性条件。2017 年全国版的内容上有一些表述不清，如限制类中的许多产业并没有明确规定限制条件是什么，只是将产业列入其中，但没有进一步规定是合资合作限制还是股比限制或者是其他什么条件。2018 年全国版负面清单表述更为清晰，或者禁止，或者明确了限制性条件，具体列明股比限制和董事高管国籍要求。

　　2018 年全国版和自贸区负面清单进行了接轨，颁布的时间也就相差了两天，可以说自由贸易试验区负面清单是在全国开放措施的基础上，进一步提出更为开放的试点措施，从而更好地发挥自贸区作为先试先行的试验区的作用。与全国版相比，自贸区负面清单减少了 2 个条目和 3 项措施：取消石油、天然气勘探、开发限于合资、合作的限制；取消禁止外商投资放射性矿产冶炼、加工及核燃料生产的规定；取消演出经纪机构须由中方控股的限制。同时对部分措施的限制性条件予以进一步放开：将小麦、玉米新品种选育和种子生产外资股比由不超过 49% 放宽至不超过 66%；将设立文艺表演团体由禁止投资改为中方控股。两份负面清单的接轨，对于股比和高管等限制性条件的明确，大大增加了外商投资的透明度。两份负面清单形式上的一致性，让外商对自贸区内外投资的差别一目了然，便于他们根据自身投资项目选择是否在自贸区内进行投资。形式上的一致性也有利于相关部门在进一步修订负面清单时，对照删减，而不会出现 2017 年版自贸区负面清单措施反而多于 2017 年版《指导目录》负面清单的现象。①

三　我国新近签订的国际投资协定中的相关规定

　　到目前为止，我国没有在任何国际投资条约中采用准入前国民待遇加负面清单的模式。不给予外国投资者以准入前的国民待遇原则是我国所签署的投资协定中的一个基本原则。这也反映了我国对于外国投资者在市场准入阶段予以审慎监管的习惯做法。②

---

　　①　2017 版自贸区负面清单共规定了 95 项特别管理措施，而《指导目录（2017 版）》负面清单一共 63 项特别管理措施，其中限制类目录 35 条，禁止类目录 28 条。

　　②　韩冰：《准入前国民待遇与负面清单模式：中美对中国外资管理体制的影响》，《国际经济评论》2014 年第 6 期。

2012 年中国与加拿大经历 18 年谈判才签订的投资保护协定，也没有规定准入前国民待遇和不符措施的负面清单，只是对现存的不符措施做了概括性描述。① 其第 6 条 "国民待遇" 条款规定，"任一缔约方给予另一缔约方投资者在扩大、管理、经营、运营和销售或其他处置其领土内投资方面的待遇，不得低于在类似情形下给予其国内投资者的待遇"。并在第 3 款明确指出 "扩大" 仅适用于依据 "扩大" 时有效的相关行业指引和适用法律、法规和规则不需经过事先审批程序的行业。

2015 年 6 月签署的中澳自由贸易协定中，中国也没有承诺准入前国民待遇，即使澳大利亚单方面给予了我们准入前国民待遇。② 其第 9 章 "投资" 第 3 条规定："澳大利亚在其领土内投资的设立、获得、扩大、管理、经营、运营、出售或其他处置方面，应给予中国投资者不低于在同等条件下给予其本国投资者的待遇。" 但在第 2 款 "中国义务" 部分规定："中国在其领土内投资的扩大、管理、经营、运营、出售或其他处置方面，应给予澳大利亚投资者不低于在同等条件下给予其本国投资者的待遇。" 并用脚注明确指出："本章第三条所述 '扩大' 是指现有投资的扩大，不包括建立或获得新的、单独的投资。"

同样于 2015 年 6 月签订的中韩自由贸易协定，中国也没有承诺准入前国民待遇，中韩自由贸易协定第 12 章 "投资" 第 1 条的定义中，就明确规定了投资行为包括投资的管理、经营、运营、维持、使用、享有、出售或其他处分行为。③

我国与东盟谈判《投资协议》时，东盟国家也曾坚持要在《投资协议》中规定国民待遇，我国则不同意在《投资协议》中规定投资自由化。④ 第 4 条的国民待遇条款规定为："各方在其境内，应当给予另一方投资者及其投资，在管理、经营、运营、维护、使用、销售、清算或此类

① 《商务部就中加（拿大）双边投资保护协定进行解读》，http：//www. gov. cn/gzdt/2012-09/10/content_ 2220644. htm（访问日期：2017 年 10 月 12 日）。

② 《中国—澳大利亚自由贸易协定》，中国自由贸易区服务网，http：//fta. mofcom. gov. cn/Australia/australia_ special. shtml（访问日期：2017 年 10 月 12 日）。

③ 《中国—韩国自由贸易协定》，中国自由贸易区服务网，http：//fta. mofcom. gov. cn/korea/korea_ special. shtml（访问日期：2017 年 10 月 12 日）。

④ 韦凤巧：《中国—东盟自贸区框架内外资准入管制的比较研究》，《黑龙江对外经贸》2012 年第 12 期。

投资其他形式的处置方面，不低于其在同等条件下给予其本国投资者及其投资的待遇。"由此可见，《投资协议》所规定的国民待遇仅指准入后阶段的国民待遇。在第 6 条规定了一个概括性的对现有和未来不符措施的国民待遇和最惠国待遇例外。① 随着"一带一路"倡议的推行，我国在 2014 年 11 月提出，将在中国—东盟自贸区升级版中"以准入前国民待遇加负面清单"的模式为基础展开投资协定谈判。② 2015 年 11 月 22 日，商务部部长高虎城与东盟十国部长在马来西亚吉隆坡正式签署中国—东盟自贸区升级谈判成果文件——《中华人民共和国与东南亚国家联盟关于修订〈中国—东盟全面经济合作框架协议〉及项下部分协议的议定书》。③ 议定书已于 2016 年 7 月 1 日生效，但并没有修改国民待遇条款。④

中美双边投资协定谈判自 2008 年正式启动以来，谈判进程缓慢，其中原因之一就是美国要求以"准入前国民待遇加负面清单"的模式为基础展开投资协定谈判。直到 2013 年 7 月，在第五轮中美战略与经济对话中，我国同意将在投资的所有阶段提供国民待遇，包括市场准入即投资的"建立前"阶段，并将采用负面清单列表方法识别例外。美国和中国于 2015 年 6 月交换了初始的负面清单，双方正式开启负面清单谈判。但 2017 年美国新任总统特朗普上台后，提出要对所有的多边、双边协定，包括已经签订的协定进行审议，目前处于停滞状态。

四　我国负面清单管理模式的构建

如上所述，虽然我国自 2013 年开始在上海自由贸易试验区开始试行

---

① 《中国—东盟全面经济合作框架协议投资协议》第 6 条"不符措施"规定："一、第四条（国民待遇）和第五条（最惠国待遇）不适用于：（一）任何在其境内现存的或新增的不符措施；（二）任何第（一）项所指不符措施的延续或修改。二、各方应当尽力逐步消除不符措施。三、各方应根据第二十四条（审议）展开讨论，以推进第二条第（一）项和第二条第（五）项中的目标。在根据第二十二条（机构安排）设立的机构监督下，各方应尽力实现上述目标。"

② 《李克强：尽快完成中国—东盟自贸区升级版谈判》，人民网，http://politics.people.com.cn/n/2014/1113/c70731-26016279.html（访问日期：2017 年 3 月 12 日）。

③ 商务部新闻办公室：《中国与东盟结束自贸区升级谈判并签署升级〈议定书〉》，http://chinawto.mofcom.gov.cn/article/e/s/201511/20151101197333.shtml（访问日期：2017 年 3 月 12 日）。

④ 《中国—东盟全面经济合作框架协议投资协议》第 4 条"国民待遇"，http://fta.mofcom.gov.cn/dongmeng_phase2/annex/touzixieyi_cn.pdf（访问日期：2017 年 3 月 12 日）。

"准入前国民待遇加负面清单"的投资开放管理制度，但是在这之后签订的涉及投资的国际条约中并没有承诺准入前的国民待遇原则。因此，外商投资负面清单管理模式尚处在探索阶段，并未真正在全国范围内实施。2015年1月，商务部发布的《外国投资法（草案）》，明确规定将实行准入前国民待遇加负面清单管理模式。① 其第6条"国民待遇"规定："外国投资者在中国境内投资享有国民待遇，但根据本法第二十三条【目录制定程序】所制定的外国投资特别管理措施目录另有规定的除外。"目前，我国已开始按照《外商投资产业指导目录（2017年修订）》的限制类、禁止类范围来区别审批设立和备案设立。所以外商投资负面清单其实也有两类，一类是国内立法如《外国投资法（草案）》规定的外商投资特别管理措施；另一类则是国家投资协定中的负面清单。因此，下面分别从国内法和国际法角度，在对比2017年版自贸区负面清单和美国BIT实践的基础上，分析一下目前我国负面清单可能存在的一些问题，并提出一些建议。

（一）在国内立法上，以合适的方式创设自己的负面清单

根据党中央的决定、我国自贸试验区的实践和《外国投资法（草案）》等相关立法实践，表明我国将坚定不移地对外国投资者实施国民待遇加负面清单的模式。当然，这表现出中国要建立公平开放透明的市场规则的决心，从而有利于中国进一步与国际投资自由化的规则接轨，缔结更多的投资协定或自由贸易协定。但同时，中国也面临对外资监管更大的风险。问题的关键在于如何设置高水平的"负面清单"以降低高度投资自由化带来的监管风险。

从国际上看，各国用国内法对外商投资进行管理时，极少会出台专门的统一的负面清单。② 即使是自诩最自由开放的美国，也没有颁布统一的负面清单来限制外国投资，而是通过多部联邦和地方专门法律法规，对特定行业的外资准入进行了限制。加拿大虽然颁布了统一的《投资法》，但对一些特殊行业的限制性措施也都规定在专门的单行法中，更

---

① 《商务部就〈中华人民共和国外国投资法（草案征求意见稿）〉公开征求意见》，2015年1月19日，http：//tfs. mofcom. gov. cn/article/as/201501/20150100871010. shtml（访问日期：2017年3月13日）。

② 聂平香、戴丽华：《美国负面清单管理模式探析及对我国的借鉴》，《国际贸易》2014年第4期。

有图书发行和销售、石油天然气、医药、证券交易等领域受联邦和省级法律法规的约束。① 美国的负面清单管理模式也只出现在双边或多边投资协定中。那么我国国内的负面清单是否有必要参照目前美国国际投资协定中的模式？

笔者以为，双边或多边投资协定是在国际谈判的基础上建立起来的，需要尊重谈判双方或多方的意愿，因此在中美双边投资协定谈判中，由于美方的坚持，我国不得不同意以准入前国民待遇和负面清单的模式谈判，但正如我国同加拿大的双边投资协定就没有规定准入前国民待遇一样，即使给予了美国投资者准入前国民待遇，也并不意味着我国今后与其他国家签订的投资协定也一律采用准入前国民待遇加负面清单模式。我国完全可以最有利于国家利益的方式，与不同国家谈判时，选择是否采用准入前国民待遇加负面清单模式。而如何制定国内法的负面清单，是我国主权事项内的权利，完全不受美国干涉，因此，笔者以为我国完全可以以自己认为合适的方式制定负面清单。而且国内的这份负面清单范围宜大不宜窄，表述不能太清楚，要给将来的国际投资协定谈判留有负面清单删减的余地，否则对方国家就不会有谈判的热情了。虽然也有一些学者认为这样的表述缺乏透明度，但在实际操作中，其更有利于中国的国家利益。如果希望制定透明度更高的负面清单，可以在国际投资协定中予以进一步约定。我国可以先根据产业，整理出相关的法律法规规定的限制性条件，如果有立法规定的，就可以直接把依据也写入指导目录中，这样也有助于国际投资协定中的负面清单谈判。

（二）在国际条约中，对接国际高标准投资规则

在第二章中已经介绍了目前在国际投资协定中采用负面清单模式的各国，其中美国和加拿大为美国模式的典型，而日本、欧盟虽然在部分投资协定中也采用了负面清单模式，但规定比较简单，比如在 2010 年欧盟—韩国自由贸易协定中，欧盟清单基本采用了"负面清单"模式，并针对欧盟特殊的双层法律机制的特点，对欧盟层面和成员国层面的法律规定予以了区分；但是对保留的规定比较简单，仅规定了部门（或子部门）和保留描述两项标准，未对涉及的现行法律规范名称、层级等进行进一步说

---

① 美国和加拿大国内投资限制领域，详见第二章第三节关于美国和加拿大国内法部分。

明。① 而采用负面清单模式的多边条约主要就是采用美国模式的 NAFTA 和 TPP。因此，所谓的国际投资规则其实就是美国模式的负面清单实践。虽然目前 TPP 或者说 CPTPP 前景仍然扑朔迷离，但如果仅仅是从规则角度审视 TPP 文本，TPP 规则仍代表了下一代国际经贸投资规则发展方向。②

那么接下来对比一下自贸区的负面清单和美国负面清单实践。

1. 自贸区负面清单自身设计仍与国际规则存在差距

在第二章中专门介绍了美国 2012 年 BIT 范本中的负面清单设置和美国 BIT 实践中的负面清单。从负面清单的设置形式上看，美国 2012 年 BIT 范本包括三大部分，第一部分是对现有不符措施的保留清单，这类清单由部门或子部门、产业分类、保留的条约义务、政府层级、措施、描述组成并遵循"棘轮"原则。第二部分是对未来不符措施的保留清单，对于将来新增新的不符措施，在缔约时并不要求作出明确说明，只要求对缔约时已有的措施适用的部门、子部门和活动范围进行特别说明。第三部分是专门针对金融业不符措施的保留清单。

首先，从 2018 年版自贸区负面清单看，主要包括部门、子部门、描述。如果说保留的义务只针对国民待遇，而政府层级是指中央政府的话，那么主要缺少的是措施，也就是制定负面清单依据——国内法律法规。而由于自贸区负面清单的依据其实主要就是《指导目录》，因此无法指出具体行业法律法规涉及的条款。我们的负面清单只针对现有措施，也就是说只有第一类负面清单，对金融领域也没有特别列出。

其次，从负面清单的具体内容看，负面清单是对国民待遇、最惠国待遇、履行要求、高管和董事会四项实体性义务提出保留，但实践中往往涉及国民待遇义务保留的最多。美国保留的行业主要是下列六个领域：一是资源领域；二是能源领域；三是运输领域；四是通信领域；五是金融及地产领域；六是针对所有行业的限制。③ 最新签订的两个 BIT 增加了"社会

---

① 上述各国负面清单模式，详见本书第二章第三节。

② 叶波：《〈区域全面经济伙伴关系协定〉评价及其应对》，《上海对外经贸大学学报》2017 年第 2 期。

③ 六大领域具体涉及的产业，详见陆建明、杨宇娇、梁思焱《美国双边投资协议中签约双方负面清单的比较研究》，《外国经济与管理》2016 年第 2 期。

服务""少数民族事务"两项。① 2018 年版自贸区负面清单涉及的部门多
达 14 个，除了上述美国 6 个领域外，剩余 8 个部门中，渔业、商业服务、
科学研究、广播电视、教育、环境等领域美国也有涉及，有些是因为分类
标准不同、有些是排除在美国 GATS 市场准入承诺之外。② 因此，对比美
国不符措施清单和 2018 年版自贸区负面清单，从部门来说，美国只少了
一项制造业的限制。事实上，许多国家特别是发展中国家对制造业都是有
所保留的，比如墨西哥、越南等国在 TPP 附件中的不符措施都涉及了制
造业。③ 因此，笔者以为，我国的负面清单中包含这些部门，数量并不算
太多，主要问题在于分类标准不同，国际上的多边协定或双边投资协定的
服务行业或部门的分类都是依据 WTO《服务部门分类列表的文件》
（MTN. GNS／W/120），服务贸易部门分为 12 大类、155 个子部门。④ 而自
贸区负面清单分类依据是我国《国民经济行业分类》（GB/T4754—
2011）。美国负面清单行业分类和我国的不一致，导致我国以自贸区负面
清单为基础进行谈判时，会出现部门对接上的问题。

　　另一个问题是，在缺少法律依据的前提下，关于措施的具体描述也存
在透明度问题。比如在 TPP 美国保留的第一类负面清单中，关于商业服
务保留的第 1 条，如表 6 所示：

表 6　　　　　　　　TPP 美国第一类负面清单中的"商业服务"部门

部门	商业服务
保留的义务	国民待遇和当地成分
政府层级	中央
措施	1982 年出口贸易公司法 15 U. S. C. 4011-4021，15 C. F. R. Part 325

① 最新签订的是美国—乌拉圭 BIT 和美国—卢旺达 BIT。

② 上述涉及领域，详见 TPP 不符措施附件 2 美国清单列表，https：//ustr. gov/sites/default/files/TPP-Final-Text-Annex-II-Non-Conforming-Measures-United%20States. pdf，Oct. 15，2017。

③ 墨西哥负面清单，详见 https：//ustr. gov/sites/default/files/TPP-Final-Text-Annex-I-Non-Conforming-Measures-Mexico. pdf，Oct. 15，2017。越南负面清单，详见 https：//ustr. gov/sites/default/files/TPP-Final-Text-Annex-I-Non-Conforming-Measures-Viet-Nam. pdf，Oct. 15，2017。

④ 聂平香、戴丽华：《美国负面清单管理模式探析及对我国的借鉴》，《国际贸易》2014 年第 4 期。

续表

部门	商业服务
描述	跨境贸易服务 1982 年出口贸易公司法第 3 章授权商务部长对于出口行为颁发"审查证书"（Certificates of Review）。该法规定，当申请的出口行为不存在该法禁止的限制竞争影响时，经律政司同意，由部长决定授予审查证书。审查证书限制经认证的出口行为在联邦和州反托拉斯法下的责任。 只有法案所定义的"人"才能申请审查证书。"人"是指"美国居民个人"；根据任何州或联邦法律建立的合伙企业；一个州或地方政府实体；根据任何州或联邦的法律创建的一个公司，无论是营利或非营利公司；或上述实体通过合同或其他安排设立的任何协会或组织。 当外国国民或企业成为合格申请人"成员"的时候，可以获得审查证书的保护。法规规定"成员"是指"和申请人一起正在寻求证书保护的实体（美国或外国）"。成员可以是合伙或合资企业的合伙人；公司的股东；或者通过合同或其他安排，成为协会、合作社或其他形式的营利或非营利组织的参与人。

资料来源：TPP 附件 1 不符措施——美国（https：//ustr. gov/sites/default/files/TPP－Final－Text－Annex－I－Non－Conforming－Measures－United－States. pdf）。

2018 年版自贸区负面清单中的第九类"租赁和商务服务业"又分为两项子部门：法律服务、咨询与调查，在咨询和调查类，规定的措施是"市场调查限于合资、合作，其中广播电视收听、收视调查须由中方控股。禁止投资社会调查"。由于不存在反垄断审查的义务，所以也没有任何相关规定。[①] 由此看来，我国的负面清单不是太复杂，而是太简单了，不仅没有规定措施，描述也非常简单。虽然美式负面清单中将描述规定为非约束性的，[②] 但由于是负面清单，也就是说没有列入的项目，外国投资者就享有国民待遇，这种过于笼统的表述形式，不仅容易被其他国家诟病，而且也不利于对国内产业的保护。

2. 借鉴美国负面清单管理模式完善我国负面清单

第一，对于没有明确列明措施的法律依据问题，完善国内法是基础。制定负面清单、清理不符措施的过程本身也是一个改革的过程。[③] 需要对我国现存有关外商投资的法律法规进行全面梳理和规范，将严重过时的、

---

① 《国务院办公厅关于印发自由贸易试验区外商投资准入特别管理措施（负面清单）的通知》，国办发〔2015〕23 号。

② TPP 附件 1 美国负面清单列表，引言，https：//ustr. gov/sites/default/files/TPP－Final－Text－Annex－I－Non－Conforming－Measures－United－States. pdf，Oct. 16，2016。

③ 王新奎：《中国（上海）自贸试验区改革的重点：对外商投资准入实施"负面清单"管理》，《上海对外经贸大学学报》2014 年第 1 期。

不符合开放和发展需求的法律法规及时废止；将部分过时的条款进行调整和修订；将法律一直缺位的行业，根据开放和发展的新形势，制定出部门法律法规。应明确披露负面清单中不符措施的所属行业、行业分类、法律法规依据、具体限制内容和取消时间等，逐步将所列限制措施的信息范围细致化，增强负面清单外商投资管理模式的严谨性和实用性。这样做，也有助于排除外国投资者对我国政府任意执法的顾虑。① 当然在暂时无法完全符合要求时，可以要求一定时间的过渡期，在过渡期内可以简单归纳为法律依据是"行政法规"。在 TPP 越南的负面清单中，有许多不符措施的"措施"内容仅写着"行政措施"（Administrative Measures）。② 笔者以为，可以效仿，当然下面的措施描述要清楚表明具体保留的行为。

　　第二，由于第二类负面清单的表述要求十分简单、宽泛，给予东道国较大的自主权，因此我们应充分利用第二类负面清单保护我国的现有的核心产业和新兴产业。我国目前列入负面清单的产业部门都是已经出现的行业类别。由于第一类负面清单采用"棘轮"原则，也就是说将来该措施只能逐步减少限制无法再作出更严格的限制，因此我国应该将可能需要进一步保护的核心产业列入到第二类负面清单。同时，随着互联网、人工智能等新技术所代表的新工业革命的深化，新兴产业必然会出现和发展。负面清单所代表的法不禁止为自由的理念，会扩大并固化对外资开放准入的范围，有必要在清单中纳入灵活机制，明确保留对本国尚未出现的新业态和新产业制定不符措施的权利，可以通过枚举法和兜底法两种方法对未来负面清单予以规定。如果能按照 ACIA，直接允许缔约国保留制定将来的不符措施的权利，那是再理想不过的，如果协商不成，那尽量将更多的核心产业和新兴产业列入负面清单中，并通过兜底条款保留对尚未出现的产业制定不符措施的权利。TPP 不符措施附件 2 "说明"中也规定，允许缔约方的附表保持现存的具体部门、子部门或活动，或采用新的或更多限制

---

　　① 陶立峰：《国际投资规则视阈下的负面清单法律定位》，《上海对外经贸大学学报》2015年第 3 期。

　　② TPP 不符措施附件 1，越南负面清单列表，详见 https：//ustr. gov/sites/default/files/TPP-Final-Text-Annex-I-Non-Conforming-Measures-Viet-Nam. pdf，Oct. 16，2017。

的不符措施。①

第三，对于分类标准问题，为与国际接轨，我国应按照 WTO《服务部门分类列表的文件》修订分类标准。我国可借鉴美国负面清单模式的经验，尽可能对 12 大类部门进行不符措施描述，同时将金融中的银行、保险等单独作为第三类负面清单进行不符措施描述。此外，在国际谈判中也应注意对我国产业进行明确界定，以免新的业态出现对我国造成不利影响。②

第四，对于措施描述缺乏透明度问题，也需要从完善国内立法入手。我国应在相关行业法律法规不断完善的前提下，对外资进入的具体限制措施给予明确而详细的描述，对援引的法律法规条款给予充分说明。附加的条件越明确，透明度越高。同时尽量设置更多的兜底条款，在需要预留政策实施空间的行业中尽量使用兜底条款，在一定程度上应对透明度要求和更大政策空间这个两难的问题。当然，在特殊情况下，还可以进一步通过国家安全审查来针对个案的具体情况附加准入条件。

另外，由于我国存在两份负面清单，即市场准入负面清单和外商投资负面清单，因此存在两份清单的协调问题。对于如何把握两个负面清单的关系，两个清单如何协同配合将是具体工作中的难点。市场准入负面清单的实施，说明我国在市场方面已经有很大程度的开放性，但是准入放开以后，我们的一些工业体系、民族产业还需要过渡期。③

第四节　限制履行要求对我国的影响及其应对

作为发展中国家，我国一直作为资本输入大国，积极引进外资，甚至曾有一阶段赋予外国投资者所谓"超国民待遇"。但同时，在某些领域，对外资的设立条件比较苛刻，对外国投资采取较多的履行要求。我国在

---

①　TPP 不符措施附件 2，说明（EXPLANATORY NOTES），https：//ustr. gov/sites/default/files/TPP－Final－Text－Annex－II－Non－Conforming－Measures－Consolidated－Formatting－Note. pdf，Oct. 16，2016。

②　聂平香、戴丽华：《美国负面清单管理模式探析及对我国的借鉴》，《国际贸易》2014 年第 4 期。

③　李春晖：《四大自贸区试行外商投资负面清单一周年：有成果有烦恼》，中国财经网，ht-tp：//finance. china. com. cn/news/20160530/3745474. shtml（访问日期：2017 年 10 月 12 日）。

2001 年入世前后对三部外商投资企业法及其他相关法律法规进行了修订，以使投资措施或履行要求符合 TRIMs 协议，但若参照目前 TPP 的标准，我国对外资管理的部分措施将面临更多的限制，从而对我国外资管理和产业政策产生巨大影响。因此在缔结国际投资条约特别是双边投资协定时需持谨慎态度。在近期的中美双边投资协定谈判中，美方是否会坚持美国投资协定范本（2012）中的相关条款，中方是否会接受，将拭目以待。

一　我国履行要求措施实施现状

（一）2001 年的入世修改

与其他发展中国家一样，我国也曾经使用了多种履行要求，包括贸易平衡、本地成分、出口业绩等，在充分吸收外资的同时保护一些国内涉及国计民生的重要产业并促进出口增长。但为了符合 WTO 的相关规则，我国在 2001 年前后对三部外商投资企业法及其实施细则进行了修改。[①] 主要涉及下列四种履行要求：

1. 当地成分要求

1979 年《中外合资经营企业法》第 9 条第 2 款规定："合营企业所需材料、燃料、配套件等，应尽先在中国购买，也可由合营企业自筹外汇，直接在国际市场上购买。"2001 年将第 9 条第 2 款改为第 10 条第 1 款，修改为："合营企业在批准的经营范围内所需的原材料、燃料等物资，按照公平、合理的原则，可以在国内市场或者在国际市场购买。"1983 年《中外合资经营企业法实施条例》第 57 条规定，"合营企业所需设备机器、原材料、燃料、配套件运输工具和办公用品等，有权自行决定在中国购买或在外国购买，同等条件下，应当尽先在中国购买"。2001 年修订删去"但在同等条件下，应尽先在中国购买"。[②] 1986 年《外资企业法》第 15 条也有类似规定，后修改为"外资企业在批准的经营范围内所需要的原材料、燃料等物质，可以在国内市场购买，也可以在国际市场购买"。

上述原规定与 TRIMs 协议第 2 条关于禁止性履行措施规定中的附录的

[①] 2000 年 10 月 31 日，第九届全国人民代表大会常务委员会第十八次会议对《中外合作经营企业法》和《外资企业法》分别作出修改决定；2001 年 3 月，第九届全国人民代表大会第四次会议对《中外合资经营企业法》作出修改决定。

[②] 2001 年 7 月 22 日，《国务院关于修改〈中华人民共和国中外合资经营企业法实施条例〉的决定》，国务院令第 311 号。

解释性清单第一种情形相符，违反了限制"企业购买或使用国内原产品或来源于国内任何渠道的产品"。① 因此，在 2001 年的修改中取消了类似于"应尽先在中国购买"的规定，允许外国投资者自主判断、自由选择购买渠道。

2. 贸易平衡要求

1988 年《中外合作经营企业法》第 20 条规定，"合作企业应当自行解决外汇收支平衡。合作企业不能自行解决收支平衡的，可以依照国家规定申请有关机构给予协助"。1986 年《外资企业法》第 18 条第 3 款和 1983 年《中外合资经营企业法实施条例》第 75 条也有类似要求保持外汇收支平衡的规定。后上述条款都进行了删除。

上述原规定与 TRIMs 协议第 2 条关于禁止性履行措施规定中的附录的解释性清单第四种情形相符，违反了"通过将该企业的外汇使用权限制在与其创汇额相关连的数量上，限制企业用于当地生产或与当地生产相关的产品的进口"。② 1996 年 7 月 1 日起，我国也取消了人民币经常项目下的外汇管制。③

3. 进口替代

1990 年《外资企业法实施细则》第 3 条规定，设立外资企业的必需满足两个法定条件之一：一是"采用先进技术和设备，从事新产品开发，节约能源和原材料，实现产品升级换代，可以替代进口的"；二是"年出口产品的产值达到当年全部产品产值 50% 以上，实现外汇收支平衡或者有余的"。第一种条件直接限制了进口，符合 TRIMs 协议第 2 条关于禁止性履行措施规定中的附录的解释性清单第二种情形。2001 年修订时将该条改为："国家鼓励外资企业采用先进技术和设备，从事新产品开发，实现产品升级换代，节约能源和原材料，并鼓励举办产品出口的外资企业。"

4. 出口业绩要求

上述《外资企业法实施细则》第 3 条第二种法定条件规定的就是出口业绩要求。1983 年《中外合资经营企业法实施条例》第 14 条第 7 款规定"原材料购买和产品销售方式，产品在中国境内和境外销售的比例"。

---

① TRIMs 协议第 2 条。

② 同上。

③ 1996 年 6 月 20 日，《结汇、售汇及付汇管理规定》，中国人民银行令第 1 号。

2001 年修订时删去了后半句。

出口业绩要求虽然并不属于 TRIMs 协议第 2 条规定的禁止性履行措施，但我国在 2001 年加入 WTO 时签订的入世承诺第 7 条关于非关税措施中承诺了将在入世后立即消除和停止执行贸易外汇平衡要求、本地成分和出口业绩要求。① 因此，出口业绩要求也成为我国不能实施的履行要求之一。

（二）仍在实施的履行要求

1. 当地股权要求

当地股权要求是目前最常见的投资限制性措施，无论发达国家还是发展中国家都不可能将所有产业都向外资开放，而在允许外资准入的产业中，又根据各个产业的重要性，对某些产业设置了外国资本投资的最高比例限额。按照 2002 年《指导外商投资方向规定》第 4 条的规定，外商投资项目分为禁止类、限制类、允许类和鼓励类四大类。② 2017 年《外商投资产业指导目录》对外商投资项目中的限制类产业进行了具体外资股比限额的规定，按比例不同又分为"限于合资、合作""中方控股"或者"中方相对控股"几类。③ 比如汽车整车、专用汽车：中方股比不低于 50%；在公共航空运输公司必须中方控股，且一家外商及其关联企业投资比例不得超过 25%，法定代表人须具有中国国籍等要求。④

2. 优惠措施

目前，除了当地股权要求，我国更多采用的是激励机制，即并不对准入规定强制性限制措施，而是对符合措施条件的外资企业给予各种优惠，主要是各种税收减免政策。

按 2012 年《关于深入实施西部大开发战略有关企业所得税问题的公告》，自 2011 年 1 月 1 日至 2020 年 12 月 31 日，对设在西部地区以《西部地区鼓励类产业目录》中规定的产业项目为主营业务，且其当年主营业务收入占企业收入总额 70% 以上的，经企业申请，主管税务机关审核确认

---

① Protocol on the Accession of the People's Republic of China, WT/L/432, 23 November 2001, https：//www. wto. org/english/thewto_ e/acc_ e/completeacc_ e. htm#chn, Oct. 20，2016.

② 2002 年 2 月 11 日，《指导外商投资方向规定》，中华人民共和国国务院令第 346 号。

③ 《指导外商投资方向规定》，中华人民共和国国务院令第 346 号，第 8 条。

④ 2017 年 6 月 28 日，《外商投资产业指导目录（2017 年修订）》，国家发展和改革委员会、商务部令第 4 号。

后，可减按 15% 税率缴纳企业所得税。①《指导外商投资方向规定》第 10 条规定："产品全部直接出口的允许类外商投资项目，视为鼓励类外商投资项目；产品出口销售额占其产品销售总额 70% 以上的限制类外商投资项目，经省、自治区、直辖市及计划单列市人民政府或者国务院主管部门批准，可以视为允许类外商投资项目。"根据 2008 年生效的《企业所得税法》的规定，技术转让所得可以免征、减征企业所得税。② 新技术、新产品、新工艺发生的研发费用，可以在计算应纳税所得额时加计扣除。③ 重点扶持的高新技术企业，减按 15% 的税率征收企业所得税。④

另外，我国还设置了许多经济特殊区域，包括自贸区、经济特区、国家级新区、国家级经济开发区和高新技术产业开发区等。⑤这些经济特殊区域往往向外国投资者提供减少所得税、资源和土地使用费以及进出口税等"一揽子"优惠措施，以及优先处理获得基本的基础设施服务、简化政府审批手续以及对初创企业的资金支持等。当然这些"一揽子"优惠也常常伴随鼓励出口、本地成分、技术转让或其他履行要求。

3. 研发要求

我国鼓励外国公司参与中国资助的研究和发展计划，特别是在我国不具备进行先进研究的相关知识和技术时，通常鼓励外国投资者参与研发计划。在前面的税收优惠政策中，也提到对新技术、新产品、新工艺发生的研发费用，可以在计算应纳税所得额时加计扣除。但当中国认为某些科技可能涉及国家安全的敏感部门时，可能采用国家安全审查拒绝外国公司的投资。

虽然为了履行入世承诺，我国不得不在立法中废除了部分履行要求条款。但目前我国政府在外资管理和产业政策中，仍采用了大量的履行要求，甚至是那些被 TRIMs 协议禁止的履行要求，比如出口业绩。只是将以前法律条文中的强制性规定改为目前鼓励性的优惠措施。并且随着我国

---

① 《国家税务总局关于深入实施西部大开发战略有关企业所得税问题的公告》（国家税务总局公告 2012 年第 12 号），第 1 条。

② 《中华人民共和国企业所得税法》，中华人民共和国主席令第 63 号令，第 27 条。

③ 《中华人民共和国企业所得税法》，中华人民共和国主席令第 63 号令，第 30 条。

④ 《中华人民共和国企业所得税法》，中华人民共和国主席令第 63 号令，第 28 条。

⑤ 具体经济特殊区域和优惠措施，详见《中国投资指南》，2015 年 12 月 17 日，http：//www. fdi. gov. cn/1800000121_ 10000483_ 8. html（访问日期：2017 年 10 月 22 日）。

"国家安全"定义的扩大，国家安全审查范围可能排除更多的外资进入我国。因此，美国认为中国的投资政策不但没有朝着更开放自由发展，甚至从某种程度上说，反而更加不确定了。①

（三）我国签订的国际条约中的履行要求相关规定

1. TRIMs 协议

按照中国加入 WTO 议定书承诺第 7 条规定，中国将全面遵守 TRIMs 协议，承诺将在入世后立即消除和停止执行贸易外汇平衡要求、本地成分和出口业绩要求，也不会通过法律法规或合同约定的方式实施上述履行要求。同时，还承诺中国国家或地方当局在实施进口配额、进口许可证、关税或其他进口审批时不以任何履行要求为条件，包括本地成分、技术转让、出口业绩或在中国开展研究与开发。②另外在议定书附件一第四部分"货物贸易政策"第 8 点"与贸易有关投资政策"中还规定了入世后两年内必须修订相关法律，以确保取消限制汽车生产者生产的车辆的类别，类型或型号；增加汽车制造业的外资股比限额。③

2. 双边投资协定

在我国签订并生效的双边投资协定中，最晚签订的两个是 2012 年 9 月签署的中加双边投资协定和 2013 年 3 月签署的中国和坦桑尼亚双边投资协定。④ 刚好可以分别代表中国和发达国家、发展中国家签订的双边投资协定。2014 年 10 月生效的中加《关于双方保护和促进投资的协定》第 9 条中专门规定了履行要求禁止规则的条款，"缔约双方重申 WTO 的 TRIMs 协议及其修订的相关规定，将 TRIMs 协议第 2 条及其附录作为本协定的一部分"。从该条规定的内容看，虽然该双边投资协定用专门条款规

① United States Trade Representative, 2017 Report to Congress on China's WTO Compliance, Jan 2018, p. 83, at https：//ustr. gov/sites/default/files/files/Press/Reports/China% 202017% 20WTO% 20Report. pdf, Feb. 22, 2018.

② Protocol on the Accession of the People's Republic of China, WT/L/432, 23 November 2001, https：//www. wto. org/english/thewto_ e/acc_ e/completeacc_ e. htm#chn, Oct. 22, 2016.

③ Annex 1A of Protocol on the Accession of the People's Republic of China, WT/L/432, 23 November 2001, https：//www. wto. org/english/thewto_ e/acc_ e/completeacc_ e. htm#chn, Oct. 22, 2017.

④ 商务部条法司：《我国对外签订双边投资协定一览表》，http：//tfs. mofcom. gov. cn/article/Nocategory/201111/20111107819474. shtml（访问日期：2017 年 10 月 22 日）。

定了履行要求禁止规则，但只是重申了作为 WTO 成员国的义务，因此并没有超出 TRIMs 协议禁止的履行要求范围。而 2014 年 4 月生效的中国和坦桑尼亚双边投资协定根本没有规定履行要求禁止条款。2014 年 5 月生效的中日韩三国投资协定，也没有关于履行要求禁止规则的条款。另外，《东盟全面投资协定》第 7 条虽然规定了履行要求禁止规则，但 2009 年中国—东盟自由贸易区《投资协定》中并没有相关内容的规定。2015 年生效的中韩自由贸易协定，将履行要求限于 TRIMs 协议。

总之，从上述双边投资的相关内容看，中加双边投资协定是我国目前唯一签订了履行要求禁止规则条款的双边投资协定。虽然从条款的内容看，没有增加新的条约义务，但该条款的出现就表明了新一代投资协定条款内容的更新。随着美国双边和多边投资协定中对于履行要求禁止规则条款的进一步强调，并且随着准入前国民待遇标准在投资协定中的推广，履行要求禁止规则将不仅在禁止措施的种类范围上进一步扩大，更在适用时间上提前到投资项目设业阶段，从而进一步限制了我国的外资管辖权。

二 合理应对中美 BIT 谈判可能带来的影响

（一）未来国际投资协定中的履行要求禁止条款对策分析

从我国目前签订的双边投资额协定和自由贸易协定中的投资规则看，要么是没有确立履行要求禁止规则条款，要么是简单地重申各方在 TRIMs 协议中的承诺，在投资自由化问题上并没有突破。由此可见，我国在国际投资协定谈判中，基本是采取拒绝限制履行要求的。事实上，除了美国和加拿大外，目前大多数国家的双边投资协定都不涉及履行要求禁止规则条款。[①] 但在中美双边投资协定的谈判中，履行要求禁止规则条款是必定会涉及的内容之一。一旦我国同意设定并扩大了禁止性履行要求的范围，再通过最惠国待遇扩张，那么将会对我国的外资准入产生重大的影响。

1. 充分利用投资协定条款中的例外

对比 TPP 或美国 2012 年 BIT 范本的相关条款，可以发现，目前美国

---

① Alexandra Genest, Performance Requirement Prohibition, Lemire v. Ukraine, and Mobil v. Canada, Stuck between a Rock and a Hard Place, Revue Juridique Themis, Vol. 47, 2013.

采用的是第四种关于履行要求的规定方式，即限制某些履行要求但允许例外。① 这些履行要求禁止规则条款一般包括两部分：一部分是对各种禁止性履行要求措施的列举；另一部分是例外规定，即允许使用履行要求的情况。有学者将这种例外情形称为履行要求的灵活性法律机制。② 这些例外要求往往是为了保护非经济利益，如生命健康、自然资源、环境等重大利益。以 TPP 为例，其履行要求禁止规则条款中的例外主要可以分为下列几类：（1）一般例外，TPP 投资章节的第 10 条第 3 款的第四种例外：允许缔约国采取或维持履行措施为了：（a）遵守与本协议的相关规定不抵触的法律法规；（b）保护人类、动植物生命或健康所必须；（c）保护生物或非生物可用竭自然资源所必须。（2）确保与其他国际法或国内法义务相一致，比如第 10 条第 3 款的第二种例外：涉及《与贸易有关的知识产权协定》（TRIPS）第 31 条（强制许可）、第 39 条（所有权信息披露），或者该履行要求是由法院、行政机关、竞争管理机关所实施的，目的是救济依缔约国竞争法被司法或行政程序裁定为不正当竞争行为。（3）特定项目例外，比如第 10 条第 3 款第六种情形中的政府采购例外。（4）公共利益例外，第 10 条第 3 款第八种情形规定，缔约国可以采取或维持为了合法的公共利益目的实施履行要求措施，只要这些措施没有被任意或不合理地实施，且并不构成对国际贸易或投资的变相限制。（5）私人约定例外，第 10 条第 6 款规定，只要成员国并没有设置禁止的履行要求，私人企业之间约定的履行要求，协定不加禁止。

因此，即使我国和美国或者其他国家在进行投资协定谈判中涉及履行要求禁止规则条款，只要我们充分利用好了上述几种例外规则，特别是后三个规则，还是可以在一些需要特别保护的领域规避履行要求禁止规则的。比如我们可以首先要求在条约中对一些需要特殊保护的领域设置特殊项目例外，即使失败了，在诉讼中，也可以适用公共利益例外来进行抗辩。最后一种情形就是，政府无法在相关法律法规中予以设置，但可以指导企业在并购条款中进行相关设置，从而保护相关利益。

2. 高度重视技术类履行要求

从 TPP 新增的禁止国内技术要求和特许合同要求，再加上始自

---

① UNCTAD, Foreign Direct Investment and Peformance Requirements: New Evidence from Selected Countries, UNCTAD/ITE/IIA/2003/7, 2003, p. 36.

② 刘艳：《论发展权视角下履行要求条款的构建》，《武大国际法评论》2016 年第 1 期。

NAFTA 的禁止技术转让要求，可以看出，美国对企业知识产权领域保护的重视程度。而发展中国家长期处于技术匮乏的状态，因此对技术转让也十分看重，因为只有获得国外先进技术并在此基础上进行创新，才能真正走上本国经济的发展之路。

从外国投资者本身而言，对于技术转让是十分谨慎的，其将技术转让给发展中国家的目的并不是要帮助发展中国家提高技术水平和发展经济，而是出于自身利益的考虑。[1] 因此，跨国公司更偏向于让技术转让内部化，即通过在外国设立大量的独资公司，将技术内部转移，从而保护了自己技术专有权和技术垄断地位，避免技术在东道国扩散，也减少了交易风险和费用。[2]

由于 TPP 适用准入前国民待遇原则，因此，从外资准入的角度说，TPP 禁止的是作为市场准入前提条件的技术类履行要求，即禁止缔约方在投资设立、取得时强制要求外国投资者：（1）将技术转让于其本国国民或企业；（2）购买、使用或优先考虑国内技术的使用；（3）缔约方也不得通过技术特许合同对外资采取给定的比例或金额的特许权使用费，也不得给该许可合同规定特定期限。当然 TPP 也同样对禁止技术类履行要求设置了例外条款。上述 5 项履行要求例外都适用于技术类履行要求，另外针对特许合同要求，TPP 第 10 条第 3 款还专门设置了一条例外，即允许实施特许合同要求，当该要求是由裁决机关依据缔约国著作权法作为公平的报酬执行的。

针对上述分析，笔者建议如下：（1）虽然美国在 2012 年 BIT 范本和 TPP 的履行要求禁止范围都远超 TRIMs 协议，但美国禁止的是强制性的履行要求，也就是说我国可以通过设置各种激励性的优惠条件，在自愿的情况下，鼓励外国投资者进行技术转让或使用本国技术。（2）利用好例外条款，其中还涉及裁决机关的公正性和相关立法公平性的改进问题，从而使外国投资者愿意遵守相关裁定，避免进入国际投资争端解决程序。（3）尽可能地通过谈判协商，缩减我国需承担的技术类履行要求义务。

---

① 蔡声霞：《国际技术转移与发展中国家技术能力建设的互动关系》，《中国科技论坛》2006 年第 5 期。

② 刘俊研主编：《国际技术转让与知识产权保护》，清华大学出版社、北京交通大学出版社 2008 年版，第 34—36 页。

中加双边投资协定中的履行要求禁止条款就没有涉及技术类的履行要求，明显低于加拿大与其他国家缔结的双边投资协定中确立的禁止技术转让要求的义务水平。① 那么在中美双边投资协定谈判中，我国能否继续坚守底线，或尽可能多地增加例外条款，对将来中国和其他国家签订类似条约以及修改国内法都至关重要。

3. 适当设置限制履行要求条款

我国既是资本输入大国又是资本输出大国，因此在缔结国际投资条约时，对履行要求条款的设置也需兼顾这两种地位。作为资本输出大国，消除或减少东道国的履行要求将为我国与该国的正常投资和贸易提供更多的机会，创造有利的海外发展环境，因此我国也应对限制履行要求条款持部分肯定态度。具体而言，我国应对不同谈判对象采取不同性质、同一性质不同程度的立场。对发展中国家，特别是最不发达国家，可以采取较宽范围的禁止履行要求。但因我国在禁止履行要求方面缺乏经验，且我国外资法中有履行要求，因此在条款设计时宜粗不宜细，可以给条约解释留下余地。甚至可以考虑发展中国家的特殊国情，嵌入"发展例外"。② 而当和发达国家进行谈判时，尽量维持原 TRIMs 协议的禁止范围。

（二）合理设置国内产业政策和管理措施

不当或过度使用履行要求也会不利于东道国的投资流入。研究表明经济自由化和国际直接投资之间存在正相关关系。③ 从某种程度上说，投资者义务太多可能导致投资环境不太友好，从而导致外国直接投资流入减少。④ 这种下降不仅会阻碍经济增长，而且还会降低东道国政府潜在获取与既定投资者义务相关的利益的能力。⑤ 比如，一个国家对投资准入附加

---

① 何艳：《双边投资协定中的技术转让履行要求禁止规则研究——兼论我国在中美双边投资协定谈判中的立场》，《当代法学》2014 年第 4 期。

② 刘艳：《论发展权视角下履行要求条款的构建》，《武大国际法评论》2016 年第 1 期。

③ Rashmi Banga, Impact of Government Policies and Investment Agreements on FDI Inflows II, Indian Council for Research on Int'l Econ. Relations, Working Paper No. 116, 2003, p. 26.

④ UNCTAD, Can Performance Requirements Help Meet Development Objectives? UNCTAD/PRESS/IN/2004/002, 2004, at http：//unctad. org/en/Pages/PressReleaseArchive. aspx? Reference-DocId_ 4385, Oct. 24, 2017.

⑤ UNCTAD, Foreign Direct Investment and Peformance Requirements：New Evidence from Selected Countries, UNCTAD/ITE/IIA/2003/7, 2003, p. 26.

了技术转让要求，根据该要求，投资者必须向当地生产者许可其技术，外国投资者就可能选择使用更老、更低效的技术。或者，投资者可能寻求去其他国家投资。因此，东道国在国内法中纳入这一履行要求不仅没能获得潜在的技术效益，反而可能失去投资。[1] 因此，东道国在外资准入立法中设置履行要求也要特别谨慎。

从我国现存的履行要求措施看，首先，在维持现有负面清单的前提下，保证当地股权限制履行要求。其次，对于我国目前大量采用的优惠措施，可能存在一些问题。根据 TPP 投资章节第 10 条第 2 款的规定，其同时禁止成员国在投资的设立、取得、扩展、管理和经营、运作、卖出或其他处置方面接受投资优惠时附加当地成分要求、当地原材料要求和贸易平衡要求。我国目前只是按照 TRIMs 协议的要求，在运营阶段不附加强制性的上述履行要求，因此和 TPP 的要求比，还有一些差距。如果我国在中美双边投资协定中同意扩大禁止性履行要求的范围，再通过最惠国待遇扩张，可能需要进一步修改我国相关立法。从目前状况看，可以首先做好下面三个方面的立法：

1. 设置特殊部门或产业保护政策

在国内立法和国际投资协定中，尽可能地将需要特殊保护的部门和产业列入负面清单例外目录或履行要求例外特别项目中，比如政府采购。这个部分由于涉及负面清单设计问题，已在第二节中阐述，不再展开。

2. WTO 合规性评估，履行国际义务

虽然我国加入 WTO 后，已经对相关立法做了大量的修改，但事实上，在某些方面我国可能仍存在一些不符：

2012 年 2 月 9 日，商务部部长陈德铭接受了美国彭博新闻社记者的书面专访，表示中国已经取消了涉及技术转让的强制性要求，不会将技术转让作为市场准入的前提条件。[2] 2012 年在当时副主席习近平到美国访问期间，又重申了技术转让和技术合作将由企业独立决定，不会被中国政府用作市场准入的前提条件。在 2012 年 12 月的中美商贸联委会会议上，中国

---

[1]　Genevieve Fox, Note: A Future for International Investment? Modifying BITS to Drive Economic Development, *Geo. J. Int'l L.*, Vol. 46, 2014.

[2]　商务部新闻办公室：《陈德铭就所谓"强制性技术转让"等问题接受专访》，http://news. xinhuanet. com/fortune/2012-02/09/c_ 111507318. htm（访问日期：2017 年 10 月 25 日）。

再次确认，将及时纠正与此承诺不一致的任何措施。① 但美国公司认为，虽然中国政府已经在立法上取消强制性技术转让要求，但在具体外资准入审查时，是否技术转让和使用本地成分仍是政府官员是否批准或者同意企业获得中国政策银行贷款的重要因素。② 因此，在这种明显歧视性待遇的情况下，鼓励政策事实上变相成为了强制性政策。③

2014 年 12 月，中国银监会发布了《银行业信息技术资产分类目录和安全可控指标》，对银行金融机构使用的信息技术设备和服务提出了具体的安全可控要求。④ 其中对大部分的技术设备，要求随机软件拥有自主知识产权，而且软件源代码需报银监会备案，并且对新增设备和软件符合安全可控要求的比例做出了较高的要求。美国认为这些措施是对银行部门使用的信息和电信设备提出了本地成分要求，将严重限制许多外国信息和通信技术产品进入中国银行业。作为回应，中国强调必须保护银行部门的安全，并补充说，许多国家已经颁布了类似的立法，世贸组织允许成员酌情采取措施改善网络安全。⑤ 2015 年 2 月，银监会发布《关于〈银行业应用安全可控信息技术推进指南〉的相关说明》，⑥ 目前仍在进一步地修订中。

2014 年国务院办公厅印发《关于进一步加强贸易政策合规工作的通知》，规定由商务部负责接收世界贸易组织成员对国务院各部门、地方各

---

① Investment Climate Statements for 2016, China, at http: //www. state. gov/e/eb/rls/othr/ics/investmentclimatestatements/index. htm? year=2016&dlid=254271, Oct. 25, 2017.

② United States Trade Representative, 2015 Report to Congress on China's WTO Compliance, December 2015, p. 96, at https: //ustr. gov/sites/default/files/2015-Report-to-Congress-China-WTO-Compliance. pdf, Oct. 25, 2016.

③ United States Trade Representative, 2015 Report to Congress on China's WTO Compliance, December 2015, p. 96, at https: //ustr. gov/sites/default/files/2015-Report-to-Congress-China-WTO-Compliance. pdf, Oct. 25, 2016.

④ 《银行业应用安全可控信息技术推进指南（2014—2015 年度）》，银监办发〔2014〕317 号。

⑤ Investment Climate Statements for 2016, China, at http: //www. state. gov/e/eb/rls/othr/ics/investmentclimatestatements/index. htm? year=2016&dlid=254271, Oct. 25, 2017.

⑥ 《关于〈银行业应用安全可控信息技术推进指南〉的相关说明》，http: //www. cbrc. gov. cn/chinese/home/docView/D2260BFA66A24A2D976E1B8D88746A1B. html（访问日期：2016 年 10 月 25 日）。

级人民政府及其部门制定的贸易政策提出的书面意见。[1] 同年，商务部公布《贸易政策合规工作实施办法（试行）》。[2] 因此，各级政府部门在制定和实施相关政策时，应当进行 WTO 合规性评估，且应视情况征求商务部的意见。

3. 充分利用未禁止的措施

在修订与 TRIMs 协议不符条款的同时也要充分利用未被禁止的履行要求。即使是 TPP 也没有禁止所有履行要求，TPP 投资章节第 10 条第 2 款明确指出允许东道国在给予投资优惠时，对诸如生产地点、提供服务、培训或雇用员工、建造特定设施和进行研发等附加条件。另外，为了促进环境的可持续发展，我国还可以设置社会责任要求，仿照印度的做法，要求公司将平均税后利润的 2% 用于履行社会责任并发布关于社会责任支出的报告，接受政府部门和社会公众的监督。同时社会责任履行较好的企业也能通过此类活动，宣传企业的正面形象。

（三）积极实施履行要求替代性措施

1. 激励机制

激励措施（Incentives）是指东道国为了鼓励企业以一定方式行事，而给予特定企业或特定类别企业的任何明显的经济优惠。[3] 我国采用税收优惠政策就属于其中的财政激励措施。2017 年 8 月国务院最新发布《国务院关于促进外资增长若干措施的通知》中提出制定财税支持政策："对境外投资者从中国境内居民企业分配的利润直接投资于鼓励类投资项目，凡符合规定条件的，实行递延纳税政策，暂不征收预提所得税。积极支持西部地区及东北老工业基地的国家级开发区（含经济技术开发区、高新技术产业开发区、海关特殊监管区域等）科技创新、生态环保、公共服务等领域建设，改善招商环境，提升引资质量，承接高水平制造业转移。"[4]

但在设置税收优惠措施时，要注意可能会构成 WTO 反补贴协议中的可诉性补贴。比如对经济特区、技术开发区等特殊经济区的税收减免因具有地域专向性，如果涉及企业生产的产品出口，则可能构成补贴。目前，

---

① 2014 年 6 月 9 日，《国务院办公厅关于进一步加强贸易政策合规工作的通知》，国办发〔2014〕29 号。

② 2014 年 12 月 12 日，《贸易政策合规工作实施办法（试行）》，商务部公告 2014 年第 86 号。

③ UNCTAD, Incentives, UNCTAD/ITE/IIT/2003/5, 2004, p. 5.

④ 2017 年 8 月 16 日，《国务院关于促进外资增长若干措施的通知》，国发〔2017〕39 号。

不论发展中国家还是发达国家，都为了吸引外资而采取各种激励性投资措施，比如美国就其在联邦层面推出了 72 项投资激励措施，涉及教育培训、就业、清洁能源、可再生能源、环境、科研、纺织品出口促进等各个领域。① 因此，我国也要继续并进一步加强各项外资优惠措施，不仅使用税收优惠等财政激励措施，还可以实施基础设施补贴，如土地、水电、运输优惠政策；金融激励措施，如提供补贴性贷款、贷款担保等。

2. 承诺制度

在加拿大投资审查时，外国投资者有关就业、当地成分、出口、技术开发及其转让等意图都是加拿大政府审查的范围。② 在投资审查谈判中，外国投资者常常会做出一些作为投资准入条件的特殊承诺，这些承诺事实上有类似于履行要求的作用。③ 我国《外国投资法（草案）》第 37 条也设计了类似的附加条件批准制度。该条规定，"外国投资主管部门作出审查决定时可附加以下一项或几项条件：（一）资产或业务剥离；（二）持股比例限制；（三）经营期限要求；（四）投资区域限制；（五）当地用工比例或数量要求；（六）国务院规定的其他条件"。从列明的这几项条件就体现了当地最低股份要求、特定区域设立总部要求、雇佣要求。另外，按最后的兜底条款，国务院还可以根据实际情况，进一步添加新的履行要求。

3. 原产地规则、反倾销措施

原产地规则要求产品的国内成分的比例必须符合一个区域性贸易区内部产品的要求，这就与当地成分要求有相似的效果。④ 利用 GATT 第 24 条关税同盟和自由贸易区例外，欧盟和北美自由贸易区的成员国纷纷采用原产地规则。⑤ 例如 NAFTA 要求一件产品投入的实质性部分要在贸易区内产生，而欧盟采用了"国内成分"原产地规则，对某些产品采用更加严

---

① 美国联邦政府激励机制，详见"选择美国"Select USA，at https：//www. selectusa. gov/federal_ incentives，Oct. 25，2016.

② Investment climate statements for 2016，Canada，at http：//www. state. gov/e/eb/rls/othr/ics/investmentclimatestatements/index. htm？ year＝2016&dlid＝254543#wrapper，Oct. 25，2017.

③ UNCTAD，Foreign Direct Investment and Peformance Requirements：New Evidence from Selected Countries，UNCTAD/ITE/IIA/2003/7，2003，p. 246.

④ Ibid. ，p. 279.

⑤ Ibid. ，p. 278.

格的要求。欧盟国家还使用反倾销措施管制从日本和韩国进口的汽车，美国也采取了类似措施来实现与日本的贸易和投资互惠（所谓"实质上同等竞争机会"）。① 目前我国也在积极签订关税同盟和自由贸易区，比如中日韩自由贸易区、中国—东盟自由贸易区。因此，我国也可以效仿发达国家，在必要情况下，使用原产地、反倾销措施。

第五节　改革中的我国外资准入审批制度

参照第四章关于外资准入审批制度的结构，下文对我国审批制度现状进行一个具体介绍分析，首先介绍一般审批制度的审批机构和程序，然后介绍特别审批制度——国家安全审查制度。由于反垄断审查主要考虑经济因素，并不特别针对外国投资者，因此本书不讨论该项特别审查制度。最后分析外资审批制度存在的问题，并结合 2015 年《外国投资法（草案）》中外资审批制度的相关规定，对比借鉴部分国家的相关立法，提出一些建议。

一　我国外资准入审批制度现状

我国外资审批制度一直是学者诟病的对象。② 近几年来，我国政府加大了审批制度改革力度，不断下放审批权限，减少审批范围。2014 年国家发改委发布的《外商投资项目核准和管理办法》，明确提出"外商投资项目管理分为核准和备案两种方式"。③从而改"全面核准制度"为"有限核准制"与"普遍备案制"相结合的模式。2016 年 9 月 3 日，第十二届全国人民代表大会常务委员会二十二次会议表决通过《决定》，对《中华

---

① UNCTAD, Foreign Direct Investment and Peformance Requirements: New Evidence from Selected Countries, UNCTAD/ITE/IIA/2003/7, 2003, p. 279.

② 商务部在《中华人民共和国外国投资法（草案征求意见稿）》的"说明文件"中进行了概括性阐释：（1）外资三法确立的逐案审批制管理模式已不能适应构建开放型经济新体制的需要，不利于激发市场活力和转变政府职能；（2）外资三法中关于企业组织形式、经营活动等规定和《公司法》等有关法律存在重复甚至冲突；（3）外资并购、国家安全审查等重要制度需要纳入外国投资的基础性法律并进一步完善。详见臧公庆《我国外商投资立法修订的整体思路——兼评商务部〈外国投资法（草案征求意见稿）〉》，《经济法学评论》2015 年第 1 期。

③ 《外商投资项目核准和管理办法》，国家发展改革委员会令第 12 号。

人民共和国外资企业法》《中华人民共和国合资经营企业法》《中华人民共和国合作经营企业法》以及《中华人民共和国台湾同胞投资保护法》中有关行政审批条款进行修改，将不涉及国家规定实施准入特别管理措施的外商投资企业和台胞投资企业的设立和变更，由审批改为备案管理。[①]同一天，商务部公布了《外商投资企业设立及变更备案管理暂行办法（征求意见稿）》。10月8日，商务部正式发布并实施《外商投资企业设立及变更备案管理暂行办法》。同一天，国家发展和改革委员会和商务部发布联合公告，指出外商投资准入特别管理措施范围按《外商投资产业指导目录（2015年修订）》中限制类和禁止类，以及鼓励类中有股权要求、高管要求的有关规定执行。从此，我国彻底改变了以往所有外资项目一律须经审批的做法，对未列入负面清单的项目实行备案制。

（一）外资准入审批机构

根据我国法律规定，外资准入审批机构是国务院对外经济贸易主管部门或国务院授权的机关，实行分级审批制，凡投资总额在国务院规定的限度内，建设和生产经营条件及外汇收支不需要国家综合平衡的，由国务院授权省、自治区、直辖市人民政府审批，其余的则由中央政府审批。具体而言又分为立项审批和备案机关、设立审批和备案机关、行业准入审批机关以及审批后的登记机关。

1. 立项审批和备案机关

2014年国家发改委发布的《外商投资项目核准和管理办法》第4条规定，对《政府核准的投资项目目录》中规定的项目实行核准："（一）《外商投资产业指导目录》中有中方控股（含相对控股）要求的总投资（含增资）3亿美元及以上鼓励类项目，总投资（含增资）5000万美元及以上限制类（不含房地产）项目，由国家发展和改革委员会核准。（二）《外商投资产业指导目录》限制类中的房地产项目和总投资（含增资）5000万美元以下的其他限制类项目，由省级政府核准。《外商投资产业指导目录》中有中方控股（含相对控股）要求的总投资（含增资）3亿美元以下鼓励类项目，由地方政府核准。……（四）由地方政府核准

---

① 《全国人民代表大会常务委员会关于修改〈中华人民共和国外资企业法〉等四部法律的决定》，http://www.npc.gov.cn/npc/xinwen/2016-09/03/content_1996747.htm（访问日期：2017年10月26日）。

的项目，省级政府可以根据本地实际情况具体划分地方各级政府的核准权限。由省级政府核准的项目，核准权限不得下放。"

《外商投资项目核准和管理办法》第 5 条规定，第 4 条范围以外的外商投资项目由地方政府投资主管部门备案。

2. 设立审批和备案机关

根据 2000 年《外资企业法》第 6 条："设立外资企业的申请，由国务院对外经济贸易主管部门或者国务院授权的机关审查批准。" 2001 年《中外合资经营企业法》第 3 条和 2000 年《中外合作经营企业法》第 5 条也规定了申请企业设立，应将合营或合作协议、合同、章程报国务院对外经济贸易主管部门或者国务院授权的审查机关批准。2003 年十六届二中全会决议组建商务部后，国务院办公厅下发通知，明确规定：现行行政法规、国务院文件以及经国务院批准的部门规章和规范性文件中涉及原对外贸易经济合作主管部门的职责，均由新组建的商务部履行。① 因此，审批设立机关主要是商务部，还可能包括国务院授权的其他机关，比如省、自治区、直辖市人民政府或者国务院有关部门。②

2016 年《外商投资企业设立及变更备案管理暂行办法》第 3 条规定："国务院商务主管部门负责统筹和指导全国范围内外商投资企业设立及变更的备案管理工作。各省、自治区、直辖市、计划单列市、新疆生产建设兵团、副省级城市的商务主管部门，以及自由贸易试验区、国家级经济技术开发区的相关机构是外商投资企业设立及变更的备案机构，负责本区域内外商投资企业设立及变更的备案管理工作。" 因此，负责设立备案的机关是省、自治区、直辖市、计划单列市、新疆生产建设兵团、副省级城市的商务主管部门，以及自由贸易试验区、国家级经济技术开发区的相关机构是外商投资企业设立及变更的备案机构。

3. 行业准入审批

为履行入世承诺，我国已陆续制定并公布了 40 多项专门规定特定行业外资准入的单行法规规章，涉及金融、商业、交通运输、电影电视等服

---

① 《国务院办公厅关于商务部履行现行行政法规、国务院文件中相应职责的通知》，国办发〔2003〕87 号，附件 1。

② 《中华人民共和国中外合资经营企业法实施条例（2001 修订）》第 6 条。

务贸易领域。① 因此，涉及这些服务贸易领域的外商投资项目还需按相应的法规规章办理审批。

4. 登记管理机关

此外，我国对外商投资企业实行授权登记管理体制，外商投资企业的登记管理机关是国家工商总局和经国家工商总局授予外商投资企业核准登记权的地方工商和市场监管部门。2016 年《工商总局关于做好外商投资企业实行备案管理后有关登记注册工作的通知》规定："不涉及《负面清单》管理的外商投资企业的设立、变更（备案）和注销登记，原则上实行属地管辖，由外商投资企业所在地最基层一级外资被授权局负责办理。涉及《负面清单》管理的外商投资企业的设立、变更（备案）和注销登记，仍继续执行级别管辖原则。"②

（二）外资准入审批程序

外资企业的设立或变更，需遵守下列审批程序：

1. 项目核准或备案

2014 年《外商投资项目核准和管理办法》第 3 章规定项目审核的材料和标准。需要申请核准的项目，应按要求编制项目申请报告并附相关证明材料。第 8 条规定："项目申请报告应包括以下内容：（一）项目及投资方情况；（二）资源利用和生态环境影响分析；（三）经济和社会影响分析。外国投资者并购境内企业项目申请报告应包括并购方情况、并购安排、融资方案和被并购方情况、被并购后经营方式、范围和股权结构、所得收入的使用安排等。"第 16 条规定核准的标准是："（一）符合国家有关法律法规和《外商投资产业指导目录》《中西部地区外商投资优势产业目录》的规定；（二）符合发展规划、产业政策及准入标准；（三）合理开发并有效利用资源；（四）不影响国家安全和生态安全；（五）对公众利益不产生重大不利影响；（六）符合国家资本项目管理、外债管理的有关规定。"

对于符合备案制的外商投资项目，需提交项目和投资方基本情况等信

---

① 《中国投资指南》，2015 年 12 月 17 日，http：//www. fdi. gov. cn/1800000121_ 10000483_ 8. html（访问日期：2016 年 10 月 26 日）。

② 《工商总局关于做好外商投资企业实行备案管理后有关登记注册工作的通知》，工商企注字〔2016〕189 号。

息，并附中外投资各方的企业注册证明材料、投资意向书及增资、并购项目的公司董事会决议等其他相关材料。①

2. 名称预登记

新设立的企业需向工商行政管理部门申请企业名称预登记手续，获得"企业名称预先核准通知书"。

3. 设立审批或备案

根据 2016 年《外商投资企业设立及变更备案管理暂行办法》，外商投资企业的设立及变更，不涉及国家规定实施准入特别管理措施的，适用备案管理。② 因此，准入特别管理措施即《外商投资产业指导目录（2017 年修订）》中负面清单中的限制类措施，不论金额大小或投资方式，均实施审批管理。实施审批管理的项目，在获得项目核准后，由中方投资者将合同、章程等法律文书报送审批部门（商务管理部门）审批。审批部门在收到可行性报告和合同、章程等文件之日起 90 日内决定批准或不批准。申请设立合作企业，应在 45 天内决定批准或不批准。批准后，由商务部门颁发商业投资企业批准证书。③

根据 2016 年《外商投资企业设立及变更备案管理暂行办法》，外商投资企业的设立备案，可以在营业执照签发前后的 30 日内办理，且设立和变更均通过备案系统在线填报和提交备案申报材料。④ 其第 7 条规定了需要提交的材料。备案机构对填报信息形式上的完整性和准确性进行核对，并对申报事项是否属于备案范围进行甄别。属于备案范围的，备案机构应在 3 个工作日内完成备案。⑤ 由此可见，备案管理属于告知性备案，即外商投资企业或投资者以承诺书形式对填报信息的真实性、准确性和完整性负责，备案机构在备案阶段仅对信息进行形式审查。这与审批制有着根本性区别，且备案也不是企业办理其他手续的前置条件。

---

① 《外商投资项目核准和管理办法》，国家发展改革委员会令第 12 号，第 18 条。

② 《外商投资企业设立及变更备案管理暂行办法》，商务部令 2016 年第 3 号，第 2 条。

③ 《中国投资指南》，2015 年 12 月 17 日，http://www.fdi.gov.cn/1800000121_10000483_8.html（访问日期：2016 年 10 月 26 日）。

④ 《外商投资企业设立及变更备案管理暂行办法》，商务部令 2016 年第 3 号，第 5 条、第 6 条。

⑤ 《外商投资企业设立及变更备案管理暂行办法》，商务部令 2016 年第 3 号，第 11 条。

4. 申领营业执照

需经设立审批的项目，应在 30 天之内凭商务部门颁发的《外商投资企业批准证书》到工商行政管理部门办理企业注册登记手续，并领取营业执照。①

5. 其他手续

在领取营业执照之日起 30 日内还需到有关部门办理相关手续，如到银行开立账户；到税务部门办理税务登记；办理海关登记；到外汇管理部门办理外汇管理登记等相关手续。②

二　我国国家安全审查制度

（一）我国国家安全审查制度相关立法发展

2015 年 7 月 1 日，第十二届全国人民代表大会常务委员会第十五次会议通过《中华人民共和国国家安全法》。从此，我国有了真正现代意义上的国家安全基本法。但此法是带有浓厚公法性质的特别刑法，③ 主要作用还是维护传统意义上的国家安全，且原则性过强，对外资安全审查只能在基本定义和审查权力来源上发挥作用。我国现行外资国家安全审查制度的原型是始于 2006 年的商务部《关于外国投资者并购境内企业的规定》及其 2009 年修订版，但该部门规章在立法的合法性上存在一定瑕疵。④ 2011 年 2 月，国务院办公厅发布《关于建立外国投资者并购境内企业安全审查制度的通知》（以下简称《通知》），正式建立起我国外资并购领域的国家安全审查制度。2011 年 8 月，商务部公布了《商务部实施外国投资者并购境内企业安全审查制度的规定》，对《通知》的相关内容作了进一步明确和细化。2014 年 5 月，发改委发布了《外商投资项目核准和备案管理办法》，将国家安全审查纳入外商投资项目管理体系。与《通知》仅适用于并购投资不同，该管理办法适用于"三资"企业、外商投资合伙、外商并购境内企业、外商投资企业增资及再投资项目等各类外商

---

① 《商务部关于依法行政做好外商投资企业审批工作的通知》，商资函〔2005〕第 3 号，第 9 条。

② 《中国投资指南》，2015 年 12 月 17 日（访问日期：2017 年 10 月 26 日）。

③ 康均心、虞文梁：《后〈国家安全法〉时代的国家安全法律体系建设》，《郑州大学学报》（哲学社会科学版）2016 年第 5 期。

④ 廖凡：《〈外国投资法〉宜完善审查机构设计》，《经济参考报》2015 年 1 月 28 日第 6 版。

投资项目的新设和并购投资。① 其第 7 条明确规定"外商投资涉及国家安全的,应当按照国家有关规定进行安全审查",从而将国家安全审查与外商新设投资联系起来。2015 年《自由贸易试验区外商投资国家安全审查试行办法》第 1 条（二）、（三）也规定外国投资者新设、并购、通过协议控制等方式的投资都属于国家安全审查范围。② 2016 年《外商投资企业设立及变更备案管理暂行办法》第 31 条规定："外商投资事项涉及国家安全审查的,按相关规定办理。备案机构在办理备案手续或监督检查时认为该外商投资事项可能属于国家安全审查范围,而外商投资企业的投资者未向商务部提出国家安全审查申请的,备案机构应及时告知投资者向商务部提出安全审查申请,并暂停办理相关手续,同时将有关情况报商务部。"

（二）"国家安全"定义

2014 年 4 月 15 日,习近平总书记在中央国家安全委员会第一次会议上提出,要构建集政治安全、国土安全、军事安全、经济安全、文化安全、社会安全、科技安全、信息安全、生态安全、资源安全、核安全等于一体的国家安全体系。③ 2015 年《中华人民共和国国家安全法》第 2 条规定了国家安全的定义。④ 由此可见,我国对国家安全的定义是广义的定义,即除包含了传统军事国防安全外,还包括经济安全和其他重大利益,总共包括 11 种安全。

（三）国家安全审查制度的具体内容

关于国家安全审查制度,2015 年《中华人民共和国国家安全法》只是非常笼统地规定了国家安全审查制度审查的范围。⑤ 中央国家机关各部门依照法律、行政法规行使国家安全审查职责,依法作出国家安全审查决

---

① 《外商投资项目核准和备案管理办法》,国家发展改革委员会令第 12 号,第 2 条。

② 《国务院办公厅关于印发自由贸易试验区外商投资国家安全审查试行办法的通知》,国办发〔2015〕24 号。

③ 《习近平:坚持总体国家安全观,走中国特色国家安全道路》,新华网,http://news.xinhuanet.com/2014-04/15/c_ 1110253910.htm（访问日期:2017 年 10 月 27 日）。

④ 第 2 条规定:国家安全是指"国家政权、主权、统一和领土完整、人民福祉、经济社会可持续发展和国家其他重大利益相对处于没有危险和不受内外威胁的状态,以及保障持续安全状态的能力"。

⑤ 《国家安全法》第 59 条规定:"国家建立国家安全审查和监管的制度和机制,对影响或者可能影响国家安全的外商投资、特定物项和关键技术、网络信息技术产品和服务、涉及国家安全事项的建设项目,以及其他重大事项和活动,进行国家安全审查,有效预防和化解国家安全风险。"

定或者提出安全审查意见并监督执行。① 因此涉及具体的国家安全审查机关和审查标准还得参考国务院法规和各部门规章。

第一，关于国家安全审查机构，2011 年《通知》第 3 条规定，我国外资并购安全审查工作由外国投资者并购境内企业安全审查部际联席会议（以下简称联席会议）具体承担。联席会议在国务院领导下，由发展改革委、商务部牵头，根据外资并购所涉及的行业和领域，会同相关部门开展并购安全审查并作出决定。由于我国外资设立分为项目核准和设立审批，分别由发改委和商务部负责，因此国家安全审查也应由这两个部门牵头，并根据并购案例具体涉及的行业同相关部门协商，共同作出决定。这样的机构设置是符合我国目前外资审批制度现状的。

第二，关于安全审查的范围，主要包括外国投资者并购境内军工及军工配套企业，重点、敏感军事设施周边企业，以及关系国防安全的其他单位；外国投资者并购境内关系国家安全的重要农产品、重要能源和资源、重要基础设施、重要运输服务、关键技术、重大装备制造等企业，且实际控制权可能被外国投资者取得。② 因此涉及的主要考量因素有国防安全、产业安全、重要基础设施、关键技术和实际控制。

第三，关于安全审查的标准，2011 年《通知》第 2 条规定，主要审查：（1）并购交易对国防安全，包括对国防需要的国内产品生产能力、国内服务提供能力和有关设备设施的影响；（2）对国家经济稳定运行的影响；（3）对社会基本生活秩序的影响；（4）对涉及国家安全关键技术研发能力的影响。

第四，关于安全审查程序，可以由投资者向商务部提出申请，对属于安全审查范围内的并购交易，商务部应在 5 个工作日内提请联席会议进行审查；另外，国务院有关部门、全国性行业协会、同业企业及上下游企业，认为需要进行并购安全审查的，可以通过商务部提出进行并购安全审查的建议。③

另外，虽然 2011 年《通知》只适用于外资并购领域的国家安全审查，

---

① 《国家安全法》第 60 条。

② 《国务院办公厅关于建立外国投资者并购境内企业安全审查制度的通知》，国办发〔2011〕6 号，第 1 条。

③ 《国务院办公厅关于建立外国投资者并购境内企业安全审查制度的通知》，国办发〔2011〕6 号，第 4 条。

但 2014 年发改委的《外商投资项目核准和备案管理办法》和 2016 年商务部的《外商投资企业设立及变更备案管理暂行办法》两个主要审核部门的规章中均涉及了新设投资时的安全审查制度，再结合 2015 年《中华人民共和国国家安全法》第 59 条审查范围中"影响或者可能影响国家安全的外商投资"，可以推断，我国目前国家安全审查范围应该涉及所有外商投资包括新设和并购。

三　我国外资准入审批制度仍需改革的问题

自 2013 年以来，我国颁布了一系列的法律、法规、规章，彻底废除了我国所有外国投资项目一律审查的严格审批制度，改为审批和备案相结合的选择审批制，是符合国际投资自由化的发展趋势的。同时，参照部分国家的立法，与时俱进地更新了"国家安全"的概念，为完善现代意义上的国家安全审查制度提供了良好的法律依据。但由于长期以来，我国政府机构设置不尽合理，对微观经济运行干预较多，公共服务意识相对薄弱，因此，仍存在一些问题。

（一）审批机构设置不合理

审批机构庞杂，层级繁多。比如中央一级的审批机构就包括商务部、国家发展改革委、国家工商总局等政府机构。发改委主要负责外资项目的核准，但商务部也有类似的权限。[①] 那么两个部门权限的区别是什么？多项立法中提到，商务部的职责是"负责审批外商投资企业设立及企业变更审批"，那么这个设立审批的内容到底是什么？仅仅是合同、章程的审批吗？而负责国家安全审查的联席会议，也是由发改委和商务部联合牵头。经法律法规或中央机关授权的地方审批机关就更多了。比如项目核准机关包括：省级政府、省级政府根据本地情况再划分各级政府的核准权限。设立审批机关包括国务院授权的省、自治区、直辖市人民政府、国务院有关部门和地方政府。[②] 所以除了中央有关部门外，地方政府负责本地区外商投资的审批和管理工作，同时各地又根据当地情况采取不同的分级管理模

---

① 《商务部关于依法行政做好外商投资企业审批工作的通知》，商资函〔2005〕第 3 号，第 3 条"关于商务部职责"中规定：商务部"依法核准国家规定的限额以上、限制投资和涉及配额、许可证管理的外商投资企业的设立及其变更事项"。

② 《中华人民共和国中外合资经营企业法实施条例（2001 修订）》第 6 条。《中华人民共和国中外合作经营企业法》第 5 条。

式，一般按投资规模将审批权下放到所辖市、区、县。另外，项目审核和设立备案都有新的规章出来予以明确，而设立审批却按以往规定，2005年《商务部关于依法行政做好外商投资企业审批工作的通知》中，列举了41项服务贸易领域外商投资及港澳台的法规、规章，按7中设立方式审批。①

（二）立法权、审批权过于分散

由于涉及的管理部门多，各个部门都制定了自己的工作实施细则，再加上地方性法规和政府规章，因此有关审批的规定常常散见于各种法规、规章、政策文件中。2005年《商务部关于依法行政做好外商投资企业审批工作的通知》中提及，为方便各级商务主管部门从事外资工作的同志学习、熟悉吸收外商投资的法律法规，商务部编辑了《新编利用外资法规文件汇编（1979—2003）》，收录了自改革开放至今我国颁布并仍在实施的与外商投资相关的法律、法规、规章和规范性文件共12类、1000余项。②各种繁复、冲突的规定增加了法律适用的难度，最终可能损害到投资的积极性。

同时，审批机关往往身兼数职，外资审批机构承担了政策制定、审批和监管等多重职能。外资管理部门往往陷入纷繁复杂的协调、审批工作之中，导致了大量的市场违规行为不能及时制止。一些省市的项目审批权限下放，过于分散，导致外商投资投向不合理，重复引进这种现象时有发生。管理机构的分散也导致了没有一个部门可以从国家层面进行深入研究和解决外商投资的重大政策和先进的、深层次的战略问题。

（三）缺乏明确的审核标准和对审批结果的救济措施

外资审批领域的立法透明度更是存在问题，缺乏明确的审核标准和对审批结果的救济措施。"三资"法实施条例和细则中，对合同和章程所需要包含内容有20多项。③核准标准中"符合发展规划、产业政策及准入标准"的表述也过于模糊，这里的准入标准又具体包含哪些标准？另外，

---

① 《商务部关于依法行政做好外商投资企业审批工作的通知》，商资函〔2005〕第3号，附件2、附件3。

② 《商务部关于依法行政做好外商投资企业审批工作的通知》，商资函〔2005〕第3号，第9条。

③ 比如2001年《中华人民共和国中外合资经营企业法实施条例》第11条规定了合同必须包含13项内容，第13条规定章程必须包含9项内容。

外资法其实是属于民商法的领域，和《公司法》应处于同等地位。我国在相关立法过程中更强调监管的职责，而忽视了对投资者利益的保护，这也体现在对审批结果缺乏救济措施。目前我国政府机构关于服务型政府的理念已经形成，但由于分工体制和问责机制等相关制度安排没有形成，真正落实和体现服务职责还有很大距离。[1]

（四）国家安全审查相关法律位阶过低

如前所述，我国安全审查制度的专项立法主要是 2011 年《国务院办公厅关于建立外国投资者并购境内企业安全审查制度的通知》和商务部的《实施外国投资者并购境内企业安全审查制度的规定》。安全审查实际上是一种行政许可，根据《行政许可法》第 14 条规定，行政许可须由法律或行政法规设定。行政法规作为法的一种，根据《立法法》规定，行政法规必须由国务院根据宪法和法律，依照法定程序制定，并由总理签署国务院令公布。[2] 国务院办公厅作为处理国务院日常工作的办事机构，无权发布行政法规。而"三资"法和《国家安全法》并没有对外资安全审查的具体实施做任何规定。同时，还存在是否对新设投资进行安全审查的衔接问题，2011 年的专项立法都只针对外资并购过程中的安全审查，并不包含新设投资。而 2015 年《国家安全法》和 2014 年发改委的《外商投资项目核准和备案管理办法》和 2016 年商务部的《外商投资企业设立及变更备案管理暂行办法》都采用了"外商投资"的字样，而从整个法律或规章的内容看，应包含新设投资。因此，还需要一个上位法予以明确安全审查是否包含新设投资，新设投资的安全审查是否也同样适用外资并购的审查标准和程序等具体内容。

四 我国外资准入审批制度的完善

2015 年《中华人民共和国外国投资法（草案征求意见稿）》（简称《外国投资法（草案）》）确立了"有限许可加全面报告"的管理制度，部分完善了我国外资国家安全审查制度以及外资准入审批制度。2019 年《中华人民共和国外商投资法》作为统一的外资基础性法律，确立了全面实行准入前国民待遇加负面清单管理制度。因此笔者以为在上述草案和法

---

① 郝红梅：《我国外商投资管理体制的改革与完善》，《中国经贸导刊》2011 年第 2 期。

② 《中华人民共和国立法法》第 61 条。

律相关条款的基础上提出最终的改进意见更具有前瞻性。

（一）统一外资审批机构

《外国投资法（草案）》提及了"国务院外国投资主管部门"，这个国务院外国投资主管部门是国家发改委还是商务部还是某个新设部门？2019年《外商投资法》第7条将国务院商务主管部门和投资主管部门并列，同时对比现行的相关规定，根据《2014年国务院关于发布政府核准的投资项目目录（2014年）的通知》，国务院外国投资主管部门似乎应该是国家发改委，也能与国家发改委发布的《外商投资项目核准和管理办法》相配套衔接。那么商务部的设立审批权如何体现和实施？在现今核准和设立审批并存的情况下，至少有一个部门的审批权力要被取消。漆彤、李建坤在《中国〈外国投资法草案〉若干问题探析》一文中认为，商务部才是"外国投资主管部门"，表现为商务部在草案出台中发挥了主导性作用。[①]《外国投资法（草案）》第49条关于安全审查联席会议组成中，提到"国务院发展改革部门和国务院外国投资主管部门共同担任联席会议的召集单位"，因此排除了发改委作为国务院外国投资主管部门的可能性。

统一外资审批机构和减少审批程序，有助于增加外资准入的透明度。因此，笔者以为应合并核准审批与设立审批，建立单一准入审批程序。如果按照草案的立法模式，首先要明确国务院外国投资主管部门究竟是哪个部门，可以效仿加拿大投资法的相关规定，以商务部作为主要的外资准入审批机构，当涉及特殊行业时，在做出最终审查决定前，与其他部门进行协商。[②]当涉及国家安全时，提交安全审查机构进行审查。[③]《外国投资法（草案）》也在第33条和第34条规定了相似的内容。商务部做为主管国家经济贸易的国家机关，负责外国投资监管更符合国际通行惯例，而且根据我国现行外资并购安全审查相关程序，商务部也是接受申请的机构。当然，这里涉及国家部委之间的权力分配问题，被取消的部委如何放权，商务部具体如何履行统一审批职能，有待于国务院进行机构改革。也有专家建议单独设立一个专门的外资审批机构——国家外资委员会，由中央直接

---

① 漆彤、李建坤：《中国〈外国投资法草案〉若干问题探析》，《武大国际法评》2015年第1期。

② Sec. 36.3（1）of ICA.

③ Sec. 25.3（1）of ICA.

领导，优点是可以超脱部门利益，起到综合协调的作用，从更宏观的层面把握中国吸收外资战略方向。[①]虽然建立一个专门的中央机构，似乎一劳永逸，但笔者以为如果现有的机构可以履行相关职责，就没有必要专设一个，因为：一是与行政机构精简背道而驰，二是在与其他现有法律衔接上也存在更多问题。

（二）收回立法权，严格限制审批权

对于审批机关层级多、身兼数职等问题，笔者以为首先可以将政策制定权统一收归国务院和商务部。由国务院制定审批项目目录，即特别管理措施目录。由商务部制定审批相关实施细则。在中央层面，如果外国投资主管机关就是商务部，排除了其他中央部门的相关立法权限。在地方层面，由于我国幅员辽阔，各地之间经济发展、投资环境等差异巨大，因此由地方政府按照自己的情况，自行立法有一定的现实合理性。但也导致各地政府为了吸引外资，纷纷出台各种优惠政策和措施，在国家法律指引下形成了各种"内部规定"，加剧了我国外资立法零散无序的状态。因此，为了增加外资立法的透明度，也为了防止由于各地外资准入条件不一导致的不公平，也应收回地方政府的相关立法权限。《外国投资法（草案）》第20条规定，"国家实行统一的外国投资准入制度"。该条清晰地表明了试图统一外资准入立法的努力。第23条规定，"特别管理措施目录由国务院统一制定并发布"。2019年《外商投资法》第4条也规定了负面清单由国务院发布或者批准发布。因此，从草案条款看各部门、各地方均无权对外资准入条件进行限制。

其次，关于严格限制审批，《外国投资法（草案）》规定得比较明确。《外国投资法（草案）》第27条规定了两类审批机关：超过国务院规定金额标准的，向国务院外资主管部门申请。限制领域的投资，向国务院外资主管部门或省、自治区、直辖市人民政府外国投资主管部门申请。需要进行审批的投资包含以下几类：一是以金额为标准，超过国务院规定金额标准，但没有在限制投资领域内；二是超过国务院规定金额，同时也在限制投资领域内。这两类投资都需要经过国务院外资主管部门审批。最后一种是没有超过国务院规定金额，但在限制投资领域内，需向国务院外资主管部门或省、自治区、直辖市人民政府外国投资主管部门提请审批。

---

① 郝红梅：《我国外商投资管理体制的改革与完善》，《中国经贸导刊》2011年第2期。

因此，具有设立审批权的机关就应该只有两个：商务部和省级人民政府，而省级人民政府不应该再授权下级政府行使任何审批权。另外，在金额标准上，根据草案，应该由国务院制定法规予以规定，但随着投资规模的变化和经济的发展，金额可能一直变化，频繁修改不利于法规的稳定性和可预见性，也可以仿照加拿大的做法，专门就金额限制立法，并每年予以更新。

（三）确立国家利益导向审查标准

商务部在草案说明中明确提出，审查对象不再是合同、章程，而是外国投资者及其投资行为。[①]《外国投资法（草案）》第32条规定的审查因素，包括：（1）对国家安全的影响；（2）是否符合特别管理措施目录规定的条件；（3）对能源资源、技术创新、就业、环境保护、安全生产、区域发展、资本项目管理、竞争、社会公共利益等的影响；（4）对于行业发展的实际影响与控制力；（5）国际条约义务；（6）外国投资者及其实际控制人的情况。其中前4项和第6项都是外国投资者在申请审批时需要在申请书中证明或披露的信息。[②]从申请材料看，与目前法定的申请材料相比减少了很多，但实际内容却更具体明确。不过在第32条审查因素的最后还规定了一个兜底条款"国务院规定的其他因素"。在缺乏综合性评估标准的情况下，这个"其他"又造成了含义的模糊。因此，笔者建议仿照加拿大或澳大利亚，直接建立"国家利益"标准，其实审批的目的就是维护国家利益，所有的考量因素也都是围绕国家利益来体现的。

（四）完善准入审批的救济机制

《外国投资法（草案）》第36条列明了三种审批结果：批准、不批准、附条件批准。第40条规定给予外国投资者申辩的机会。第73条规定，对国家安全审查决定，不得提起行政复议和行政诉讼。第8章"投诉协调处理"是新法唯一涉及行政救济的规定，依第120条"国际投资促进机构"设立的"外国投资投诉协调处理中心"负责协调处理投诉。根据第105条的规定，"国际投资促进机构"是在国务院外国投资主管部门指导下履行职责的。因此其下设的中心作为下级单位显然也无法对国务院外

[①] 《商务部就〈中华人民共和国外国投资法（草案征求意见稿）〉公开征求意见》，附件2《关于〈中华人民共和国外国投资法（草案征求意见稿）〉的说明》。

[②] 《外国投资法（草案）》第30条。

国投资主管部门作出的审批决定作出有效监督，因此其解决投诉的有效性存在疑问。2019 年《外商投资法》第 33 条规定："国家建立外商投资安全审查制度，对影响或者可能影响国家安全的外商投资进行安全审查。"并规定了依法作出的安全审查决定为最终决定。第 25—26 条规定："国家建立外商投资企业投诉工作机制……外商投资企业认为行政机关及其工作人员的行政行为侵犯其合法权益的，可以通过外商投资企业投诉工作机制协调解决。"同时，法条也规定可以申请行政复议和行政诉讼。

按照我国的实际情况，由于商务部已经是国家政府关于外资管理的最高机构，笔者以为，对于设立审批，可以按照两类不同审批机关作出的决定，采取不同的救济方式，即对省政府相关部门作出的审批决定不服的，可以依法申请商务部进行复议或提起行政诉讼；而对商务部的决定不服的，可以仿照我国《反垄断法》第 53 条的相关规定。对于国家安全审查，外国投资法草案的说明中提到"为消除国家安全隐患可采取的措施等内容，规定国家安全审查决定不得提起行政复议和行政诉讼"。[①] 那么，笔者以为是否可以参照美国国会对安全审查进行监督的方式，也赋予全国人大常委会最终决定权，以示慎重。

（五）完善国家安全审查制度

《外国投资法（草案）》专章设立国家安全审查制度，充分借鉴有关国家的做法，（1）进一步完善了国家安全审查的审查因素、审查程序。（2）《外国投资法（草案）》使国家安全审查制度的依据直接来源于"法律"，提升了其效力的层级和权威。（3）扩大了适用范围至"任何危害或可能危害国家安全的外国投资"。[②] 因此，新设投资等一切投资形式都可能受到国家安全审查。（4）第 55 条规定了国家安全审查可以由联席会议主动依职权启动。（5）第 65 条增加了附加限制性条件通过。但仍存在下列问题：（1）关于联席会议设置，继承了外资并购安全审查的相关设置，由发改委和国务院外国投资主管部门共同召集，但法条又没明确召集的具体程序和职责，这种双头模式可能对两部门之间的分工合作造成障碍。笔者建议直接规定商务部负责召集即可。"会同外国投资所涉及的相

---

① 《商务部就〈中华人民共和国外国投资法（草案征求意见稿）〉公开征求意见》，附件 2《关于〈中华人民共和国外国投资法（草案征求意见稿）〉的说明》。

② 2015《外国投资法（草案）》第 48 条。

关部门具体实施"的规定，过于含糊，可学习美国的做法，采取列举加兜底的方式，直接将密切关联的重要部门列为联席会议成员，并规定可视投资所涉及的行业和领域由联席会议主席或召集单位指派或邀请其他部门参与联席会议。（2）国务院外国投资主管部门的职责不清。从相关规定看，联席会议才有权决定启动安全审查，但草案第53条规定，需要进行安全审查的，国务院外国投资主管部门在告知申请人后5个工作日内提请联席会议进行审查。那么是由国务院外国投资主管部门首先确定是否要进行安全审查吗？既然联席会议召集不易，那么建议直接赋予国务院外国投资主管部门进行初步判断、启动安全审查的权力，但实质性安全审查必须由联席会议进行并作出决定。

结　　论

人们已经逐渐认识到，国际投资不同于国际贸易，国际投资法应更加关注责任和利益的平衡。传统上深受自由主义影响的片面强调投资保护和投资自由的国际投资法体系正在逐渐向嵌入式自由主义转变。贸发会提出的新一代投资政策框架就明确体现了这一趋势，强调资本对社会的义务和责任，强调国家安全、金融审慎、环境保护、劳工保障等，以此来保障东道国对重要领域的国内监管权。而如何平衡投资自由化趋势和国家利益，构建一套符合通行国际投资规则的外资准入法律体系，在对外国资本流入显得更具有吸引力的同时又能引导外资对我国现代化建设发挥积极效应。这也正是各个自贸区和中国政府现阶段积极探索追求的。

美国签订的双边投资协定主要采取准入前国民待遇加负面清单模式，从而推及美国参与的多边投资协定并逐渐被其他国家接受并仿效。但各国的负面清单实践并不一致：发达国家，如美国、加拿大、日本等国对负面清单管理模式有较为丰富的实践经验，在对外缔结双边投资协定或自由贸易协定时往往主动要求采用外资准入的国民待遇加负面清单模式；而发展中国家，往往是被动接受负面清单，只有在对方缔约国（主要是美国、加拿大）提出采用负面清单模式的要求时才予以采用；欧盟的成员国虽然不少是发达国家，但由于受传统欧式 BIT 的影响，负面清单行业列表的内容也各不相同，每个国家往往按照本国经济的特点，结合国内行业和部门的发展情况以及国家安全政策开列负面清单。

历史上，发达国家曾经用履行要求来解决四大问题：微观和宏观经济的影响、收入分配问题、政治独立和政治权力分配问题，涉及政治和跨国企业实质性存在的经济后果。履行要求的存在是有其经济和政治意义的。但为了遵守国际协定，吸引更多的外资，不论是发达国家或是发展中国家都纷纷减少直接使用履行要求，特别是限制性的履行要求。多边、双边的投资协定中也常常出现限制履行要求的条款，甚至还有全面禁止履行要求条款。但是，事实上，履行要求在发达国家和发展中国家都不同程度地存在，由于各国经济发展水平的不同，全面禁止履行要求是不现实的也是合理的。即使是现在，发达国家也并没有放弃对外资企业的影响，只是更多地使用激励性措施或者用贸易政策措施代替履行要求，从而达到和以往选择履行要求类似的目的。这些措施包括原产地、自愿出口限制、反倾销。

外资审批制度本身也会成为影响外国直接投资的一个重要因素。外资准入审批的机关、审批范围以及审批内容等要素的设置都可能对外资产生积极或消极的影响。设立单一的审批机构是审批制度改革的发展方向。随着国际投资环境的变化，很多国家为了吸引更多的投资，进行了审批制度的改革，变为选择审批制。许多国家采用了两种以上的审查模式，即一般审查和特殊审查包括国家安全审查。过去的十年间，许多国家建立了基于国家安全目的的审查制度，或者对国家安全审查相关机制进行了修订，使得国家安全审查更加严格。随着"国家安全"定义的扩大化解释，在审批条件和领域逐步放宽的同时，国家安全审查制度在各国的投资政策中占有越来越重要的地位。

最后章节是本书的最终意义所在，本书从国际和国内两个层面，综合分析了我国外资准入制度三方面的协调改进与完善措施：

首先，在准入前国民待遇和负面清单管理模式上，既然我国已同意在中美双边投资协定中以此为基础进行谈判，看来这种管理模式已经势不可当。那么在国内外商投资准入特别管理措施的制定上，宜粗不宜细，要为国际投资协定谈判留有负面清单删减的余地，但对限制性条件要进一步予以明确。在国际投资协定的谈判中，除了形式上的问题外，内容上缺乏国内法依据是我国目前负面清单中的硬伤，因此梳理完善国内法是基础。对于未来不符措施，通过枚举法和兜底法两种方法对未来负面清单予以规定。

其次，在禁止或限制履行要求的趋势下，为了遵守国际义务，我国也越来越少地使用限制性的履行要求。但实施履行要求往往能实现经济上乃至政治上的目的，因此完全禁止履行要求的使用是不现实的也是不可能实现的。在将来国际投资协定谈判中涉及履行要求禁止条款的，我国首先应充分利用投资协定中的例外条款。其次，在国内履行要求相关立法上，设置特殊部门或产业保护政策，同时进行 WTO 合规性评估并充分利用未被

TRIMs 协议禁止的履行要求。最后，要积极实施履行要求的替代性措施。

　　最后，在外资准入审批制度上，我国虽然已经彻底改变了以往所有外资项目一律须经审批的做法，对未列入负面清单的项目实行备案制，但仍存在审批机构设置不合理、立法缺乏透明度的问题。2015 年《中华人民共和国外国投资法（草案征求意见稿）》代表了我国目前外资法相关领域的最新立法趋势，即使是这部尚未通过的草案，也存在上述问题。因此，本书提出：第一，要统一外资审批机构，合并核准和设立审批程序。第二，国务院也应该收回立法权，同时严格限制审批权。第三，以国家利益为导向，制定审查标准。第四，完善准入审批的救济制度和国家安全审查制度。

参考文献

一 著作及编著类

陈婵婷：《中美外资并购国家安全审查体系的比较研究》，复旦大学出版社 2013 年版。

黄爱武：《战后美国国家安全法律制度研究》，法律出版社 2011 年版。

胡建淼主编：《中国现行行政法律制度》，中国法制出版社 2011 年版。

刘笋：《国际投资保护的国际法制——若干重要法律问题研究》，法律出版社 2002 年版。

孙南申等：《进入 WTO 的中国涉外经济法律制度》，中国人民大学出版社 2003 年版。

[尼泊尔] 苏里亚·P. 苏贝迪：《国际投资法：政策与原则的协调》，张磊译，法律出版社 2015 年版。

史晓丽主编：《国际投资法》，中国政法大学出版社 2005 年版。

田文英主编：《外资并购与国家安全》，法律出版社 2011 年版。

王宏军：《印度外资准入制度研究——兼论外资法的构建》，法律出版社 2014 年版。

吴志忠主编：《国际经济法》，北京大学出版社 2008 年版。

吴宏、胡伟：《市场监管法论——市场监管法的基本理论与基本制度》，北京大学出版社 2006 年版。

徐泉：《国际贸易投资自由化法律规制研究》，中国检察出版社 2004 年版。

姚天冲主编：《国际投资法教程》，对外经济贸易大学出版社 2010 年版。

姚镇梅主编：《国际投资法》，武汉大学出版社 2011 年版。

余劲松主编：《国际投资法》，法律出版社 2014 年版。

杨紫烜主编：《经济法》，北京大学出版社 2014 年版。

张国平：《外商直接投资的理论与实践》，法律出版社 2009 年版。

中国社会科学院世界经济与政治研究所国际贸易研究室：《〈跨太平洋伙伴关系协定〉文本解读》，中国社会科学出版社 2016 年版。

二 杂志类

程春华：《能源宪章转型与全球能源治理：历程、原因及影响》，《社会科学》2015 年第 11 期。

樊正兰、张宝明：《负面清单的国际比较及实证研究》，《上海经济研究》2014 年第 12 期。

高维和、孙元欣、王佳圆：《美国 FTA、BIT 中的外资准入负面清单：细则与启示》，《外国经济与管理》2015 年第 3 期。

郝红梅：《我国外商投资管理体制的改革与完善》，《中国经贸导刊》2011 年第 2 期。

郝红梅：《我国外商投资法制环境的发展与完善》，《国际贸易》2011 年第 3 期。

何艳：《双边投资协定中的技术转让履行要求禁止规则研究——兼论我国在中美双边投资协定谈判中的立场》，《当代法学》2014 年第 4 期。

韩冰：《准入前国民待遇与负面清单模式：中美 BIT 对中国外资管理体制的影响》，《国际经济评论》2014 年第 6 期。

Jeffrey Schott、陆之瑶：《TPP 之后的亚太区域主义》，《贸易展望》2017 年第 3 期。

康均心、虞文梁：《后〈国家安全法〉时代的国家安全法律体系建设》，《郑州大学学报》（哲学社会科学版）2016 年第 5 期。

梁咏：《中欧 BIT 的"负面清单"研究：由来、变迁与展望》，《国际经济法学刊》2015 年第 1 期。

刘笋：《投资条约中的"履行要求禁止规则"》，《武汉大学学报》（社会科学版）2001 年第 6 期。

刘笋：《投资准入自由化与投资措施的国际管制》，《暨南学报》（哲学社会科学版）2003 年第 2 期。

刘艳：《论发展权视角下履行要求条款的构建》，《武大国际法评论》2016 年第 1 期。

刘冰：《自由贸易试验区负面清单比较研究——以 2015 版负面清单为视角》，《哈尔滨学院学报》2016 年第 7 期。

林平、李嫣：《外资并购的国家安全审查：概念、国际经验和政策建议》，《产业经济评论》2009 年第 1 期。

陆建明、杨宇娇、梁思焱：《美国负面清单的内容、形式及其借鉴意义——基于 47 个美国 BIT 的研究》，《亚太经济》2015 年第 2 期。

陆建明、杨宇娇、梁思焱：《美国双边投资协议中签约双方负面清单的比较研究》，《外国经济与管理》2016 年第 2 期。

聂平香、戴丽华：《美国负面清单管理模式探析及对我国的借鉴》，《国际贸易》2014 年第 4 期。

钱晓萍：《国际投资市场准入"国民待遇与负面清单"研究——以美国晚近缔约实践为主要研究对象》，《上海对外经贸大学学报》2015 年第 4 期。

漆彤、李建坤：《中国〈外国投资法草案〉若干问题探析》，《武大国际法评论》2015 年第 1 期。

盛斌、纪然：《国际投资协议中国民待遇原则与清单管理模式的比较研究及对中国的启示》，《国际商务研究》2015 年第 1 期。

上海市人民政府发展研究中心课题组：《关于中国（上海）自由贸易试验区深化改革的评估报告》，《科学发展》2015 年第 12 期。

陶立峰：《国际投资规则视阈下的负面清单法律定位》，《上海对外经贸大学学报》2015 年第 3 期。

肖冰：《外资审批制度的法律问题研究》，《现代法学》1997 年第 5 期。

徐泉：《略论外资准入和投资自由化》，《现代法学》2003 年第 2 期。

韦凤巧：《中国—东盟自贸区框架内外资准入管制的比较研究》，《黑龙江对外经贸》2012 年第 12 期。

王新奎：《中国（上海）自贸试验区改革的重点：对外商投资准入实施"负面清单"管理》，《上海对外经贸大学学报》2014 年第 1 期。

王小琼：《德国外资并购安全审查新立法述评及其启示》，《国外社会科学》2011 年第 6 期。

王小琼、何焰：《美国外资并购国家安全审查立法的新发展及其启示——兼论〈中华人民共和国反垄断法〉第 31 条的实施》，《法商研究》2008 年第 6 期。

文洋：《TPP 投资规则：内容、挑战及中国的因应》，《国际贸易》2016 年第 4 期。

余劲松：《〈TRIMs 协定〉研究》，《法学评论》2001 年第 2 期。

尹政平：《TPP 投资规则的特点、影响及启示》，《国际经济合作》2016 年第 5 期。

叶波：《〈区域全面经济伙伴关系协定〉评价及其应对》，《上海对外经贸大学学报》2017 年第 2 期。

张庆麟：《论国际投资协定中"投资"的性质与扩大化意义》，《法学家》2011 年第 6 期。

张霞、刘汉荣、蒋兴宏等：《WTO 安全例外条款的完善与我国装备发展对策》，《装备指挥技术学院学报》2004 年第 5 期。

赵玉敏：《国际投资体系中的准入前国民待遇——从日韩投资国民待遇看国际投资规则的发展趋势》，《国际贸易》2012 年第 3 期。

张小明、张婷、邢珺：《"负面清单"的国际经验及借鉴意义》，《开放导报》2014 年第 6 期。

张国平：《外资准入前国民待遇加负面清单的法律解读》，《江苏社会科学》2015 年第 3 期。

赵骏：《国际投资仲裁中"投资"定义的张力和影响》，《现代法学》2014 年第 3 期。

臧公庆：《我国外商投资立法修订的整体思路——兼评商务部〈外国投资法（草案征求意见稿）〉》，《经济法学评论》2015 年第 1 期。

三　学位论文类

戴霞：《市场准入法律制度研究》，博士学位论文，西南政法大学，2006 年。

李基元：《中韩外资准入制度比较研究》，博士学位论文，西南政法大学，2007 年。

李群：《外资并购国家安全审查法律制度研究》，博士学位论文，西南政法大学，2012 年。

施明浩：《外国投资国家安全审查立法研究》，博士学位论文，华东政法大学，2015 年。

杨联明：《与贸易有关的投资措施协定法律制度研究》，博士学位论文，西南政法大学，2003 年。

张举胜：《美国外资并购国家安全审查制度研究——兼论中国外资并购国家安全审查制度的构建》，博士学位论文，中国政法大学，2011 年。

四　报纸类

毕若林：《积极推动 RCEP 谈判年内完成》，《国际商报》2018 年 3 月 7 日第 1 版。

陈建奇：《中美双边投资协定谈判：核心与挑战》，《学习时报》2016 年 8 月 8 日第 A2 版。

廖凡：《〈外国投资法〉宜完善审查机构设计》，《经济参考报》2015 年 1 月 28 日第 6 版。

五　中文网站类

《商务部就〈中华人民共和国外国投资法（草案征求意见稿）〉公开征求意见》，http：//tfs. mofcom. gov. cn/article/as/2015 01/2015 0100871010. shtml（访问日期：2017 年 6 月 8 日）。

《官方：市场准入负面清单和外商投资负面清单理念一致》，中国新闻网，http：//finance. chinanews. com/cj/2015/10－30/7597828. shtml（访问日期：2017 年 7 月 10 日）。

驻德国经商参处：《德国投资促进政策简介》，http：//www. fdi. gov. cn/CorpSvc/Temp/T3/Product. aspx？idInfo = 10000520&idCorp = 1800000121&iproject = 35&record = 1385（访问日期：2017 年 7 月 23 日）。

商务部投资促进局：《对外投资合作国别（地区）指南——加拿大（2016 年版）》，http：//www. fdi. gov. cn/CorpSvc/Temp/T3/Product. aspx？idInfo = 10000545&idCorp = 1800000121&iproject = 25&record = 453（访问日期：2017 年 8 月 5 日）。

商务部投资促进局：《对外投资合作国别（地区）指南——日本（2016 年版）》，http：//www. fdi. gov. cn/CorpSvc/Temp/T3/Product. aspx？idInfo = 10000545&idCorp = 1800000121&iproject = 25&record = 359（访问日

期：2017 年 8 月 7 日）。

商务部投资促进局：《对外投资合作国别（地区）指南——印度（2016 年版）》，http：//www. fdi. gov. cn/CorpSvc/Temp/T3/Product. aspx？idInfo = 10000545&idCorp = 1800000121&iproject = 25&record = 361 （访问日期：2017 年 9 月 10 日）。

商务部投资促进局：《对外投资合作国别（地区）指南——马来西亚（2016 年版）》，http：//www. fdi. gov. cn/CorpSvc/Temp/T3/Product. aspx？idInfo = 10000545&idCorp = 1800000121&iproject = 25&record = 358 （访问日期：2017 年 9 月 12 日）。

商务部投资促进局：《对外投资合作国别（地区）指南——南非（2016 年版）》，http：//www. fdi. gov. cn/CorpSvc/Temp/T3/Product. aspx？idInfo = 10000545&idCorp = 1800000121&iproject = 25&record = 406 （访问日期：2017 年 9 月 12 日）。

商务部投资促进局：《对外投资合作国别（地区）指南——澳大利亚（2016 年版）》，http：//www. fdi. gov. cn/CorpSvc/Temp/T3/Product. aspx？idInfo = 10000545&idCorp = 1800000121&iproject = 25&record = 469 （访问日期：2017 年 9 月 13 日）。

中华人民共和国商务部：《日本拟 2020 年实现外来直接投资倍增》，http：//www. mofcom. gov. cn/article/i/jyjl/j/201306/20130600 169549. shtml （访问日期：2017 年 9 月 14 日）。

商务部投资促进局：《对外投资合作国别（地区）指南——美国（2016 年版）》，http：//www. fdi. gov. cn/CorpSvc/Temp/T3/Product. aspx？idInfo = 10000545&idCorp = 1800000121&iproject = 25&record = 461 （访问日期：2017 年 9 月 14 日）。

中华人民共和国商务部：《2015 年 1—12 月全国吸收外商直接投资情况》，http：//www. mofcom. gov. cn/article/tongjiziliao/v/201601/20160101238883. shtml （访问日期：2017 年 10 月 8 日）。

《中国投资指南》，http：//www. fdi. gov. cn/1800000121_ 10000483_ 8. html （访问日期：2017 年 10 月 8 日）。

《李克强：尽快完成中国—东盟自贸区升级版谈判》，人民网，http：//politics. people. com. cn/n/2014/1113/c70731 - 26016279. html （访问日期：2017 年 10 月 12 日）。

《商务部就中加（拿大）双边投资保护协定进行解读》，http：//www. gov. cn/gzdt/2012-09/10/content_ 2220644. htm（访问日期：2017 年 10 月 12 日）。

李春晖：《四大自贸区试行外商投资负面清单一周年：有成果有烦恼》，中国网财经，http：//finance. china. com. cn/news/20160530/3745474. shtml（访问日期：2017 年 10 月 12 日）。

商务部新闻办公室：《中国与东盟结束自贸区升级谈判并签署升级〈议定书〉》，http：//chinawto. mofcom. gov. cn/article/e/s/201511/20151101197333. shtml（访问日期：2017 年 10 月 12 日）。

《自贸区负面清单再缩减　10 月 1 日全国推广实施》，华夏经纬网，http：//www. huaxia. com/tslj/lasq/2016/09/5017744. html（访问日期：2017 年 10 月 12 日）。

《习近平：坚持总体国家安全观，走中国特色国家安全道路》，新华网，http：//news. xinhuanet. com/2014-04/15/c_ 1110253910. htm（访问日期：2017 年 10 月 27 日）。

《美国改主意考虑重返 TPP 协定，梦想很丰满现实很骨感》，网易财经，http：//money. 163. com/18/0228/16/DBOE0819002580S6. html（访问日期：2018 年 3 月 2 日）。

商务部条法司：《我国对外签订双边投资协定一览表》，http：//tfs. mofcom. gov. cn/article/Nocategory/201111/20111107819474. shtml（访问日期：2018 年 3 月 8 日）。

六　外文案例类

Salini Costruttori SPA and Italstrade SPA v. Kingdom of Morocco, ICSID Case No. ARB/00 /4, Decision on Jurisdiction, 23 July 2001, para. 52.

LG&E Energy Corp. v. Argentine Republic, ICSID Case No. Arb/02/1, Decision on Liability, Oct. 3, 2006, para. 251-252.

七　外文论著类

Christoph H. Shreuer, *The ICSID Convention：A Commentary*, Cambridge University Press, 2001.

Dolzer, Christoph Schreuer, *Principles of International Investment Law*,

Oxford University Press, 2008.

Edward Montgomery Graham & David Matthew Marchick, *US National Security and Foreign Direct Investment*, United Book Press, 2006.

OECD, "Main Concepts and Definitions of Foreign Direct Investment", in *OECD Benchmark Definition of Foreign Direct Investment 2008*, Fourth Edition, OECD Publishing, 2009.

Sornarajah, M., *The International Law on Foreign Investment*, Cambridge University Press, 2004.

Wehrlé F., J. Pohl, *Investment Policies Related to National Security: A Survey of Country Practices*, OECD Publishing, 2016.

八　外文论文类

Andevelde J. V., Kenneth J., U S Bilateral Investment Treaties: The Second Wave, *Michigan Journal of International Law*, Vol. 14, 1993.

Alexandra Genest, Performance Requirement Prohibition, Lemire v. Ukraine, Mobil v. Canada, Stuck between a Rock and a Hard Place, *Revue Juridique Themis*, Vol. 47, 2013.

Carsten Fink, Martin Molinuevo, East Asian Free Trade Agreements in Services: Key Architectural Elements, *Journal of International Economic Law*, Vol. 11, 2008.

Debra Steger, State Capitalism: Do We Need Controls? *Canada - Asia Comm.*, Vol. 50, 2008.

Euijin Jung, Cathleen Cimino-Isaacs, An Assessment of the Korea-China Free Trade Agreement, *Journal of Experimental Social Psychology*, Vol. 43, 2015.

Genevieve Fox, Note: A Future for International Investment? Modifying BITS to Drive Economic Development, *Geo. J. Int'l L.*, Vol. 46, 2014.

Hadley, Kate, Do China's BITs Matter? Assessing the Effect of China's Investment Agreements on Foreign Direct Investment Flows, Investors' Rgihts, and the Rule of Law, *Georgetown Hournal of International Law*, Vol. 45, 2013.

James H. Mathis, Eugenia Laurenza, Services and Investment in the EU-South Korea Free Trade Area: Implications of a New Approach for GATS V Agreements and for Bilateral Investment Treaties, *Journal of World Investment &*

Trade, Vol. 13, 2012.

Jurgen Kurtz, A General Investment Agreement in the WTO? Lessons form Chapter 11 of NAFT A and the OECD Multilateral agreement on Investment, *University of Pennsylvania Journal of International Economic Law*, Vol. 23, 2002.

Larry Cata Backer, Sovereign Investing in Times of Crisis: Global Regulation of Sovereign Wealth Funds, State Owned Enterprises and the Chinese Experience, *Transnat'l L. & Contemp. Probs.*, Vol. 19, 2010.

Luke Nottage, Special issue-The Trans-Pacific Partnership: The TPP Investment Chapter and Investor-State Arbitration in Asia and Oceania: Assessing Prospects for Ratification, *Melbourne Journal of International Law*, Vol. 17, 2016.

Mark Klaver, Michael Trebilcock, Chinese Investment in the United States and Canada, *Canadian Business Law Journal*, Vol. 54, 2013.

Kenneth J. Vandevelde, The Bilateral Investment Treaty Program of the United States, *Cornell International Law Journal*, Vol. 21, 1998.

Kenneth J. Vandevelde, The Political Economy of a Bilateral Investment Treaty, *The American Journal of International Law*, Vol. 92, 1998.

Tom Ginsburg, International Substitutes for Domestic Institutions: Bilateral Investment Treaties and Governance, *International Review of Law and Economics*, Vol. 25, 2005.

WeiHuan Zhou, Chinese Investment in Australia: A Critical Analysis of the China—Australia Free Trade Agreement, *Melbourne Journal of International Law*, Vol. 18, 2017.

九　外文网站类

UNCTAD, Admission and Establishment, UNCTAD/ITE/IIT/10 (Vol. II), 2002, at http://unctad. org/en/Docs/iteiit10v2_ en. pdf, March 4, 2017.

World Investment Report 2016, United Nations Publication, Sales No. E. 16. II. D. 4, at http://unctad. org/en/PublicationsLibrary/wir2016 _ en. pdf, March 4, 2017.

WTO Analytical Index: Investment, Agreement on Trade-Related Investment Measures, at https://www. wto. org/english/res _ e/booksp _ e/analytic_ index_ e/trims_ 01_ e. htm#article2A, March 12, 2017.

UNCTAD, IIA Issue Note: Taking Stock of IIA Reform, at http://unctad. org/en/PublicationsLibrary/webdiaepcb2016d1_ en.pdf, May 16, 2017.

United Nations, Addis Ababa Action Agenda of the Third International Conference on Financing for Development, at http://www. un. org/esa/ffd/wp - content/uploads/2015/08/AAAA_ Outcome. pdf, May 20, 2017.

United States Government Accountability Office, Foreign Investment: Laws and Policies Regulating Foreign Investment in 10 Countries, 2008, at www. gao. gov, May 24, 2017.

UNCTAD, Foreign Direct Investment and Peformance Requirements: New Evidence from Selected Countries, UNCTAD/ITE/IIA/2003/7, 2003, at http://unctad. org/en/Docs/iteiia20037_ en. pdf, May 24, 2017.

Investment climate statements for 2016, Mexico, http://www. state. gov/e/eb/rls/othr/ics/investmentclimatestatements/index. htm? year = 2016&dlid = 254543#wrapper, July 24, 2017.

UNCTAD, National Treatment, UNCTAD/ITE/IIT/11 (Vol. IV), 1999, at http://unctad. org/en/Docs/psiteiitd11v4. en. pdf, July 26, 2017.

UNCTAD, International Investment Agreement: Flexibility for Development, UNCTAD/ITE/IIT/18, 2000, at http://unctad. org/en/Docs/psiteiitd18. en. pdf, July 22, 2017.

UNCTAD, Preserving Flexibility in IIAs: The Use of Reservation, UNCTAD/ITE/IIT/2005/8, 2006, at http://unctad. org/en/Docs/iteiit2005 8_ en. pdf, July 25, 2017.

World Investment Report 2015: Reforming International Investment Governance, United Natons Publication, Sales No. E. 15. II. D. 5, at http://unctad. org/en/PublicationsLibrary/wir2015_ en. pdf, Aug. 2, 2017.

Official Journal of the European Union, L 127, Vol. 54, 2011, at http://investmentpolicyhub. unctad. org/Download/TreatyFile/2602, Aug. 7, 2017.

UNCTAD, Incentives, UNCTAD/ITE/IIT/2003/5, 2004, at http://unctad. org/en/Docs/iteiit20035_ en. pdf, Aug. 7, 2017.

UNCTAD, Host Country Operational Measures, UNCTAD/ITE/IIT/26, 2001, at http://unctad. org/en/Docs/psiteiitd26. en. pdf, Aug. 7, 2017.

Declaration on International Investment and Multinational Enterprises, at ht-

tp：//www. oecd. org/investment/investment － policy/oecddeclarationoninterna-
tionalinvestmentandmultinationalenterprises. htm，Aug. 12，2017.

UNCTAD，The Protection of National Security in IIAs，UNCTAD/DIAE/
IA/2008/5，2009，at http：//unctad. org/en/Docs/diaeia20085 ＿ en. pdf，
Aug. 12，2017.

James K. Jackson，Foreign Investment and National Security：Economic
Considerations，CRS Report RL34561，2013，at http：//fas. org/sgp/crs/nat-
sec/RL34561. pdf，Aug12，2017.

Investment climate statements for 2017，India，at https：//www. state.
gov/e/eb/rls/othr/ics/investmentclimatestatements/index. htm？ year ＝ 2017&
dlid＝270017#wrapper，Oct. 10，2017.

Investment climate statements for 2017，Australia，at https：//www. state.
gov/e/eb/rls/othr/ics/investmentclimatestatements/index. htm？ year ＝ 2017&
dlid＝269799#wrapper，Oct. 13，2017.

Investment climate statements for 2017，Mexico，at https：//www. state.
gov/e/eb/rls/othr/ics/investmentclimatestatements/index. htm？ year ＝ 2017&
dlid＝270082#wrapper，Oct. 13，2017.

Barack Obama，National Security Strategy，at http：//nssarchive. us/wp-
content/uploads/2015/02/2015. pdf，Sep. 20，2017.

OECD，Guidelines for Recipient Country Investment Policies Relating to
National Security，2009，at http：//www. oecd. org/investment/investment －
policy/43384486. pdf，Sep. 25，2017.

James K. Jackson，The Committee on Foreign Investment in the United
States （CFIUS），CRS Report RL33388，2016，at http：//www. fas. org/
sgp/crs/natsec/RL33388. pdf，Sep. 25，2017.

United States Trade Representative，2015 Report to Congress on China's
WTO Compliance，December 2015，at https：//ustr. gov/sites/default/files/
2015－Report-to-Congress-China-WTO-Compliance. pdf，Oct. 22，2017.

United States Trade Representative，2017 Report to Congress on China's
WTO Compliance，Jan. 2018，at https：//ustr. gov/sites/default/files/files/
Press/Reports/China%202017%20WTO%20Report. pdf，Feb. 22，2018.

Chauffour Jean-Pierre，MaurBeyond Jean-Christophe，Market Access：The

New Normal of Preferential Trade Agreement, World Bank Policy Research Working Paper No. WPS 5454, October 2010, at https：//openknowledge.worldbank.org/bitstream/handle/10986/3937/WPS5454. pdf? sequence = 1&isAllowed = y, Feb. 22, 2018.

UNCTAD, Can Performance Requirements Help Meet Development Objectives? UNCTAD/PRESS/IN/2004/002, 2004, at http：//unctad. org/en/Pages/PressReleaseArchive. aspx? ReferenceDocId_ 4385, Oct. 24, 2017.

World Investment Report 2017：Investment and the Digital Economy, United Nations Publication, Sales No. E. 17. II. D. 3, at http：//unctad. org/en/PublicationsLibrary/wir2017_ en. pdf, Sep. 25, 2017.

Investment Climate Statements for 2017, China, at http：//www. state. gov/e/eb/rls/othr/ics/investmentclimatestatements/index. htm? year = 2017&dlid = 269807, Jan. 25, 2018.

后　　记

　　本书是在我的博士学位论文的基础上完成的。历时五年，终于在四十而立之前完成我人生中最高可能也是最后一个学位。从 2014 年与导师刘晓红教授反复探讨博士学位论文的选题，2015 年从美国访学回来，真正开始动笔，2016 年 11 月完成初稿，又经过后续两年的不断修改更新资料，从一开始的茫然不知所措，到后面一边查资料一边学习一边总结，看着字数一点点地增加，成就感也油然而生。当然一边工作一边学习，同时还要盯着娃的学业，也曾经有过抱怨，连儿子都知道妈妈博士学位论文写不出来，寒暑假就没有旅游了。幸好在导师和家人的关心和催促下，终于完成了最后的这篇论文。但论文尚不完美，还有很多的理论需要继续探索，我国相关的法律法规也日新月异地变化着。好在我对这个选题割舍不下，所以还会继续思索下去。

　　感谢我的导师刘晓红教授孜孜不倦地教导，不仅在学业方面，还在工作和家庭生活方面，她都给予了关怀。同时其严谨而勤勉的工作态度也非常值得我学习。

　　感谢母校华东政法大学的各位老师，没有他们的传道解惑，进步将是不可能的。特别是贺小勇老师，作为这个选题领域的专家，从一开始的论文大纲构架，后来的开题答辩、预答辩，都对我的论文提出了非常宝贵的建议，帮助我进一步完善论文，使我获益良多。

　　感谢单位的领导和同事，在我在职读博期间给予了很大的理解和支持，同时帮助我获得了国家留学基金委的全额资助前往美国进行了半年的访学研究。

　　感谢我的家人，没有他们的理解和帮助，估计我至今都无法完成这篇论文。2016 年的初稿完成前的最后一个月，能让我从纷繁的家务中脱离出来，独自搬到宾馆安心写作。在我感到烦躁不安的时候，也是他们的安慰，特别是我儿子和母亲期盼的目光支撑着我走到最后。

感谢浙江省哲学社会科学规划办以及各位专家对论文的认可并资助本书的出版，使我的博士成果有了一个圆满的结局。

感谢所有在这五年中关心和帮助过我的师长、同事、同学们，没有你们就没有今天的我！

项安安

2018 年 12 月